PHILOLOGISCHE STUDIEN UND QUELLEN

Herausgegeben von

Hugo Moser · Hugo Steger · Hartmut Steinecke

Heft 115

Späthöfische Literatur
und ihre Rezeption im späten Mittelalter

Studien zum Publikum des ‚Helmbrecht‘
von Wernher dem Gartenaere

von

Ulrich Seelbach

ERICH SCHMIDT VERLAG

CIP-Kurztitelaufnahme der Deutschen Bibliothek

Seelbach, Ulrich:

Späthöfische Literatur und ihre Rezeption im späten
Mittelalter : Studien zum Publikum d. ‚Helmbrecht‘
von Wernher d. Gartenaere / von Ulrich Seelbach. —
Berlin : Erich Schmidt, 1987.

(Philologische Studien und Quellen ; H. 115)
ISBN 3-503-02262-7

NE: GT

ISBN 3 503 02262 7

© Erich Schmidt Verlag GmbH & Co., Berlin 1987
Satz: Reprosatz Struve, Düsseldorf
Druck: Lengericher Handelsdruckerei, Lengerich (Westf.)
Printed in Germany · Nachdruck verboten

Vorwort

Der vorliegende Band ist die gekürzte und umgearbeitete Fassung meiner Dissertation, die 1984 dem Fachbereich Germanistik der Freien Universität Berlin eingereicht wurde. Von den seinerzeit geplanten und angekündigten Vorhaben zum ‚Helmbrecht' konnte die Bibliographie 1981 im selben Verlag vorgelegt werden; der Kommentar und eine kritische Textausgabe (als Beigabe zur kommentierten englischen Übersetzung von Frau Linda B. Parshall) sind im Frühsommer 1987 erschienen.

Die Studienstiftung des Deutschen Volkes unterstützte die Bearbeitung des Themas durch ein Stipendium und durch Reisegelder, die es mir erlaubten, die in meiner Arbeit beschriebenen historischen Stätten aufzusuchen.

Allen, die mir in den letzten Jahren mit Ratschlägen und Hinweisen geholfen haben, möchte ich meinen Dank aussprechen, insbesondere den Gutachtern, Herrn Prof. Dr. Wolfgang Dittmann und Herrn Prof. Dr. Volker Honemann, den Herausgebern der Reihe ‚Philologische Studien und Quellen', vor allem Herrn Prof. Dr. Hugo Steger, und seitens des Verlages Frau Dr. Ellinor Kahleyss, ferner den Mitarbeitern aller Bibliotheken und Archive, die mich mit dem notwendigen Quellenmaterial versorgt haben, und den Herren Dr. Gert Uekermann, Hans-Jochen Schiewer, Gerd Kruse und Hans Trutnau.

Berlin, den 18. Juli 1987   U. S.

Inhalt

Einleitung

Die vorliegende Arbeit widmet sich der Verserzählung ‚Helmbrecht' von Wernher dem Gartenaere unter dem Aspekt der Ermittlung und kritischen Sichtung ihrer zeitgenössischen Aufnahme, ihres Verwendungszusammenhanges in literarischen Werken und in der Lektüre bis zum Ausgang des Mittelalters. Die Frage nach dem Publikum der Erzählung schließt nicht nur die Zuhörer der ‚Uraufführung' der Erzählung ein (das ‚Publikum der ersten Stunde'), sondern auch die Leser der Handschriften, literarische Kollegen, die auf die Erzählung anspielen, und deren eigene Zuhörer- oder Leserschaft. Meine Aufgabe soll es sein, die schmale Basis der Tatsachen der Aufnahme bzw. Nachwirkung des Textes zu erweitern und den Versuch einer Einordnung des ermittelten Materials zu geben, damit die Grenze zwischen dem, was wir wissen und dem, was bloß vermutet wird, besser erkannt werden kann.

Wer sich der positiven Tatsachen annimmt, gerät leicht in die Lage, sich gegen den Vorwurf verteidigen zu müssen, er orientiere sich an einem methodisch überholten Konzept, einer positivistischen Herangehensweise. Gerne nehme ich diese Einordnung auf mich, wenn unter Positivismus das verstanden wird, was E. R. CURTIUS folgendermaßen umschrieb: „Heute zeigt sich, daß wir nur weiterkommen, wenn wir durch eine kunstvollere und exaktere Handhabung der Philologie den Bestand des positiv Wißbaren vermehren – in diesem Sinne ist alle wahre Wissenschaft ‚positivistisch'."[1] Auch HERBERT KOLB meinte, daß der „von Zeit zu Zeit sich belebende [. . .] Positivismus [. . .] nur schematischem Denken als eine abgestandene und überwundene Wissenschaftsepoche erscheinen will. Doch der Rückschritt auf die Erforschung des im Realen verläßlich Wißbaren findet in der Geschichte so oft statt, wie neue Gegenstände in das Blickfeld der Betrachtung treten, die mit äußerlichen Kategorien erst einmal erfaßt sein wollen."[2]

Das Publikum der mittelalterlichen Literatur

Das ‚verläßlich Wißbare' darzustellen, die Sammlung und Auswertung publikumsbezogener Tatsachen, war das Anliegen einer 1934 geschriebe-

---

1 E[rnst] R[obert] Curtius: Über die altfranzösische Epik (Mittelalterstudien 23), in: Zs. f. rom. Phil. 64 (1943), 233 – 320, hier S. 247.
2 Herbert Kolb: Musalvaesche. Studien zum Kyotproblem, München 1963, S. 186.

nen Dissertation, deren Verfasser, WERNER FECHTER, ihr den hohe Erwartungen weckenden Titel ‚Das Publikum der mittelhochdeutschen Dichtung' gab.[3] Die zwar überholungsbedürftige, jedoch bis heute nicht ersetzte Arbeit hat alle Arten der Rezeption und Nachwirkung der mittelhochdeutschen Dichtung, wenn nicht behandelt, so doch zumindest angeschnitten. Gönner und Auftraggeber von Literaturwerken, Handschriftenbesteller, -besitzer und -leser werden ebenso angeführt wie literarische Anspielungen bei Dichterkollegen, die Namensgebung nach Gestalten der Dichtung und die Umsetzung in die bildende Kunst. Die Auswertung nach soziologischen Kriterien fragt auch nach den literarischen Vorlieben und spezifischen Interessen beim Adel, beim Bürgertum und bei der Geistlichkeit. Der Nachteil von FECHTERs Arbeit ist ihre Kürze, die nicht mehr als einen kursorischen Abriß erlaubt hat, und die unzureichende Materialbasis – die zu Rate gezogene Sekundärliteratur berücksichtigte FECHTERs Gegenstand, das Publikum, meist nur am Rande. Er mußte gewissermaßen ‚Abfallprodukte', die bei der Forschung anfielen, auswerten, insbesondere Dichterbiographien, textkritische Beiträge, Bibliotheksgeschichten und Handschriftenkataloge. Was er im großen, summarischen Überblick geschaffen hat, ist daher nicht nur eine Zusammenfassung dessen, was zu seiner Zeit über das Publikum und die Rezeption von Dichtungen des Mittelalters ausgesagt werden konnte, sondern auch ein Programm mit Auflage, den überholungsbedürftigen Wissensstand zu beheben. Erforderlich sind Grundlagenarbeiten zu verschiedenen Teilbereichen im großen Gebiet der Rezeption oder Nachwirkung volkssprachiger Dichtung, die Erweiterung der Materialbasis durch gründlichere und genauere Untersuchungen.

Neue Ansätze in der Forschung

Als einen Teilbeitrag zu dem umfassenden Gegenstandsbereich des Publikums versteht sich die vorliegende Arbeit. Im Folgenden werde ich einige Beiträge skizzieren und ihre Vorgehensweisen und Ergebnisse diskutieren, die mir im Hinblick auf das eigene Vorhaben wichtige Anregungen zu enthalten scheinen. Es soll geprüft werden, welche Vorteile (und Nachteile) der je gewählte Ausgangspunkt der Fragestellung bietet, und welche Fehlerquellen bei ähnlich gerichteten Untersuchungen erkannt und gemieden werden müßten.

---

3 Werner Fechter: Das Publikum der mittelhochdeutschen Dichtung (Deutsche Forschungen 28), Frankfurt 1935; Reprint: Frankfurt 1966, Darmstadt 1972.

Mäzene und Leser

Die Arbeiten von BUMKE, KOPPITZ und BECKER greifen jeweils einen der großen Bereiche des Gegenstandes ‚Publikum im Mittelalter' heraus: Mäzene und Auftraggeber von Dichtung im 12. und 13. Jahrhundert[4], Handschriftenbesitzer und -leser der höfischen Epen im Spätmittelalter[5] und die Rezeption der älteren, volkssprachigen Literatur im 15. Jahrhundert[6].

BUMKEs Arbeit über die ‚Mäzene im Mittelalter' zeigt, wie desolat es mit den angeblich ‚gesicherten' Gönnernachweisen für die Dichtung des 12. und 13. Jahrhunderts steht. Was die vornehmlich dichterbiographisch orientierte Literatur an haltlosen Vermutungen und scheinbar schlüssigen Hypothesen enthält, wird gesichtet und auf den Boden der Tatsachen oder eben nur wahrscheinlichen Annahmen zurückgeführt. Seine Untersuchung eröffnet den Blick auf die zentrale Stellung einiger weniger fürstlicher Mäzene im mittelalterlichen Literaturbetrieb. Nach BUMKE waren für das 12. und beginnende 13. Jahrhundert die Fürstenhöfe die Zentren der sich nach französischem Vorbild orientierenden volkssprachigen Literatur. Für die überhaupt in Frage kommenden literarisch interessierten Höfe weltlicher Fürsten diskutiert er die möglichen Zuordnungen, denn direkte Zeugnisse für die Zuweisung eines Werkes an einen bestimmten Hof oder Gönner fehlen in der Mehrzahl der überlieferten Dichtungen. Dies wohl nicht zuletzt deshalb, weil die Betonung des — tatsächlich gegebenen — Abhängigkeitsverhältnisses des Dichters vom Mäzen in der Regel vermieden wird. Gerade deshalb ist man „in den meisten Fällen [. . .] auf Kombinationen und Vermutungen angewiesen"[7]. Dichtung darf eben auch im Mittelalter nicht so verstanden werden, daß der Autor für den jeweiligen Mäzen ein willfähriger ‚Tui' (BRECHT) war:

> Die Bindung an den Auftraggeber darf nicht als Alternative zur Freiheit des Künstlers gesehen werden. Vielmehr hat der literarische Auftrag des Gönners in der Regel erst die Voraussetzung dafür geschaffen, daß der Dichter seinen eigenen künstlerischen Spielraum entfalten konnte.[8]

---

4 Joachim Bumke: Mäzene im Mittelalter. Die Gönner und Auftraggeber der höfischen Literatur in Deutschland 1150 — 1300, München 1979.

5 Peter Jörg Becker: Handschriften und Frühdrucke mittelhochdeutscher Epen. Eneide, Tristrant, Tristan, Erec, Iwein, Parzival, Willehalm, Jüngerer Titurel, Nibelungenlied und ihre Reproduktion und Rezeption im späten Mittelalter und in der frühen Neuzeit, Wiesbaden 1977.

6 Hans-Joachim Koppitz: Studien zur Tradierung der weltlichen mittelhochdeutschen Epik im 15. und beginnenden 16. Jahrhundert, München 1980.

7 Bumke (1979), S. 31.

8 Bumke (1979), S. 10.

Das Verhältnis Auftraggeber / Dichter ermöglicht allererst die literarische Produktion, und eine Literaturgeschichtsschreibung, die dies zur einen oder zur anderen Seite hin vernachlässigt, geht am Kern der mittelalterlichen Literaturverhältnisse vorbei.

KOPPITZ versucht, die „bisher von der Literaturwissenschaft wenig genutzten Ergebnisse der Buchwissenschaft und Kodikologie, der Inkunabelkunde und der modernen Bibliographie"[9] in eine Überlieferungsgeschichte der mittelhochdeutschen Epik im 15. und zu Anfang des 16. Jahrhunderts einzubringen. Als Bestandteil des „kulturellen und literarischen Lebens" der Zeit zwischen ca. 1400 und 1520 interessiert ihn „all das, was an Objektivierungen des Geistes in ihr anzutreffen ist und was vor allem aktualisiert wird"[10]. KOPPITZ läßt eine übergroße Vorsicht vor generalisierenden Aussagen erkennen, was die imponierende Fülle von buchwissenschaftlichen Fakten etwas ziellos erscheinen läßt. Sein Rückzug auf das Relative jeder Aussage (relativ viel / wenig bzw. mehr / weniger beliebt) und auf Punktuelles ist bei dem Anspruch, eine Überlieferungsgeschichte zu schreiben, unverständlich. Resignativ klingende Schlußfolgerungen wie die folgende lassen die Frage aufkommen, wozu man die Mühen der Recherche auf sich genommen hat:

> „Das" Publikum literarischer und dichterischer Werke gab es im 15. / 16. Jahrhundert so wenig wie zu anderen Zeiten. Wir können vorerst lediglich versuchen, Besitzer und Leser einzelner Texte ausfindig zu machen.[11]

Wem sollen die ausfindig gemachten Besitzer und Leser etwas bedeuten, wenn ihr Stellenwert in der Rezeption des Textes doch nur relativ bedeutungsvoll oder bedeutungslos und die Einordnung in literarische Zusammenhänge sinnlos ist? Wie ein Plädoyer zur Beendigung aller publikumsorientierten Forschung liest sich die Bemerkung:

> Oft genug wird aus zwei, drei oder wenig mehr Zeugnissen (Besitzeintragungen, Leservermerken, Bibliothekskatalogen oder Bücherverzeichnissen u. ä.) geschlossen, ein bestimmter Ritterroman oder ein Versgedicht sei nur oder vorwiegend in adligen oder patrizischen Kreisen bekannt gewesen. Kein Naturwissenschaftler und erst recht kein Demoskop würde es wagen, aus so wenig Beobachtungen so weite Schlüsse zu ziehen.[12]

Die Publikumsgeschichte ist nun einmal nicht mit den Naturwissenschaften und der Demoskopie zu vergleichen, sie hat ein spekulatives Element und kann darauf ebensowenig verzichten wie die Archäologie, Paläontologie

---

9 Koppitz (1980), S. 8.
10 Koppitz (1980), S. 13.
11 Koppitz (1980), S. 214.
12 Koppitz (1980), S. 214 f.

und — die Kriminalistik. Das Element der Spekulation ist deshalb unverzichtbar, weil sie der Forschung Perspektiven eröffnet, die dem bloßen Tatsachenmaterial nicht ablesbar sind. Freilich muß sich die (kontrollierte) Spekulation, die das Ziel der Rekonstruktion eines ehemals vorhandenen Ganzen verfolgt, an die Tatsachen halten und sich des hypothetischen Charakters der annähernden Bestimmung bewußt bleiben. Doch ohne spekulative oder hypothetische Überbrückung fehlender Informationen läßt sich kein Wissensfortschritt erwarten, mit ihr aber rücken bisher unberücksichtigte und übersehene Elemente in das Blickfeld des Beobachters, die den hypothetischen Anteil an der Rekonstruktion wieder reduzieren können.

BECKER behandelt die wichtigsten Epentexte des 12. und 13. Jahrhunderts in ihrer handschriftlichen Verbreitung. Ein auf die Belange der Publikumsforschung abgestimmter Katalog der vollständig erhaltenen und der bezeugten, inzwischen wohl vernichteten Handschriften bildet das Corpus der anschließenden Auswertung. Hier bespricht BECKER typologische Gesichtspunkte (Vortrags- und Gebrauchshandschriften, Repräsentationsobjekte etc.), Überlieferungszusammenhänge, Soziologie und Arbeitsweise der Schreiber, räumliche und soziologische Verteilung der Auftraggeber und Leser und die gesellschaftlichen Funktionen mittelhochdeutscher Epik. Auch den von FECHTER unberücksichtigt gelassenen ‚unfirmierten‘ Handschriften werden Aussagen entlockt, sei es über die beigegebenen Illustrationen, die Qualität der Abschrift und des Pergaments oder der Mundart und der Eingrenzung der Entstehungszeit aufgrund paläographischer Beobachtungen. Verständlicherweise hat BECKER sein Hauptinteresse jenen Handschriften zugewendet, die mit Besitzer- und Lesereinträgen versehen sind. In vielen Fällen konnten durch die genauere Analyse des historischen ‚backgrounds‘ Besitzer und Leser der jeweiligen Handschrift besser fixiert und der Status der Literaturinteressenten und ihre möglichen Interessen analysiert werden.

Der Einzeltext als Gegenstand rezeptionsgeschichtlicher Untersuchungen

SCHMIDTs Buch über die ‚Vierundzwanzig Alten‘ Ottos von Passau[13] wertet die umfangreiche handschriftliche Überlieferung unter publikumssoziologischen Gesichtspunkten aus. Die Untersuchung hat Modellcharakter für die Aufarbeitung von breit überlieferten Texten, die abseits vom Unterhaltungsgenre liegen, also vor allem für volkssprachige erbau-

---

13 Wieland Schmidt: Die vierundzwanzig Alten Ottos von Passau (Palaestra 212), Leipzig 1938.

liche, belehrende Schriften und für Gebrauchsliteratur aller Art. Die vier Jahre nach der Veröffentlichung von FECHTER erschienene Arbeit ist einfach und klar konzipiert; die Beschränkung auf einen breit rezipierten Text, der in immerhin 109 Handschriften und zahlreichen Drucken überliefert ist, erweist sich als sinnvoll. Neben seiner Einführung in den Kult um die vierundzwanzig Alten, einer Einordnung des Textes in die mystische Gottesfreund-Literatur, die den Hunger der frommen Laien mit erbaulichen Antworten zu stillen sucht, und einer Lebensgeschichte des Verfassers der kompilatorischen Schrift bietet der Handschriften-Katalog genaueste Informationen zur gesellschaftlichen Stellung und den Interessen der Auftraggeber der Handschriften und Leser des Werkes. Die Masse der Handschriften, die das Werk überliefern, relativiert den Stellenwert der weltlichen unterhaltenden Dichtung erheblich. Auch läßt sich erkennen, daß Erbauungsliteratur eine ungleich bessere Breitenwirkung erzielen konnte als etwa die höfischen Epen. Leserkreise ermittelt SCHMIDT in allen Ständen; vom Handwerker bis zum Hochadligen sind alle Schichten vertreten. Freilich ergeben sich auch hier stärkere Gewichtungen: vor allem in den Städten und Klöstern (Nonnen und Laienbrüder) konzentriert sich das Publikum. Aber auch die bekannten adligen Literaturliebhaber, die weltliche Dichtung sammelten, Püterich von Reichertshausen, Wilhelm Graf zu Oettingen u. a., hatten das Werk in ihrer Bibliothek und selbst Diebold Lauber, dessen Abnehmerkreis hauptsächlich unter dem Adel und den fürstlichen Beamten zu suchen ist, bot Handschriften der ‚Vierundzwanzig Alten' an.

Die Eroberung breiterer Publikumsschichten hat jedoch nur für den untersuchten Zeitraum von etwa 1380 bis zum Ausgang des Mittelalters Aussagekraft. Für andere Texte, etwa die der höfischen Epik, hat sich das Publikum zwar gewandelt, aber in den Grundzügen der Zusammensetzung sicher nicht wesentlich geändert. Aus der Untersuchung folgern zu wollen, daß sich bereits im 13. und 14. Jahrhundert Bürger in hohem Maße für erbauliches Schrifttum interessiert hätten, wäre verfehlt.

Kritische Bedenken

Es bleiben noch verschiedentlich geäußerte Bedenken zu besprechen, die den Wert und die Aussagekraft rezeptionsgeschichtlicher Erkenntnisse relativieren. Sie beziehen sich auf die Problematik soziologischer Zuordnungen bestimmter Texte, die Beweisbarkeit literarischen Interesses, den Wert publikumsorientierter Forschung für die Interpretation des Textes, die Kluft zwischen den bezeugten Literaturinteressenten und dem Text selbst und die Stellung der bezeugten Einzelpersonen (Mäzene und Bucheigner) in literarisch interessierten Kreisen.

FISCHER hat in seinen Untersuchungen festgestellt, „daß sich die Märendichtung in ihrer ganzen Breite an eine kunstverständige, gebildete Hörer- und Leserschaft wendete"[14]. Wer diese Aussage ernstnimmt, muß von der Vorstellung Abschied nehmen, daß Märendichtung, aber auch Texte anderer Gattungen einen jeweils eingrenzbaren, soziologisch geschlossenen Stand ansprechen. Viele volkssprachige literarische Texte — ich würde sogar sagen die meisten — lassen sich nicht einer bestimmten Zielgruppe zuordnen. Man sollte daher von der Wirkungsgeschichte prinzipiell fungibler Texte keine schichtenspezifischen Auskünfte erwarten. Bei der Analyse des spätmittelalterlichen Literaturbetriebes und der Überlieferungsgeschichte muß stärker als bisher differenziert werden zwischen Texten, die relativ schichten- und standesunspezifisch rezipiert wurden (Erbauungsliteratur, erbauliche Versdichtung, stofflich interessante ,Historien', *bispel* u. ä.) und jenen, die zumindest vorwiegend ein einzugrenzendes Publikum ansprechen. Eine Publikumsgeschichte hat beide Ebenen zu berücksichtigen und kann nicht auf die vorwiegend für Adlige und Patrizier attraktive Literatur beschränkt werden. Wer die Bibliothekskataloge soziologisch fixierbarer Personen oder Familien durchsucht, wird mit einem hohen Anteil von ,allgemeinverbindlicher' Literatur konfrontiert; die Texte, die für das spezifische Selbstverständnis eine Rolle gespielt haben mögen, kann man meist an den Fingern einer Hand abzählen.

Dichtung spricht zudem nie den gesamten Stand an, sondern stets nur die literarisch Interessierten. Es gibt eine Reihe von Beispielen, die wohl repräsentativ sind, daß Nieder- und Höheradlige des Spätmittelalters weder Bücher gelesen noch sich daraus haben vorlesen lassen: lückenlose Inventare, die zwar die Bibel, das Meßbuch und sonstige Gebrauchsbücher des Kaplans erwähnen, aber kein Buch des Burgherren, bezeugen es.

FISCHER gibt auch zu bedenken, daß „für die ursprünglichen Auftraggeber [einer Handschrift] wohl stets, für ihre Erben aber nicht immer, das selbstverständliche Axiom unterstellt [wird], daß ein Besitzer seinen Büchern ein persönliches Interesse entgegenbrachte und sie nicht etwa als toten Hausrat verstauben ließ"[15]. Freilich ist gegen solche Bedenken einzuwenden, daß sich Bücher allgemein einer besonderen Wertschätzung erfreut haben, auch wenn sie zu bloßen Repräsentationsobjekten herabgewürdigt wurden. Ein mit dem Hause befreundeter Leser aus gleichen Standesverhältnissen wird sich immer gefunden haben, der unter Umständen dem Besitzer auch den für ihn uninteressant gewordenen Kodex ,abschwätzen' konnte. Ferner sind Fälle bekannt, daß sich Literaturinteresse zumindest vom Großvater auf den Enkel oder vom Vater auf den Schwiegersohn oder die verheiratete

---

14 Hanns Fischer: Studien zur deutschen Märendichtung, Tübingen 1968, S. 244.
15 Fischer (1968), S. 231 (A. 37).

15

Tochter vererbt. Man kann wohl davon ausgehen, daß die Gefahr des Verstaubens von Büchern wesentlich geringer war als die ihrer Zweckentfremdung in klösterlichen Buchbindewerkstätten.

WERNER SCHRÖDER warnt davor, von der Publikumsgeschichte allzuviel Aufschlüsse für die intendierten Wirkungsabsichten der rezipierten Werke zu erwarten: „Die mittelalterliche Geschichte der Rezeption eines bedeutenden Literaturwerkes führt in aller Regel nicht zu ihm hin, sondern immer weiter von ihm weg, und wer in ihr den Schlüssel zu seinem Verständnis sucht, ist auf dem Holzweg."[16] Das Werkverständnis, das sich in den Rezeptionen artikuliert, muß daher stets analytisch sauber von jenem geschieden werden, das zum Zeitpunkt der Entstehung der Dichtung anzunehmen ist; wer diesen Grundsatz beherzigt, wird in den Nachwirkungen je verschiedene selektive Wahrnehmungen der Werkintentionen wiederfinden oder auch ganz neue Aspekte entdecken. Aber gerade diese Auswahlen des Bedeutsamen sind wertvolle Beiträge zum Literaturverständnis einer späteren Epoche, die unter anderem auch ‚älteren' Werken mit Interesse begegnete.

SCHULER[17], CURSCHMANN[18] und PALMER bemängeln, daß der konkrete Einfluß und das Interesse der historisch als Gönner oder Handschriftenbesitzer bezeugten Personen an der von ihnen geförderten oder verbreiteten Literatur nicht deutlich würde.

> There remains in studies of this kind an unabridged gap between the individual historical figures associated with the manuscript (scribes, patrons, owners) and the texts themselves, and this gap necessarily makes the findings disappointing.[19]

Nicht immer wird dieser Abgrund überbrückt werden können, doch sollte man nach Möglichkeit dort, wo es sich anbietet, Verstehensweisen und die Art der Selektionsstrategien von Rezeptionen erkunden. Kürzungen, Erweiterungen und Umarbeitungen von Texten artikulieren ein bestimmtes auswählendes Interesse der Schreiber. Es gibt eine Reihe von Möglichkeiten, die Kluft zwischen den historischen Literaturinteressenten und dem rezipierten Werk zu überbrücken[20], aber selbstverständlich muß sich die

---

16 Werner Schröder: Rez. von Becker (1977), in: AfdA. 90 (1979), S. 22 — 28, hier S. 23.

17 Peter-Johannes Schuler: Rez. von Bumke (1979), in: Zeitschrift für Württembergische Landesgeschichte 39 (1980), 411 — 412.

18 Michael Curschmann: Rez. von Bumke (1979), in: JEGP 80 (1981), S. 296 bis 299.

19 Nigel F. Palmer: Rez. von Becker (1977), in: MLR. 74 (1979), S. 237.

20 Vgl. die in den Vorbemerkungen zu Kapitel 3 (Die literarische Nachwirkung) genannten Arbeiten.

Rezeptionsforschung bewußt sein, daß hier eine notwendige und lohnende Aufgabe zu bewältigen ist; sie darf nicht den Bezug auf das Werk verlieren und somit den Fehler der werk- und autororientierten Literaturgeschichtsschreibung wiederholen, die die Rezeptionsseite völlig vernachlässigte.

CURSCHMANN warnt davor, nur den Einzelpersonen, den bezeugten Gönnern oder Handschriftenbesitzern und -lesern Aufmerksamkeit zu widmen; es komme eher darauf an, literarisch interessierte Kreise zu bestimmen und „such circles clearly need to be investigated further as social groups or family groupings"[21]. Ich betrachte dies nicht als grundsätzlichen Einwand gegen rezeptionsgeschichtliche Untersuchungen, sondern als zusätzliche Aufgabenstellung; wer die Einbindung von Einzelpersonen in soziale, familiäre und literarische Kreise im Blickfeld behält, wird auch auf Hinweise stoßen, die die genannten Kreise und ihre Interaktionen selbst besser erschließen können.

Projektskizze

Für Gesamtdarstellungen ist jetzt nicht der richtige Zeitpunkt; dafür fehlen vorläufig alle Voraussetzungen. Das Interesse wird zunächst darauf gerichtet sein müssen, die einzelnen Werke bzw. die einzelnen Autoren in ihren historischen Zusammenhang zu stellen.[22]

Dies gilt nicht nur für das ‚Publikum der ersten Stunde‘, die Uraufführung einer Dichtung, sondern auch für alle anderen Bereiche von mittelalterlicher Rezeption. Es gibt bisher nur wenige Fallstudien, auf die sich eine Gesamtdarstellung stützen könnte, und zunächst wird man nichts anderes tun können, als ihre Zahl Schritt für Schritt zu mehren.

Die vorliegende Studie behandelt das von Wernher dem Gartenaere avisierte Publikum, die handschriftliche Verbreitung seines Werkes und die literarische Nachwirkung des ‚Helmbrecht‘.

Im Kapitel über das ‚Publikum der ersten Stunde‘ wird, ausgehend von den Ortsnennungen der Handschrift A (‚Ambraser Heldenbuch‘) die von

---

21 Curschmann (1979), S. 298. Vgl. Fechter, Publikum, S. 26 f.: „Dichtungen wurden ja nicht nur vom Einzelnen still für sich gelesen, sondern in der großen Gesellschaft zum Vortrag gebracht. Hier im Einzelfall immer feststellen zu wollen, wer zugehört hat, ist natürlich unmöglich. Aber im großen und ganzen läßt sich das bei der Eigenart der mittelalterlichen Gesellschaft schon sagen: Es waren die Verwandten, Freunde, Standesgenossen dessen, dem die Handschrift gehörte. Hinter jedem Einzelnen steht also eine ganze Reihe Verborgener, und den Einen greifen wir nicht als literarisch interessierte Einzelperson, sondern als allein sichtbaren Vertreter einer Gesellschaft heraus. Nicht der Einzelne ist das Ziel unserer Forschung, sonden das Publikum der mhd. Dichtung als Ganzes."

22 Bumke (1979), S. 37.

Wernher intendierte Zuhörerschaft und der ‚Uraufführungsort' ermittelt. Auf eine Interpretation des ‚Helmbrecht' im Lichte der dort gewonnenen Erkenntnisse habe ich bewußt verzichtet. Der Text, der in einigen Nebenzügen der Handlung sicher zu den spezifischen politischen Interessen des Mäzens und seiner Gefolgsleute stimmt, ist prinzipiell auch von einem anderen Publikum als dem der Uraufführung zu verstehen, was unter anderem die literarische Rezeption und die handschriftliche Überlieferung in den Nachbarländern zeigen. Wenn sich aber, wie im Falle des ‚Helmbrecht', die landes- und zeitgebundenen Interessen von Auftraggeber und Publikum nur in Nebenzügen der Gestaltung niederschlagen, würde eine Heraushebung dieser Aspekte die Interpretation unangemessen verzerren und die Sicht auf die besondere Ausprägung des Wernherschen Diskurses verfälschen. Nur im Rahmen einer umfassenderen Deutung haben diese — gewiß nicht uninteressanten — Nebenaspekte das Recht auf Gehör.

Die handschriftliche Verbreitung ist mit zwei erhaltenen und einem verschollenen, aber noch im 19. Jahrhundert erwähnten Textzeugen nicht eben üppig zu nennen. Dennoch liefert die Auswertung reichhaltiges Material über die Auftraggeber, die Schreiber und im Falle einer Handschrift auch von Lesern und späteren Besitzern. Die Namenseinträge und Wappenskizzen in der ‚Leombacher' Handschrift werden soweit wie möglich historisch bezeugten Persönlichkeiten oder Geschlechtern zugeordnet. Während sich bei dieser Handschrift ein äußerst farbiges Bild einer intensiven Nutzung über ein Jahrhundert hinweg verfolgen läßt, war der zweiten Handschrift — dem ‚Ambraser Heldenbuch' — kein Leserpublikum beschieden. Hier stellen sich andere Fragen: die Absichten Maximilians bei der Anlage der großdimensionierten Sammlung älterer Texte und die Problematik der Vorlagen. Ihre Beantwortung entscheidet auch darüber, warum dem ‚Helmbrecht' die Ehre zuteil wurde, in der Sammlung Aufnahme zu finden.

Die literarische Nachwirkung des ‚Helmbrecht' wird greifbar in Gedichten, die unter dem Namen ‚Seifried Helbling' geläufig sind, und in Ottokars aus der Geul ‚Steirischer Reimchronik'. Mögliche literarische Nachwirkungen behandeln die Beiträge über Rüdigers von Hünkhoven ‚Schlegel', das Spiel ‚Streit zwischen Herbst und Mai' und Bollstatters Spruchsammlung. Im Anhang erscheint die Auseinandersetzung mit älteren Annahmen, daß der ‚Helmbrecht' in dem Schwank von der ‚Bösen Frau' (*Daz übele wîp*) und in den Artusepen des Pleiers Aufnahme gefunden habe. Wenn auch die Rezeption des ‚Helmbrecht' durch den Pleier nicht beweisbar ist, so kann der ‚Meleranz' doch demselben Publikum gegolten haben. Ein Beitrag über den vom Pleier genannten Literaturfreund Wimar zeigt, daß das Publikum des Dichters in engste Verbindung zu dem Wernhers des Gartenaeres zu bringen ist.

Außerliterarische Nachwirkungen in der bildenden Kunst sind nicht bezeugt[23], wenn man von der verschollenen Ranshofener ‚Bilderhandschrift' und der Abbildung eines jungen Mannes im ‚Ambraser Heldenbuch' absieht. Als außerliterarische Nachwirkung anderer Art ist die Funktion des Eigennamens ‚Helmbrecht' als Eponomasie mit der Bedeutung ‚Bonvivant', ‚weltlicher, den Sinnenfreuden zugeneigter Mensch' im Sprachgebrauch der Prager Deutschen in der zweiten Hälfte des 14. Jahrhunderts anzusehen. Die Untersuchung zu diesem Phänomen wird, da es mit der Erzählung Wernhers nur sekundär verbunden ist, an anderer Stelle veröffentlicht werden.

---

[23] H. Walter (Contribution a l'étude de la diffusion de ‚Helmbrecht le fermier', in: Etgerm. 9 [1954], S. 155 — 159) hat zwar die Hypothese vertreten, daß zwei Skulpturen der Kirche zu Rouffach im Elsaß das Schicksal Helmbrechts wiedergäben, aber dies scheint mir ebenso aus der Luft gegriffen wie alle anderen Überlegungen des Verfassers.

1. Das Publikum der ersten Stunde

Im Jahre 1863 löste der Archivrat KARL AUGUST VON MUFFAT mit einer Veröffentlichung in der Bayerischen Zeitung[24] eine — zeitweise heftig und bisweilen polemisch geführte — Diskussion über den sogenannten Schauplatz der Erzählung aus, die bis in die zwanziger Jahres unseres Jahrhunderts fortgeführt wurde.[25] ‚Die Heimath des Meier Helmbrecht‘ lautete der programmatische Titel von MUFFATs Artikel, und wenig später wählte FRIEDRICH KEINZ denselben noch einmal für seine Textausgabe und Untersuchung.[26] Diese Formulierung verrät das Ziel der Beiträge: Nachweis der historischen Glaubwürdigkeit des erzählten Stoffes, Reklamierung für Bayern — beziehungsweise für Österreich auf der Gegenseite der bayrischen Partei. Es ging um nicht weniger als den Erwerb und dauernden Besitz einer national bedeutenden Erzählung, deren Stoff nicht fiktiv gewesen sein sollte, sondern aus dem Leben gegriffen, vom Autor miterlebt und der Nachwelt überliefert. Die Ortsangaben der Texte wurden nicht in ihrer Funktion für ein allererst von Wernher angesprochenes Publikum begriffen, sondern als zufällige Reste einer Lokalbindung des realen Geschehens, die als willkommene Indizien für den — weitaus bedeutenderen — Beweis der Realität der erzählten Geschichte in Anspruch genommen werden konnten. Man suchte demnach nicht, oder doch nur am Rande, nach dem Grund der verschieden lautenden Ortsangaben beider Handschriften, sondern nach einem Helmbrechtshof, nach der Helmbrechtsquelle, der Raubritterburg, den topographisch mißverstandenen Kienleiten und Lohs der Erzählung. Und die Forscher konnten einen gewissen Erfolg verbuchen. Sie fanden in der Nähe von Wanghausen einen Helmbrechtshof, eine Quelle, verschiedene Sagen der Umgebung, die mit einiger Not (weil Konstellationen sich zu wiederholen pflegen) auf den ‚historischen‘ Helmbrecht bezogen werden konnten. Darauf aufbauend wurde der Autor er-

---

24 K[arl] A[ugust von] Muffat: Die Heimath des Meier Helmbrecht, in: Die Bayerische Zeitung. Morgenblatt, Nr. 277 vom 8. Oktober, München 1863. Ein von Muffat nachgewiesener Helmbrechtshof — kein Meier-Hof — lag in der Obmannschaft Gilgenberg.

25 Vgl. den Abschnitt VIII meiner Bibliographie zu Wernher der Gartenaere.

26 Friedrich Keinz: Meier Helmbrecht und seine Heimat, München 1865 — 2. umgearb. Aufl. unter dem Titel: Helmbrecht und seine Heimat, 1887. Friedrich Keinz wurde von Conrad Hofmann gebeten, die Angaben von Muffat zu überprüfen und weitere Anhaltspunkte an Ort und Stelle des angeblichen ‚Schauplatzes‘ in Erfahrung zu bringen.

funden: als Pater Gärtner im nahegelegenen Kloster Ranshofen[27] oder als Ritter Wernher von Burghausen, der sich später ins Kloster zurückzog, um dort seinen ganzen Erfahrungsschatz niederzulegen.[28]

Diese Umkehrung von Fiktionalität — der gebauten Erzählung — und Geschichtlichkeit — ein zumindest in seinem Werk greifbarer, wenn auch historisch (noch) nicht bekannter Verfasser — ist eine der bemerkenswertesten Erscheinungen der halbhundertjährigen Diskussion um die ,Heimat des Helmbrecht': Urheber ist nun das erzählte Geschehen, Produkt des Geschehens Wernher der Gärtner. Nur mit dieser vorangegangenen Diskussionsgrundlage kann das heutige Desinteresse der Forschung an der Erklärung der Ortsangaben verstanden werden. Untersuchungen zur Struktur und literarischen Tradition der Erzählung führten zu dem Ergebnis, daß der ,Helmbrecht' wohl kaum einen realen Vorfall schildere. Skepsis an den Ergebnissen der Heimat-Erforscher, so berechtigt sie war, hieß nun bedauerlicherweise nicht, noch einmal, von den Ortsangaben ausgehend, nach dem intendierten Schauplatz der ,Uraufführung' beziehungsweise einer vielleicht vom Autor selbst noch vorgenommenen Umsiedlung des Vortragsortes zu suchen. Das methodische Vorgehen der Heimat-Erforscher wurde — wenn überhaupt — nur beiläufig in Frage gestellt. Die ,Heimatfrage' selbst wurde nicht als sekundäre V e r s c h i e b u n g erkannt und in ihrem Ansatz revidiert, sie bekam lediglich einen unbedeutenderen Platz in der Gesamtwürdigung zugewiesen, wo sie bis jetzt als ,Platzhalter' der Publikumsfrage fungiert und deren Beantwortung v e r h i n d e r t.[29]

Die Skepsis gegenüber den Ergebnissen, vor allem denen von KEINZ, führte nicht zu einer Neuaufnahme des Verfahrens mit anderem Ziel, sondern zu Sublimierungen, d. h. zu Auffassungen wie der Unentscheidbarkeit der Ortsfrage oder zur Wertung der Ortsangaben als ,Topoi der Realitäts-

---

[27] Keinz, Heimat, 2. Aufl., S. 13.

[28] Karl Stechele: Ein Beitrag zur Meier-Helmbrecht-Forschung, in: Altbayerische Monatsschrift 15 (1926), S. 25 — 31, hier S. 30 f.

[29] Vgl. Kurt Ruh, in: Wernher der Gartenaere, Helmbrecht, hrsg. von Friedrich Panzer, 9., neubearb, Aufl. besorgt von Kurt Ruh, Tübingen 1974, S. XIV: „Die Kontroverse um den Ort der Handlung [. . .] hat heute ihre Dringlichkeit verloren, nicht weil sie zu einem gesicherten Resultat geführt hätte, sondern weil die Forschung [. . .] von der Voraussetzung abgerückt ist, es handle sich [. . .] um ein historisches Geschehen oder doch um die freie Nachbildung eines solchen." Vgl. auch Helmut Brackert / Winfried Frey / Dieter Seitz: Wernher der Garenaere, Helmbrecht. Mittelhochdeutscher Text und Übertragung, hrsg., übersetzt und mit einem Anhang versehen (Fischer Taschenbuch 6024), Frankfurt a. M. 1972, S. 128 (Heimatfrage).

fiktion'[30], als vom Autor beliebig auswechselbare Vortragsvarianten[31], je nachdem wo er sich gerade als ‚Fahrender' aufgehalten habe:

> Es ist vom Händewaschen bei Tisch die Rede, nur an Wein fehlt es. Man muß sich an das beste Trinkwasser halten, das je der Erde entfloß: an den Quell von *Wanchûsen* (897; die Handschrift B hat *leubenbach*). So wie V. 192 die Orte *Hôhenstein* und *Haldenberc*, in B *wels* und *traunberg* genannt werden, unterscheiden sich also die Handschriften, indem A einen Ort aus dem Innviertel, B aus dem östlich davon gelegenen Traungau nennt. Solche Nennungen sind als ein Örtlichkeitstopos zu verstehen, wie wir ihn schon aus Wolfram kennen, der auch zum Vergleich seine nächste Umgebung heranzieht und damit eine gewisse Heiterkeit erweckt: ein Topos, in welchem die genannten Orte vertauschbar [! U. S.] sind und je nach dem Ort, wo gerade der Vortrag stattfindet, eben entsprechend eingesetzt werden. Noch heute lassen sich gewiegte Komiker am Orte ihres Auftritts eine Anspielung auf örtliche Verhältnisse vorher mitteilen und gewinnen sich damit die Gunst des Publikums.[32]

Daß keine einzige auktoriale Vortragsvariante in der mittelhochdeutschen Literatur zu belegen ist, zeigt den Wert solcher unberechtigten Folgerungen aus berechtigter Skepsis. Auch wenn heute die Unentscheidbarkeit beschworen wird, lautet die jener Auffassung zugrunde liegende Frage immer noch wie zu den Zeiten von KEINZ, MUFFAT und SCHLICKINGER. Die folgende Analyse soll die Verschiebung rückgängig machen. Es wird daher nicht nach der ‚Heimat des Helmbrecht' gefragt, sondern nach dem Sinn der Ortsangaben im publikumsbezogenen Konzept Wernhers.

---

30 Ruh, Helmbrecht (9. Aufl.), S. XVI.

31 Ruh, Helmbrecht (9. Aufl.), S. XV: „[. . .] läßt sich da nicht denken, daß er von allem Anfang an jene Namen als variable Größen einsetzte?"

32 Bruno Boesch: Lehrhafte Literatur. Lehre in der Dichtung und Lehrdichtung im deutschen Mittelalter (Grundlagen der Germanistik 21), Berlin 1977, S. 61. Vgl. den Begriff „Scheinlokalisation" bei Max Wehrli (Geschichte der deutschen Literatur vom frühen Mittelalter bis zum Ende des 16. Jahrhunderts, Stuttgart 1980, S. 275), der bei Wernher, Neidhart und Wittenwiler „gattungstypisch" sei.

1. 1 ... zwischen Hôhensteine und Haldenberc

Die Angaben der beiden handschriftlichen Zeugen des Textes lauten verschieden; ist in Handschrift A — dem Ambraser Heldenbuch — von der Quelle zu Wanghausen die Rede, so in Handschrift B von der Quelle zu Leombach; Hohenstein und Haldenberg heißen in Handschrift B Wels und Traunberg (d. i. der Traunstein, des Reimes wegen endet er auf -berc). Im Kapitel über die ‚Leombacher' Handschrift (B) wird dargelegt werden, daß die Ortsangaben der um 1410 geschriebenen Handschrift dem Auftraggeber Leonhard Meurl zuliebe an Stelle anderslautender Namen gesetzt wurden. Auf die Beweisführung kann an dieser Stelle nicht eingegangen werden; die wichtigsten Ergebnisse will ich jedoch kurz benennen: Leonhard Meurl, der sich auf dem Vorsatzblatt der Handschrift als Besitzer — neben einigen Lesern und Freunden des Hauses — eingetragen hat, war von 1400 bis in die sechziger Jahre des 15. Jahrhunderts Inhaber der Burg Leombach, deren Quelle in der Handschrift gelobt wird. Die Burg selbst ist erst um die Mitte des 14. Jahrhunderts erbaut worden und die Nennung der gleichnamigen bäuerlichen Siedlung am Leubenbach, die dem Kloster Kremsmünster abgabenpflichtig war, ergibt vor dieser Zeit keinen rechten Sinn. Es sei denn, man stellte sich die Mönche des Klosters als das von Werner intendierte, in weltlicher Unterhaltungsliteratur bestens unterrichtete und am höfischen Geschmack orientierte Publikum vor.

Es muß geprüft werden, ob die im ‚Ambraser Heldenbuch' genannten Orte ebenfalls zugunsten eines früheren Handschriftenbesitzers (beispielsweise in der direkten Vorlage des Ambraser ‚Helmbrecht') geändert wurden oder geändert werden konnten. Läßt es sich bei der Spärlichkeit der Belege für einen überlegten Austausch der in bestimmten Texten genannten Namen[33] durch andere, dem Handschrifteneigner bekanntere, nur schwer vorstellen, daß dieser Vorgang ausgerechnet in der Überlieferung des ‚Helmbrecht' gleich zweimal stattgefunden haben soll, so muß diese unwahrscheinliche Annahme dennoch Ausgangspunkt der folgenden Überlegungen sein.

Zunächst ist festzuhalten, daß es im gesamten deutschen Sprachgebiet nur einen Ort namens Wanghausen gibt und, soweit dies urkundlich erfaßbar ist, im Mittelalter gegeben hat. Im 13. Jahrhundert ist keines der lokalen Adelsgeschlechter (Rohrer, Gransen, Ahamer, Acher) in Wanghausen begütert. Nur die bayrischen Herzöge unterhalten eine Mühle, erheben Abgaben von den dort ansässigen Schiffleuten und vom Eigner der Forsthube[34], und das Kloster Ranshofen bezieht von dort geringfügige Ein-

---

[33] Vgl. den Abschnitt über Auftraggeber und Erstbesitzer der Leombacher Handschrift, S. 61 — 63.

[34] Urbarium antiquissimum ducatus Baiuwariae. Ex anno 1240, in: Monumenta Boica 36. Edidit Academia scientiarum Boica (Monumentorum Boicorum Collectio

23

künfte.[35] Wanghausen gehörte zur Burghauser Pfarre[36] und hatte wohl wie Ach[37] den Charakter einer Vorstadtsiedlung. Da der Wanghausen umgebende Forst, der Weilhart, dem Bayernherzog gehörte, der Ort selbst der herzoglichen Niedergerichtsbarkeit unterstellt war[38], kann angenommen werden, daß Wanghausen Herzogsgebiet war. Ein Lehen Wanghausen ist jedoch nicht belegt, ebensowenig ist der Ort unter grundrenten- oder zinspflichtige Bauern aufgeteilt. Die offenkundige Leerstelle, die Wanghausen im lehens- und grundrechtlichen Sinne einnimmt, läßt sich füllen, wenn der Vorstadtcharakter des Ortes zutrifft. Die Einwohner von Burghausen waren Ackerbürger, die noch kleine Felder außerhalb der Stadt bestellten; die Liegenschaften in Wanghausen könnten demnach im 13. Jahrhundert von Burghauser Bürgern kultiviert worden sein. Für das benachbarte Ach – die Grenzen zwischen beiden Orten sind fließend – ist dies belegt; bis 1779 galt der Burgfriede der Stadt Burghausen auch für den Vorort beziehungsweise die dort liegenden Äcker, denn Häuser gab es dort nur wenige.[39] Die ebenfalls nicht zahlreichen Hauseigner in Wanghausen waren Ausbürger, wie die Schiffleute, die der Stadt das Salz zuführten, oder der Inhaber der herzoglichen Mühle. Bürger der Stadt Burghausen sind im 13. Jahrhundert nur selten urkundlich greifbar, immerhin wissen wir aber von einem Stadtbürger, der aus Wanghausen stammt oder in Wanghausen seinen Acker hatte und deshalb den Zunamen *Wonchuser* erhielt.[40] Festzuhalten bleibt, a) daß ein adeliger Eigentümer oder Lehensinhaber von oder in Wanghausen nicht greifbar ist, b) daß Wanghausen herzogliches Gebiet und Ausbürgersiedlung der Stadt Burghausen war. Erst nach der Mitte des 14. Jahrhunderts erhielt der aus einem in Ach sitzenden Geschlecht

nova, Vol. IX, Pars I), München 1852, S. 15: *Wanchusen div mul giltit drie mutte rocken und sehzic pfennige.* S. 20: *Wanchusen die schiflivte zweinzic schillinge* [. . .] *Wanchusen ein pfunt [pfenninchgelt].*

35 Konrad Schiffmann: Die mittelalterlichen Stiftsurbare des Landes ob der Enns in vier Teilen (Österreichische Urbare, 2. Abtheilung: Urbare geistlicher Grundherrschaften, Bd. 2). Tl. 1, Wien 1912, S. 293: *In Wanchausen 60. den.* (Urbar Ranshofen von 1278). Der Betrag ist so gering, daß vermutet werden kann, daß lediglich ein Hof in Wanghausen dem Stift Ranshofen zu Abgaben verpflichtet war.

36 Franz Steiner: Hochburg-Ach einst und jetzt, im Selbsverlag der Gemeinde Hochburg-Ach, o. J. [1979], S. 58.

37 Franz Martin: Die Kunstdenkmäler des politischen Bezirkes Braunau. Mit einem Beitrag von Artur Waltl, Wien 1947, S. 190.

38 Wanghausen lag im Bereich von *Chunrades schergampt*; die Schergenämter waren die herzoglichen Niedergerichtsbezirke (Urbarium antiquissimum, S. 15).

39 Benedikt Pillwein: Geschichte, Geographie und Statistik des Erzherzogthums Oesterreich ob der Enns und des Herzogthums Salzburg. Mit einem Register, 4. Thl.: Der Innkreis, Linz 1832, S. 445.

40 Heinrich Wonchuser 1270 (Urkundenbuch des Landes ob der Enns [im folgenden: UBE], 11 Bde., Wien 1852 – 1956, hier Bd. III, S. 373).

stammende Heinrich der Acher das herzogliche Gebiet[41] und erbaute den Adelssitz Wanghausen, auf halbem Wege zwischen dem heutigen Ach und dem Dorf Wanghausen. Dorf und Adelssitz sind voneinander zu unterscheiden. Heinrich der Acher war der erste Inhaber der neu geschaffenen Hofmark[42], und Wanghausen wurde zum Sitz des Burghauser Forstmeisters Heinrich. Er war zugleich Pfleger des herzoglichen Jagdschlosses Wildshut.[43] Heinrich der Acher oder spätere Besitzer der Hofmark und des Schlosses (nach 1407) kommen demnach als mögliche Auftraggeber einer ‚Helmbrecht‘-Handschrift in Betracht, in der die Ortsangabe Wanghausen an Stelle einer früheren eingesetzt wurde. Dies kann jedoch nicht vor Mitte des 14. Jahrhunderts geschehen sein, da Heinrich der erste Inhaber der Hofmark war.[44]

Das erschließbare Alter der Vorlage, die im ‚Ambraser Heldenbuch‘ zur Abschrift gelangte, spricht aber gegen eine solche Annahme. Die Vorlage Rieds entstand im bairisch-österreichischen Sprachraum und wies Mischschreibung (Nebeneinander von alten Monophthongen und neuen Diphthongen) auf.[45] Daher wird sie vor der Mitte des 14. Jahrhunderts, und

---

41 Martin (1947), S. 191; Heinrich Ferihumer: Erläuterungen zum Historischen Atlas der österreichischen Alpenländer, hrsg. von der österreichischen Akademie der Wissenschaften, II. Abt.: Die Kirchen- und Grafschaftskarte, 7. Tl.: Oberösterreich, 2. Aufl. Wien 1962, S. 204; Julius Strnadt: Innviertel und Mondseeland, in: Abhandlungen zum Historischen Atlas der österreichischen Alpenländer (Archiv für österreichische Geschichte 99), Wien 1912, S. 427 − 1070, hier S. 464: „[. . .] der sich als Forstmeister zu Burghausen den Sitz Ach, genannt Wanghausen, erbaut hat“ (Hervorhebung von mir, U. S.). Heinrich der Acher ist als Pfleger des herzoglichen Jagdschlosses Wildshut und als Forstmeister im Weilhart in den Jahren 1392 bis 1407 bezeugt (S. 464).

42 Martin (1947), S. 191; Georg Grüll: Burgen und Schlösser im Innviertel und Alpenvorland (Oberösterreichs Burgen und Schlösser 2), Wien 1964, S. 145.

43 Strnadt (1912), S. 466.

44 Es ist nicht gesichert, wann Heinrich der Acher die Herrschaft Wanghausen erwarb. 1354 ließ er die Kirche Maria-Ach (bei Wanghausen) errichten, aber bezeugt ist er als Inhaber der Hofmark Wanghausen erst nach 1390. Vgl. Strnadt (1912), S. 464, und Martin (1947), S. 191.

45 In den Versen 1697, 1698, 1336 und 1718 ist langes /î/ von Ried undiphthongiert übernommen worden. An drei weiteren Stellen faßte er kurzes /i/ als Länge auf und diphthongierte es versehentlich (V. 79, 1827 und 1831). Die Verwechslung von *die* mit *der* (983) und *der* mit *diu* (1090) läßt sich erklären, wenn in der Vorlage die österreichische Form *deu* (*dev*) für mhd. *diu* gebräuchlich war. Auch die Übernahme des österreichischen *deup* für mhd. / frnhd. *diep* V. 1814 (Ried schrieb: *defibe*) spricht für die bereits vollzogene Diphthongierung von mhd. *iu* und für eine bairisch-österreichische Vorlage. Die Mischschreibung ist jedoch für die Alpensüdseite, für Tirol, Kärnten, Steiermark, für Ober- und Niederösterreich, Nieder- und Oberbayern spätestens um 1320 bis 1330 zugunsten der neuen Diphthonge überwunden. Vgl. hierzu Kaj B. Lindgren: Die Ausbreitung der nhd. Diphthongierung bis 1500, Helsinki 1961.

das heißt, bevor Heinrich der Acher Wanghausen als Hofmark besaß, geschrieben worden sein. Man muß von der Annahme ausgehen, daß die Wanghauser Quelle nicht erst von späteren Abschreibern, sondern bereits von Wernher dem Gartenaere selbst gepriesen wurde.

Welchen Sinn kann die Hervorhebung des Wanghauser *urspringes* im Konzept von Wernhers ‚Helmbrecht' gehabt haben? KURT RUH schrieb zu Recht: „die Erwähnung eines Brünnleins mit besonders frischem oder gar heilkräftigem Wasser kann nur sinnvoll sein, wenn dabei eine der Hörerschaft bekannte Quelle genannt wird. "[46]

Dies ist auf das zuerst vom Autor angesprochene Publikum, das Publikum der ersten Stunde, zu beziehen. Sobald die Erzählung über den ursprünglichen Zuhörerkreis hinaus bekannt wurde, mußte die Ortsnennung ihren unmittelbar einsichtigen Sinn verlieren, ebenso wie Gottfrieds akrostichische Nennung eines Gönners oder Literaturfreundes Dieterich, der nur einem Kreis von Eingeweihten oder den ersten Lesern bekannt gewesen sein dürfte. Auch Wolframs zahlreiche Ortsnennungen haben bisweilen nur für das Publikum eines ‚teilveröffentlichten' Buches — und nicht des vollendeten Werkes — eine erkennbare Zeichenfunktion besessen. Mit dieser Einschränkung auf das zunächst von Wernher angesprochene Publikum, das die Nennung des Brunnens zu Wanghausen unmittelbar einordnen konnte, soll nach dem Sinn der Stelle und das heißt zunächst: diese informierte Zuhörerschaft gesucht werden.

Einen bedeutenden Adelshof gibt es im 13. Jahrhundert nicht in unmittelbarer Nachbarschaft von Wanghausen, unmittelbare Nähe muß jedoch Voraussetzung des Verstehens sein, denn noch war Wanghausen kein Wallfahrtsort[47], und die unter Augenkrankheiten leidenden Gläubigen suchten noch nicht das wegen seiner Heilkraft später zu regionaler Bedeutung gelangte Wanghauser Brünnlein auf.[48]

In der wasserarmen Gegend des rechten Hochufers der Salzach kommt den wenigen Quellen eine große Bedeutung zu. In Ach liegt der ‚Zwölferbrunnen', „der im Mittelalter der Stadt Burghausen das Trinkwasser lieferte"[49], denn der Marktbrunnen oder gar der Burgbrunnen dürfte für die Wasserversorgung der Stadt allein nicht ausgereicht haben.

---

[46] Ruh, Helmbrecht (9. Aufl.), S. XV.

[47] U. Slämel, Bürger zu Passau, bekundete 1320 seine Absicht, *gegen Ach chirich fahrten* zu wollen. Die Ach-*chirich* stand seit 1180 an der Stelle der späteren (Wanghauser) Kirche Maria-Ach (Steiner [1979], S. 58; Gustav Gugitz: Österreichs Gnadenstätten in Kult und Brauch, Bd. 5: Oberösterreich und Salzburg, Wien 1958, S. 1).

[48] „Auch zum sogenannten ‚Goldbrünnl' gegenüber dem Pfarrhof wurde früher gewallfahrtet. Man opferte vor allem wächserne Augen" (Steiner [1979], S. 66). Vgl. Gugitz, S. 1.

[49] Stechele (1926), S. 26.

Das ‚Goldene Brünnlein‘ bei der Kirche Maria-Ach in Wanghausen schließlich errang wegen seiner Vorzüglichkeit den Ruf einer angeblich heilkräftigen Quelle. Diese wird gemeint sein, wenn Wernher von dem *ursprinc ze Wanchusen* spricht. In gerader Linie, auf der anderen Seite des Salzachufers erhebt sich nun die herzogliche Residenz Burghausen. Aus den Fenstern der Südseite der Dürnitz, einem der im 13. Jahrhundert, Ende der fünfziger Jahre von Heinrich XIII. erneuerten Gebäude der später noch erweiterten Anlage[50], erblickt man Wanghausen und die Kirche Maria-Ach, an deren Stelle sich im 13. Jahrhundert eine kleine Kapelle befand.[51] Eine auf der Burg versammelte Zuhörerschaft vom herzoglichen Hof konnte sich mit einem Blick nach draußen der Lage des Brunnens versichern. Es liegt nahe anzunehmen, daß der ‚Helmbrecht‘ entweder für ein Publikum auf der Burg gedacht war — oder für städtische Zuhörer von Burghausen, denn immerhin schließt die Erzählung mit der außergewöhnlichen Feststellung, daß die Wagen der Kaufleute wieder ungehindert auf den Straßen fahren könnten.[52] Im weiten Umkreis existiert keine ähnlich bedeutende Stadt[53] und vor allem keine landesfürstliche Residenz. Ob die Erzählung für ein städtisches Publikum oder für den Hof Heinrichs XIII. (1255 bis 1290) konzipiert war, läßt sich vielleicht entscheiden, wenn die beiden anderen Ortsangaben — Hohenstein und Haldenberg — hinzugezogen und in ihrer Funktion bestimmt werden. Sollte sich erweisen, daß ihre Nennung auf Adelige schließen läßt, die mit dem bayrischen Herzog Verbindung hatten, dürfte der herzogliche Hof zu Burghausen als Ort der Uraufführung feststehen. Umgekehrt spräche eine städtische Zuordnung der Ortsangaben für ein Burghauser Stadtpublikum.

Wenn man dem Wortlaut der Handschrift A Vertrauen schenkt, und es spricht nichts dagegen, es weiterhin zu tun, müssen verschiedene, von der Forschung vorgeschlagene Identifizierungsvorschläge beiseite gelassen werden. So der Adenberg[54] oder der Hollnberg[55] u. a., die nur deshalb in Be-

---

50 Vgl. Volker Liedke: Baualtersplan zur Stadtsanierung Burghausen (Burghauser Geschichtsblätter 34), Burghausen 1978, S. 48.

51 Vgl. Die Abbildungen Nr. 1 und 2.

52 Vom Geleitregal profitierte natürlich der Herzog. Die Zahlungen der Städte für den Schutz der Kaufleute müssen beträchtlich gewesen sein.

53 1255 verfügten die Herzöge, daß das Halleiner Salz zuerst auf der Salzach bis Burghausen verschifft werden müsse; dies bedeutete ein wirtschaftlich wertvolles Monopol der Burghauser Salzherren. Vgl. Liedke (1978), S. 13.

54 Vgl. Keinz, Heimat (2. Aufl.), S. 7: *Adenberg* oder *Aldenberg* (mundartlich). Ein *Hohenstein* ist ebenfalls nur mundartlich belegt.

55 Max Schlickinger: Der Helmbrechtshof und seine Umgebung. Eine literarhistorische Untersuchung, in: Beiträge zur Landeskunde von Oesterreich ob der Enns 45 (Linz 1893), S. 1 — 31, hier S. 24. Vgl. auch Muffats (1863) *Hantenberg* oder *Halmberg*.

tracht gezogen wurden, weil die Orte in dem kleinen Bezirk um den angeblich verbürgten Meier-Helmbrecht-Hof gesucht und mit einigen sprachlichen Gewaltakten (oder vornehmer formuliert: Emendationen) den in der Erzählung genannten Orten anverwandelt wurden. Gegen die Identifizierung von KEINZ, SCHLICKINGER u. a. spricht meines Erachtens, daß diese Orte kaum ein paar Kilometer voneinander entfernt sein sollten. Der überschwänglich gepriesene *warcus* des Bauernsohnes — *ez hêt selten solhen vlîz / an sînen warkus geleit / deh ein gebûre der in treit, / noch sô kostelîchiu werc / zwischen Hôhensteine und Haldenberc* — könnte demnach nicht so außerordentlich wertvoll sein, denn auf einem derart schmalen Gebietsstreifen, auf dem kaum mehr als ein paar Dutzend Bauernhöfe gelegen waren, bieten sich wenig profilierende Vergleichsmöglichkeiten. Der Sinn der Stelle ist jedoch, daß kaum ein anderer Bauernsohn zu finden war, der ein solch aufwendiges Gewand sein Eigen nennen konnte.

Im deutschen Sprachraum gibt es drei Burgen mit Namen Haldenberg und umliegende Orte gleichen Namens. Ein Adelssitz bei Straßburg im Elsaß wurde 1198, 1248 und 1261 endgültig bis auf die Grundmauern geschleift.[56] Eine ab 1291 bezeugte Burg Haldenberg im Kreis Wangen (Baden-Württemberg)[57] befand sich im Besitz einer St. Gallischen Ministerialenfamilie. Schließlich existierte auf bayrischem Boden im Kreis Landsberg die im 13. Jahrhundert ausgebaute Burg Haltenberg.[58] Da im österreichisch-bayrischen Raum sonst kein Haldenberg zu finden ist, trifft die Ortsnennung am ehesten auf die bei Landsberg gelegene Burg zu; die zuvor erwähnten Adelssitze liegen wohl doch zu weit vom Sprach- und Wirkungsgebiet der Erzählung ab, um ernsthaft in Frage zu kommen.

Der von der Mitte bis zum Ende des Jahrhunderts bezeugte Besitzer, Konrad von Haldenberg, war ein Bruder Engelschalks von Hegnenberg, was die Genealogen vermuten ließ, daß die gemeinsam 1238 und 1266 auftretenden Brüder Engelschalk, Hermann und Konrad von Hegnenberg identisch seien mit den Stammvätern der Familien Wildenroth, Hegnenberg und Haldenberg.[59] Alle drei Stammsitze liegen nahe beieinander, die Namen Hermann, Konrad und Engelschalk begegnen stets in allen Familien.

---

56 Hermann Oesterley: Historisch-geographisches Wörterbuch des deutschen Mittelalters, Gotha 1883, S. 249.

57 Handbuch der Historischen Stätten Deutschlands 6: Baden-Württemberg, hrsg. von Max Miller und Gerhard Taddey., 2., verb. u. erw. Aufl. Stuttgart 1980, S. 144.

58 Handbuch der Historischen Stätten Deutschlands 7: Bayern, hrsg. von Karl Bosl, 3. Aufl. Stuttgart [1981], S. 267 f. Vgl. Abb. 3.

59 Wiguleus Hund: Bayrisch Stammenbuch, 2 Thle., Ingolstadt 1598, hier Tl. 1, S. 233; Johann Michael Wilhelm von Prey: Bayrischen Adls Beschreibung, Freysing 1740, handschriftlich in der Bayerischen Staatsbibliothek cgm. 2290, Bd. I — XXXIII, hier Bd. XIII, Bl. 181 — 187 (Haldenberg), hier Bl. 182[r].

Hermann von Hegnenberg war zunächst Ministeriale Konradins, später Ludwigs von Bayern.[60] Konrad von Wildenroth, Sohn Engelschalks von Hegnenberg, bekleidete das Amt eines Landfriedensrichters und Marschalls unter Ludwig.[61] Konrad von Haldenberg oder Hegnenberg war dagegen Dienstmann des Freisinger Bischofs und hat auf den ersten Blick keine Verbindung zu den Bayernherzögen; durch Heirat der Tochter des Freisinger Ministerialen Eisenreich von Waldeck und Umwandlung seiner Eigengüter in bischöfliche Lehen trat Konrad 1234 in die Dienste des Bistums.[62] In dieser Stellung begegnet er öfter als Zeuge[63] und 1287 muß er die Genehmigung zur Hochzeit seiner Tochter mit einem Dienstmann des Grafen von Görz und Tirol vom Bischof einholen.[64] VOLKERT schreibt solchen aus der Ministerialität der benachbarten Hochstifte stammenden Adeligen in ihrer Funktion für das Bayrische Landesfürstentum eine wichtige Rolle zu:

> vor allem deshalb, weil sie herzogliche Lehen innehatten und als Inhaber großer und kleiner Ämter nicht nur dem geistlichen Herrn aufs engste verbunden waren. Aus der Freisinger Ministerialität stammen die Waldecker, die Grans von Uttendorf, die H a l d e n b e r g oder die Magens von Berg.[65]

Auch der Besitzer von Haldenberg war ein Diener zweier Herren: er hatte 1260 Niedergericht und Vogtei in Kaufering (eine ehemalige Welfenburg, von den Wittelsbachern übernommen) inne[66], auch die Vogteien Inning und Puch waren im 13. Jahrhundert im Besitz der Haldenberger[67]; freilich ist nicht gesichert, daß sie schon Konrad I. erworben hatte. Diese doppelte Verpflichtung Konrads von Haldenberg fiel ihm wahrscheinlich um so leichter, als Bischof Konrad (1260 — 1281) aus dem Hause Wittelsbach

60 Andreas Felix Oefele: Rerum boicarum scriptores, 2 Bde., Augsburg 1763, hier Bd. 2, S. 610b.

61 Siebmachers grosses und allgemeines Wappenbuch, Bd. 6, 1. Abt.: Abgestorbener Bayrischer Adel, bearbeitet von Gust. A. Seyler [im folgenden: Siebmacher BayA.], 3 Bde., Nürnberg 1894 — 1911, hier Bd. 3, S. 141.

62 Siebmacher BayA. 2, S. 63; Oefele (1763), Bd. 2, S. 104b, 113, 121a.

63 Prey, Bd. XIII, Bl. 182v.

64 Siebmacher BayA. 2, S. 63, und Prey, Bd. XIII, Bl. 182r.

65 Wilhelm Volkert: Staat und Gesellschaft, 1. Teil: Bis 1500, in: Max Spindler (Hrsg.): Handbuch der Bayerischen Geschichte, 2. Bd.: Das alte Bayern. Der Territorialstaat vom Ausgang des 12. Jahrhunderts bis zum Ausgang des 18. Jahrhunderts, München o. J. [1969], S. 475 — 558, hier S. 507.

66 Pankraz Fried / Sebastian Hiereth: Landgericht Landsberg und Pfleggericht Rauhenlechberg, Pankraz Fried: Landgericht, Hochgericht und Landkreis Schongau (Historischer Atlas von Bayern, Teil Altbayern 22/23), München 1971, S. 118.

67 Fried / Hiereth (1971), S. 121 (A. 7).

stammte.[68] Der Sohn Konrads von Haldenberg, Konrad II., war 1290 bis 1312 oberbayrischer Marschall und stand wohl auch vor dieser Zeit schon in herzoglichen Diensten.[69] Vielleicht sollte dieser jüngere Konrad mit der Nennung der väterlichen Stammburg geehrt werden, denn da er 1284 einen erwachsenen Sohn hatte[70], wird er um 1260 — 1270 alt genug gewesen sein, um im Gefolge des Bayernherzogs als Ritter oder Edelknappe zu dienen.

Konrad II. fiel 1297 in Ungnade, er wurde wegen gemeinschaftlichen Totschlags, begangen an Winhart von Rorbach als *landschedelicher man* von seiner Burg vertrieben und Haldenberg wurde vom oberbayrischen Herzog eingezogen.[71] Seine Söhne hatten jedoch weiterhin herzogliche Ämter inne.[72] Auch Konrad II. war wie sein Vater gleichzeitig dem Freisinger Bistum verpflichtet. 1294 und 1295 urkundete er als Freisinger Ministeriale.[73] Die Nennung des Haldenbergs im ‚Helmbrecht' kann nur auf Familienangehörige des Geschlechtes von Haldenberg bezogen werden, da die Burg selbst weder herausragende Bedeutung hatte, noch andere Mitbesitzer der Burg im 13. Jahrhundert nachweisbar sind. Die Herrschaft Haldenberg war bayrisches Herzogslehen, denn sonst hätte Ludwig von Oberbayern wohl kaum die Burg einziehen können. Ob Werner nun den freisingischen Ministerialen und herzoglich-bayrischen Vogt Konrad I. oder einen seiner Söhne — Wolfram, Konrad II. und Engelschalk — ehren wollte, muß hier nicht entschieden werden, eine persönliche Bekanntschaft mit einem der Haldenberger ist jedoch anzunehmen.

Schwieriger gestaltet sich die Identifizierung des Hohensteins. Ich führe eine Liste der zahlreichen Orte oder Burgen namens Hohenstein im deutschen Sprachraum zunächst auf:

Österreich: Hohenstein, 1156 — 1429 belegt, Dorf im Gerichtsbezirk Gföhl.[74]

---

68 Franz Martin: Salzburger Urkundenbuch, 4. Bd.: 1247 — 1343, Salzburg 1933, Regesten S. 9.

69 R. Hoffmann: Die Besetzung der Burg Haldenberg durch die Augsburger, in: Zeitschrift des Historischen Vereins für Schwaben und Neuburg 5 (1878), S. 189 bis 193, hier S. 190; Prey, Bd. XIII, Bl. 182ᵛ f.; Siebmacher BayA. 2, S. 63.

70 Siebmacher BayA. 2, S. 63: im Jahre 1284 verkaufte Konrad II. dem Kloster Steingaden Güter zu Bechstetten und setzte seinen Vater, seinen Sohn und seinen Bruder als Bürgen ein.

71 Prey, Bd. XIII, Bl. 183ʳ; Hoffmann (1878), S. 190 f.

72 Heinrich war 1319 Burggraf in Landsberg, Hermann 1317 Viztum im Schongau (Hoffmann [1878], S. 191).

73 Prey, Bd. XIII, Bl. 182ᵛ.

74 Heinrich Weigl: Historisches Ortsnamenbuch von Niederösterreich. Unter Mitwirkung von Roswitha Seidelmann und Karl Lechner, 7 Bde., Wien 1964 — 1975, hier Bd. 3, S. 134.

Hohenstein, vor 1335 nicht erwähnt. Vorstadt von Krems.[75]

Hohenstein, 1197, ehemals bei Hall am Kocher im Ennstal.[76]

Hohenstein, 1180, Burg bei Linz.[77]

Bayern: Hohenstein, 1268, 1280, Burg und Ort bei Nürnberg, Landkreis Hersbruck.[78]

Hohenstein, bei Marquartstein, Landkreis Traunstein.[79]

Übrige Gebiete: Hohenstein, Brandenburg, ehemals Kreis Oberbarnim.[80]

Hohenstein, Ostpreußen, Kreis Osterrode.[81]

Hohenstein, ehemals bei Straßburg.[82]

Hohenstein, 1285, bei Berigheim, Württemberg.[83]

Hohenstein, 1240 – 1400 im Besitz der Grafen von Zollern, bei Münsingen, Württemberg.[84]

Hohenstein, Kreis Ulm, bei Bermaringen.[85]

Hohenstein, bei Nordhausen, Harz, Sitz des Grafengeschlechtes von Hohenstein.[86]

Angesichts der Fülle von in Frage kommenden Orten könnte man eine Festlegung für unmöglich halten. Ohne Berücksichtigung der zu Wanghausen und Haldenberg gewonnenen Einsichten wird man auch sicher

---

75 Ebenda. Vgl. Georg Binder: Die niederösterreichischen Burgen und Schlösser, 2. Theil. Nördlich der Donau, Wien und Leipzig o. J. [1925], S. 18: Die Burg Hohenstein bei Krems wird 1347 das erste Mal erwähnt.

76 Oesterley (1883), S. 295.

77 Ebenda.

78 Historische Stätten Bayerns, S. 311; Monumenta Boica. 60 Bde., München 1763 bis 1916, 2 Registerbände zu den Bänden 1 – 27, München 1847 – 1887, hier Bd. 36, S. 347, 369, 563, 631, 635.

79 Hist. Stätten Bayern, S. 432 f.

80 Oesterley (1883), S. 295.

81 Ebenda.

82 Ebenda.

83 Ebenda.

84 Historische Stätten Baden-Württemberg, S. 600.

85 Historische Stätten Baden-Württemberg, S. 74.

86 Leberecht Wilhelm Heinrich Heydenreich: Historia des ehemals Gräflichen nunmehro Fürstlichen Hauses Schwartzberg [. . .]. Wie auch Anhang einer kurtzen genealogischen und historischen Beschreibung derer Grafen von Hohnstein, Erfurt 1743 [Anhang mit eigener Paginierung].

nicht weiter kommen. Selbst wenn die dem bairisch-österreichischen Sprachraum nicht angehörenden Hohensteine auszuschließen sind, bleiben doch immerhin sechs Orte zur Auswahl übrig. Wie Wanghausen und Halden-berg wird aber auch Hohenstein einen bayrischen Ort meinen. Die fränki-sche Burg Hohenstein bei Nürnberg wurde 1268 von den Bayernherzögen von Konradin erworben und verblieb bis Ende des 13. Jahrhunderts in ihrem Besitz.[87] Diese Ortsfestlegung würde mit Haldenberg und Wang-hausen eine ungefähre Begrenzung des gesamten bayrischen Gebiets be-zeichnen: Hohenstein im Norden, Haldenberg im Südwesten und Wang-hausen als östliche Begrenzung. Weitere Anhaltspunkte, die für das bei Nürnberg gelegene Hohenstein in Betracht gezogen werden könnten (ganz abgesehen davon, daß die Burg nicht im eigentlichen Herzogsgebiet liegt), habe ich nicht zu ermitteln vermocht.

Um so mehr spricht die Geschichte der bei Marquartstein gelegenen Burg, der einzigen, die tatsächlich innerhalb der Grenzen des Herzogtums lag, für eine Ineinssetzung mit dem Wernherschen Hohenstein. Diese Burg wurde nach 1260 von Heinrich XIII. käuflich erworben[88]; Lehensinhaber waren seit 1254 Engelram II. von Hohenstein und sein Schwager, Otto von Wal-chen.[89] Engelram erbte die Burg von seinem Vater, mußte sie jedoch 1254 dem Salzburger Bischof überlassen und als Lehen in Empfang nehmen.[90] Der Kauf durch Heinrich XIII. war jahrzehntelang umstritten, und es be-durfte mehrerer Schiedsurteile, bis die Angelegenheit geklärt war.[91] Un-beschadet dieser Verwirrungen blieben die Hohensteiner Lehensinhaber der Burg. Der Sohn Engelrams, Engelbert von Hohenstein, ehelichte die Witwe des letzten Grafen von Ortenberg und wurde so Mitbesitzer von Marquartstein, einer Herrschaft, die 1100 Silbergulden wert war; soviel zahlte Heinrich XIII. 1259 für die Übernahme.[92] Der niederbayrische Her-zog setzte Engelbert von Hohenstein zum ersten Pfleger des neugegründe-ten Amtes und niederbayrischen Gerichtes Marquartstein ein. Das Pfleg-

---

87 Vgl. Anm. 78.

88 Franz Gaukler: Die Edlen von Hohenstein, Egerndach und Marquartstein. Eine geschichtliche Studie, o. O. [Staudach] o. J. [1975, Vorwort], S. 28. Vgl. Abb. 4.

89 Gaukler (1975), S. 22.

90 Ebenda. 1254 eignete sich Sigboto von Tetelham die Burg gewaltsam an. Engel-ram und Otto wandten sich an den Salzburger, um Hilfe für die Rückeroberung zu be-kommen. Die Bedingung für militärische Hilfe war die Übergabe der Herrschaft als Lehen.

91 König Rudolf beurkundete 1286 die vorläufige Einigung zwischen Erzbischof Rudolf von Salzburg und Heinrich von Bayern. Beide Gegner erhoben weiterhin An-spruch auf Hohenstein, diese Streitsache sollte später entschieden werden (Martin [1933], S. 157 — 159). Die endgültige Einigung ist nicht zugunsten Heinrichs aus-gefallen, obwohl er viel Geld in den Erwerb Hohensteins investiert hatte.

92 Gaukler (1975), S. 47.

Abb. 2:
Blick von Burghausen auf die Kirche Maria-Ach bei Wanghausen

Abb. 1:   Burghausen

Abb. 3:   Haltenberg am Lech

Abb. 4:   Grundmauerreste der ehemaligen Burg Hohenstein bei Marquartstein

und Richteramt hatten die Hohensteiner bis Ende des 14. Jahrhunderts inne.[93] Der Hohensteiner konnte es sich leisten, dem bei Burghausen gelegenen Kloster Raitenhaslach großzügige Schenkungen zu machen; er und seine Frau Adelheid sind dort begraben (Engelbert starb nach 1276).[94] Ihr Wappen ist in einer Seitenkapelle der Klosterkirche zum Dank für die zahlreichen Schenkungen angebracht worden; dafür wurde der Grabstein, der noch im 17. Jahrhundert zu sehen war, aus der Kirche entfernt.

Es wird sich wohl kaum eine Burg Hohenstein finden lassen, die in gleichem Maße zu der Nennung von Wanghausen und zum niederbayrischen Herzogshof passen mag. Auch hier wird — wie bei der Nennung von Haldenberg — ein Angehöriger des darauf sitzenden Geschlechts bedacht worden sein, am ehesten wohl Engelbert von Hohenstein, herzoglich niederbayrischer Richter und Pfleger, Beamter im Dienste des Ausbaus der Landesherrschaft.

Ich fasse kurz zusammen, bevor ich mich dem herzoglichen Hof zu Burghausen und Heinrich XIII. als Gönner zuwende: die Nennung der Wanghauser Quelle konnte nur bei der städtischen Bevölkerung oder am herzoglichen Hof von Burghausen unmittelbar verstanden werden. Mit der Gebietsangabe „zwischen Hohenstein und Haldenberg" werden Angehörige von Ministerialengeschlechtern geehrt, die in bayrischen Diensten standen. Mit einer adeligen, speziell ministerialischen Zuhörerschaft Wernhers muß daher gerechnet werden; die Burghauser Stadtbürger kommen daher als intendierte Rezeptionsgemeinschaft nicht in Betracht, es sei denn vereinzelt als Teilnehmer am herzoglichen Hof.

Burghausen wurde im 12. Jahrhundert von den Wittelsbachern erworben, doch erst unter Otto dem Erlauchten als gelegentlicher Aufenthaltsort genutzt. 1235 nahm Otto den „aus Italien gewiß nicht anspruchslos zurückgekehrte[n] Kaiser Friedrich II. mehrere Tage zu Gast" — in Burghausen.[95] Häufiger nutzte sein Sohn Heinrich von Niederbayern den Burghauser Hof. Dieser hatte mit seinem Bruder Ludwig die Landesteilung durchgesetzt; Heinrich verblieb Niederbayern mit der Residenz Landshut, Ludwig erhielt Oberbayern und die Pfalz mit der Residenz München. Nach der Teilung im Jahre 1255 wurde die Burganlage zu Burghausen erneuert und erweitert. Sie wurde zweite Residenz, und Heinrich und seine Gemahlin Elisabeth scheinen dieses Domizil öfter aufgesucht zu haben als Lands-

---

93 Gaukler (1975), S. 48.
94 Prey, Bd. XIV, Bl. 216ʳ (Hochensteiner).
95 Stechele (1926), S. 30.

hut.[96] STECHELE spricht, vielleicht mit etwas übertriebenem Heimatstolz, vom „ständigen Aufenthalt" des herzoglichen Paares[97] zu Burghausen. Herzogin Elisabeth starb 1271 wahrscheinlich dortselbst[98], und Heinrich folgte ihr am 4. Februar 1290. An seinem Sterbelager auf Burghausen bekam er geistlichen Beistand durch den Bischof von Regensburg und den Minoritenbruder Wernher.[99] 1261 beherbergte Heinrich den Erzbischof von Salzburg in der Zweitresidenz für längere Zeit, da er vom Domkapitel nicht anerkannt wurde und Zuflucht bei seinem Gönner suchen mußte.[100] Am 6. August 1268 besuchte ihn dort Herzog Ludwig[101], was als seltenes Ereignis zu gelten hat; man traf sich sonst meist nur vor einem innerbayrischen Schiedskollegium zur Schlichtung der ständig auflebenden Streitigkeiten. 1275 tagte in Burghausen ein Schiedsgericht, das Streitigkeiten Heinrichs mit dem Salzburger Bischof beilegen sollte.[102] Unter anderem wird dabei die Angelegenheit Hohenstein ohne Ergebnis verhandelt worden sein.

Der ständige Hofstaat Heinrichs soll in Burghausen an die 100 Personen umfaßt haben.[103] Mit der Hofordnung von 1293 wurde dem unter Heinrich üblichen gastfreien Aufnahme ein Riegel vorgeschoben. Künftig sollten sich Landherren, Grafen, Freie, Dienstmannen und andere Edelleute nur noch dann am Hofe aufhalten, wenn sie selbst für ihren Unterhalt sorgten.[104] Offensichtlich war zuvor, unter Heinrich XIII., die herzogliche Küche für alle Teilnehmer am herzoglichen Hof zuständig gewesen. Wer zählte zur Hofgesellschaft, sei es aus vorübergehendem Anlaß oder über einen längeren Zeitraum? Genannt werden in der Hofordnung die Landherren und Freien, also die Dynasten und hohen Ministerialen, die Dienstleute, andere Edelleute aus dem Gefolge der Höhergestellten, sodann die Hofbediensteten, und vielleicht ist auch der in Burghausen Häuser besitzende Adel (Ahamer, Schellensteiner, Gransen) zur Hofgesellschaft zu rechnen.[105] Bei Ver-

---

96 Johann Georg Bonifaz Huber: Geschichte der Stadt Burghausen in Oberbayern. Aus urkundlichen und anderen Quellen bearbeitet, Burghausen 1862, S. 28. Vgl. Liedke, S. 48.
97 Stechele (1926), S. 30.
98 Huber (1862), S. 29.
99 Derselbe, S. 31.
100 Derselbe, S. 28.
101 Derselbe, S. 29.
102 Derselbe, S. 30.
103 Derselbe, S. 134.
104 Theo Herzog: Landshuter Urkundenbuch, Neustadt an der Aisch 1963, S. 97*.
105 Der niedere Adel trat teilweise in die Bürgerschaft ein oder hatte zumindest ein Haus in der Stadt, um dem Hof nahe zu sein. Vgl. Huber (1862), S. 34, und Liedke (1978), S. 29.

gleichen, Lehensregelungen und -vergabe, Bewirtung hoher Gäste wird sich in der Burghauser Residenz des öfteren Gelegenheit geboten haben, Literatur vor einem großen und interessiertem Publikum vorzutragen. Und Heinrich XIII. ist als freigebiger Fürst, wie die notwendige Korrektur der Hofordnung durch seine Söhne lehrt, und als Gönner von höfischer Dichtung nicht unbekannt.

1.2 Die Wittelsbacher und die Literatur

In einem Abschnitt der Literaturgeschichte, in dem die Produktion von anspruchsvollen Werken ohne die Förderung von Gönnern schlicht undenkbar erscheint[106], erstaunt es, daß nur in wenigen Fällen Autoren und ihre Werke präzise bestimmten Gönnern bzw. ‚Erstaufführungsorten' zuzuweisen sind. Abgesehen von der älteren Tradition der mündlichen Poesie, den Gelegenheitsdichtungen und den Liedern der Fahrenden, verlangte die Literatur für ein adeliges Laienpublikum, speziell die epische Dichtkunst, Schriftlichkeit als Entstehungs- und Verbreitungsbedingung.

Nun waren aber die wenigsten Dichter Mitglieder solcher Familien, die sich Literaturproduktion aus eigenen Ressourcen leisten konnten[107]; sie waren auf Freistellung von Broterwerb, auf die Gewährung der Arbeitsmittel und -bedingungen (Wachstafeln, Pergament, Schreiber, ‚teure' Vorlagen[108]) von anderer Seite, auf Mäzene angewiesen.

Diesen materiellen Entstehungsbedingungen einer von Mäzenen getragenen Literatur entspricht aber keineswegs der Grundtenor der Dichtungen selbst: sie verschweigen in den meisten Fällen ihre Entstehungsgeschichte und geben sich die Aura von autonomer Kunst. Es gehört zum guten Ton bei Fürsten und Dynasten, als zeitgenössischer Literaturfreund Ansehen bei den Standesgenossen zu erwerben; aber gedichtet wird nicht für diese Mäzene, sondern für die Adelsgemeinschaft – sei sie nun vorgestellt als ideelles Gesamtpublikum oder als reale Versammlung am fürstlichen Hof.[109] Wird bisweilen einmal ein Mäzen oder Literaturfreund geehrt, so geschieht es häufig nur für einen kleinen Kreis von Eingeweihten: wie bei Gottfried und Ulrich von dem Türlin als akrostichische Nennung des Namens, wie bei Albrecht in Form einer Antonomasie (‚Titurel', Str. 64) oder als Rätsel (Pleiers *frum edel Wîmar*).

Die wenigen eindeutigen Nennungen von Gönnern, über die das Publikum der ‚Uraufführung', d. h. die vom Autor angesprochene Gesellschafts-

---

106 Vgl. Bumke (1979).

107 Als Beispiele seien Ulrich von Liechtenstein, Herrand von Wildonie und Hadamar von Laber genannt.

108 Die Beschaffung von Quellen und Vorlagen war ein erhebliches Problem und nicht selten bedankt sich der Dichter eigens bei dem Vermittler solcher Vorlagen, ohne die bestimmte, vom Publikum gewünschte Stoffe nicht bearbeitet werden konnten.

109 Von einem Gönner wird nicht nur erwartet, daß er den Lebensunterhalt des Dichters bestreitet, das Arbeitsmaterial, möglicherweise die Vorlagen und einen Übersetzer stellt; das Wichtigste scheint doch wohl zu sein, daß er ihm das Publikum verschafft, und wo sollte dies – auditive Rezeption als die Grundform der Vermittlung vorausgesetzt – anders möglich sein als an den Höfen der weltlichen und geistlichen Fürsten.

gruppe zu erkennen ist, sind nichts weiter als die — zudem nicht unbedingt repräsentativen — sichtbaren Spitzen eines im Nebel liegenden Gebirges.[110] Fast stets muß die Forschung durch Entschlüsselung versteckter Anspielungen, Befragung der Überlieferung u. ä. versuchen, dem Publikum des Autors und damit ihm selbst auf die Spur zu kommen. Eine Schwierigkeit, deretwegen so überaus selten Werke mittelalterlicher Autoren einem bestimmten Literaturkreis, ja selbst einer Landschaft zuzuschreiben sind, ist die von Publikum und Gönner ungegängelte, prinzipiell auch an anderen Orten wirksame, fungible Textgestaltung. So abhängig die Autoren materiell von Gönnern und vom Publikum sein mögen, die Gestaltung des Werkes verrät in den wenigsten Fällen und auch oft nur in Nebenzügen der Handlung, daß die Dichter den Einflußreichen im Publikum ‚nach dem Ohr redeten', und bei der Ehrung von Mäzenen vermied man tunlichst allzu starke Züge von Panegyrik — auf Lobdichter ist man auch im Mittelalter nicht gut zu sprechen gewesen.[111] Direkte Abhängigkeit des Autors vom Mäzen zu zeigen, ist bei Dichtern und Publikum in der Regel verpönt; selbst wenn sie bezeugt ist, vertritt der Dichter keineswegs den „Standpunkt" des Gönners. Wenige Belege für das wittelsbachische Mäzenatentum vertreten eine Reihe heute unbekannter oder noch zu entschlüsselnder Literaturbeziehungen und verraten nicht unbedingt ein Desinteresse der bayrischen Herzöge an der Dichtung.

HORST BRUNNER hat in seinem Beitrag zur Landshuter Wittelsbacher-Ausstellung[112] die Beziehungen der bayrischen Herzöge zur deutschen Literatur zusammenfassend und auf Spekulationen verzichtend dargestellt, daher kann ich mich im Folgenden auf die mir wichtig erscheinenden Punkte beschränken und auf ergänzende Beobachtungen konzentrieren.

Als Auftraggeber von Werken religiöser Thematik und Gönner ihrer Verfasser sind die Gemahlin Ottos I., Agnes von Loon (der ‚Oberdeutsche

---

110 „Wir kennen die Gönner Hartmanns von Aue nicht und wir wissen nicht, für welche Höfe Wolframs ‚Parzival' und Gottfrieds ‚Tristan' gedichtet sind. Auch Heinrich von dem Türlin (‚Die Krone'), Konrad Fleck (‚Karl', ‚Daniel vom blühenden Tal') haben ihre Auftraggeber nicht genannt; bei Ulrich von Zatzikhoven (‚Lanzelet') und Wirnt von Gravenberg (‚Wigalois') ist man auf ein paar Andeutungen angewiesen, die kein klares Bild ergeben. Aus dem Fehlen der Gönnernamen zu schließen, daß solche Werke ohne Auftraggeber verfaßt würden, wäre falsch." Bumke (1979), S. 23.

111 Man findet die stärksten Züge von Abhängigkeit nicht in den epischen Großformen und Mären, sondern gerade in den Sparten des Literaturbetriebes, die nicht auf Schriftlichkeit — wohl aber in der nackten Existenz ihrer Urheber auf Gönner — angewiesen waren: in Spruchdichtung und politischer Lyrik.

112 Horst Brunner: „Ahi, wie werdiclichen stat der hof in Peierlande!". Deutsche Literatur des 13. und 14. Jahrhunderts im Umkreis der Wittelsbacher, in: Die Zeit der frühen Herzöge. Von Otto I. zu Ludwig dem Bayern. Beiträge zur Bayerischen Geschichte und Kunst 1180 — 1350 (Wittelsbach und Bayern I/1), München 1980, S. 496 — 511. Vgl. auch Bumke (1979), S. 170 — 172 und 194 — 198.

Servatius' entstand im Hauskloster der Wittelsbacher, dem Augustiner-Chorherrenstift Indersdorf) sowie Otto II. und seine Gemahlin Agnes von der Pfalz bekannt; auf Veranlassung des fürstlichen Paares dichtete Reinbot von Durne seine Georgslegende. Von fahrenden Sängern sind die Wittelsbacher des öftern — sei es mit Lob oder mit Schelte — bedacht worden. Friedrich von Sonnenburg pries Otto II. überschwenglich als

> orthabe der heren kristenheit
> des kristentuomes erenkleit
> gruntveste kristenlicher e ·
> leitestap der eren von der schande,
> Rehtes munt, gerihtes hant,
> der stæte ein herter adamant,
> in blüenden tugenden ane we
> daz ist der herzoge Otte in Peierlande.[113]

Der Tannhäuser suchte sich an seinem Hofe mit folgendem Liede Eintritt zu verschaffen:

> Der uz Peirlant mac sich
> ze künegen wol gelichen;
> ich gesach nie fürsten me
> so milten noch so richen,
> so rehte lobelichen.
> Heia, Tanhusær,
> nu la dich iemer bi im vinden.[114]

Wichtig in diesem Zusammenhang ist die Verbindung Ludwigs des Kelheimers mit den Namen Wolfram und Neidhart, die ja anerkannte stilistische wie thematische Vorbilder für Werner den Gartenaere lieferten. Neidhart hatte am bayrischen Hof zu Landshut einflußreiche Literaturfreunde: man zweifelt jedoch an, daß er den Landesfürsten selbst — wenigstens zeitweise — zu seinen Gönnern zählen konnte. Doch sollte Neidhart Grüße an den Landshuter Hof geschickt, die Mitglieder der fürstlichen Familie aber vom Gruß ausgenommen haben (*du sage ze Landeshuote / wir leben alle in hohem muote*[115])?

Für das Wirken Wolframs am Hofe Ludwigs sprechen die Verbindungen zwischen Bayern und dem Thüringer Landgrafenhof durch die Schwester des Bayernherzogs (die Gemahlin Hermanns von Thüringen), ferner die Erwähnung der Gräfin auf dem Heidstein (Elisabeth, ebenfalls eine

---

113 Die Sprüche Friedrichs von Sonnenburg, hrsg. von Achim Masser (ATB. 86), Tübingen 1979, S. 34 f. (Nr. 51). Masser liest *orthaber* (nach Handschrift C: *orthabere*).
114 Tannhäuser V, 17 f. (S. 102).
115 Neidhart SL. 12, Str. VII. Vgl. Brunner (1980), S. 497 f.

Schwester Ludwigs) und die Anspielung auf Heinrich von Reisbach: vielleicht ist damit der Truchsess Heinrich von Zell (Zell bei Reisbach?) unter Ludwig dem Kelheimer gemeint.[116]

Literatur wurde demnach am Wittelsbacher Hof praktiziert und rezipiert; zu klären bleibt, was man sich unter dem Hof vorzustellen hat. Einen Teil der Frage beantwortet der Sonnenburger:

> Ahi! wie werdeclichen stat
> der hof in Peierlande
> enkeiner me so werdeclich
> in eren sunder schande,
> diu künegin von Rome hat
> da ganze werdekeit;
> des küneges kint uz Ungerlant
> in wirden lobeliche,
> diu herzoginne von Brabant.
> darzuo diu fürstin riche
> zwo megde, die ir tohter sint
> da bi in undertan
> vil edel frouwen, maget, ir kint:
> dannoch so lat man, swer der wil
> zuo des fürsten brote gan.[117]

Diese Strophe gibt einen Einblick in die Zusammensetzung der Zuhörerschaft an Ottos Hof in den fünfziger Jahren: neben Elisabeth, der Witwe König Konrads, Elisabeth von Ungarn, Maria von Brabant, Herzogin Agnes von der Pfalz, den Herzogtöchtern Sophie und Agnes lauschten die zahlreichen Edelfrauen, Jungfrauen und Pagen, die mit ihnen Alltag und Festtage verbrachten. Auch der Herzog selbst, seine Söhne, die Notare und Hausgeistlichen, die Inhaber von Hofämtern und deren Begleiter werden zu der stets am Hof präsenten Zuhörerschaft zu rechnen sein. Und jeder, der darüber hinaus am ·‚Hofe' verweilen wollte, war laut des Dichters Worten willkommen.

Vorzügliche Gastgeberqualitäten werden auch Ottos jüngerem Sohn, Heinrich XIII., zuerkannt, sowohl vom Tannhäuser als auch vom Sonnenburger; beide loben die Gastfreiheit am niederbayrischen Herzogshof in höchsten Tönen:

---

116 Heinrich von Reisbach wird im ‚Parzival' 297, 29 mit dem Truchsessen Keie verglichen. Der unter Ludwig dem Kelheimer im fraglichen Zeitraum der Abfassung des ‚Parzival' am häufigsten genannte Inhaber des Truchsessen-Amtes ist ein Heinrich von Zell. Ob freilich der Sitz derer von Zell der 11 km von Reisbach entfernte Ort war, ist unsicher. Vgl. Günther Florschütz: Machtgrundlagen und Herrschaftspolitik der ersten Pfalzgrafen aus dem Haus Wittelsbach, in: Die Zeit der frühen Herzöge (s. Anm. 112), S. 42 – 110, hier S. 109).

117 Siehe Anm. 113.

Mir stolzet unde heret sin, lip, herze unde al der muot
swenne ich gedenke an den getriuwen, reinen, milten vürsten guot
der dankes niemer missetuot:
Heinrich in Peierlant!
[. . .]
ine weiz, ob miltern vürsten ie kein mensche me gesach

Friedrich von Sonnenburg[118]

Uz Peierlant ein fürste wert,
den grüeze ich mit gesange.
sin herze maneger eren gert
des milte muoz mich blangen

Tannhäuser[119]

Die *milte* Heinrichs, die sie genossen, scheint zumindest in den Kreisen der fahrenden Sänger sprichwörtlich gewesen zu sein; darauf deutet ein Spruch des Dichters Boppe.[120]

Weitere Zeugnisse, die eine Auftraggeber- oder Mäzenatenfunktion Heinrichs belegen würden, liegen uns nicht vor, was jedoch ein Interesse des niederbayrischen Herzogs an e p i s c h e r Unterhaltungsliteratur nicht gänzlich ausschließt. Dennoch wird Heinrich sicher nicht zufällig so oft von fahrenden Sängern und Spruchdichtern gelobt worden sein; ihm und seiner Hofgesellschaft sagten vielleicht Lieder − und Mären? − mehr zu als Vortragsveranstaltungen, die einem Epos gewidmet waren. Sein Bruder Ludwig scheint das Angebot ausgeschlagen zu haben, als Gönner des angesehensten Werkes mittelalterlicher Literatur gelten zu dürfen.[121] Albrecht mußte unverrichteter Dinge fortziehen und gab dem ‚Titurel‘ einen notdürftigen Schluß − bei aller Gegensätzlichkeit der Brüder ein gemeinsamer Zug: ihr Desinteresse an epischen Großformen?

Zu den von Heinrich geförderten Dichtern kann aufgrund der oben gewonnenen Erklärungen des Stellenwertes der Ortsnennungen auch Wernher der Gartenaere gezählt werden. Er wählte die Ortsangaben Hohenstein und Haldenberg zu Ehren zweier Ministerialenfamilien und lobte die Vorzüglichkeit der Quelle von Wanghausen, weil es keinen besseren *ursprinc* in der näheren Umgebung des ‚Uraufführungshofes‘ gab.

---

118   Friedrich von Sonnenburg Nr. 45 (S. 30 f.).
119   Tannhäuser VI. Leich, Str. 33 (S. 108).
120   Georg Tolle: Der Spruchdichter Boppe. Versuch einer kritischen Ausgabe. Programm der Fürstlichen Realschule zu Sondershausen, 1894, S. 3 − 31, hier S. 27 (= HMS. 2, S. 384, Nr. IV). Boppe erklärt, daß seine Armut beendet sein wird, wenn u. a. *Heinrich von Beierlant niht me [der] milte enpfliget*. Vgl. Brunner (1980), S. 502.
121   Brunner (1980), S. 503.

Für die Frage nach dem Publikum der ‚Uraufführung' ist es nicht nur von Interesse, den Ort zu kennen, sondern auch die Zeit, in der der ‚Helmbrecht' vor sein Publikum trat. Für die Datierung der Erzählung Wernhers, die entgegen der weithin akzeptierten Konvention (‚zwischen 1250 und 1280') mehr als ungesichert war[122], lassen sich durch die Zuweisung an den Hof Heinrichs XIII. wertvolle Anhaltspunkte gewinnen. Im Jahre 1260 erwarb Heinrich die Burg und Herrschaft Hohenstein und in diesem Jahr trat Engelbert von Hohenstein in die Dienste des niederbayrischen Herzogs. Auch der freisingische Ministeriale Konrad von Haldenberg ist im selben Jahr im Gefolge von Heinrichs Bruder Ludwig erstmals bezeugt. Von ihm erhielt er Vogtei und Niedergericht in Kaufering. Nach dem Jahre 1275 hat die Ehrung des Hohensteiners mit der Nennung der Stammburg ihre Funktion weitgehend verloren, denn in diesem Jahr wurde Marquartstein, eine weitaus bedeutendere Burg als Hohenstein, der Wohnsitz der Hohensteiner. Wäre der ‚Helmbrecht' nach 1274 entstanden, so hätte Wernher einen Hohensteiner besser ehren können, wenn er die neue Stammburg beim Namen genannt hätte.

Wenn der ‚böhmische Gruß' (Vers 728: *dobraytra!*), der beim Vater Helmbrechts auf besonderes Mißfallen stößt (*sit ir ein Beheim oder ein Wint, sô vart hin zuo den Winden! Ich hân mit minen kinden weiz got vil ze schaffen.* Vers 776 ff.), für das Publikum an Heinrichs Hof eine Funktion gehabt hat, so ist — analog der heftigen Reaktion des Vaters — zu vermuten, daß auch die Zuhörer Wernhers und sein Gönner den Böhmen nicht gerade freundlich gesonnen waren. Heinrich XIII. war in der Tat bis etwa 1272/73 ein erbitterter Gegner Ottokars von Böhmen. In den späteren Jahren vertrugen sich die Fürsten zumindest nach außen hin. Nach dem Sieg Rudolfs I. von Habsburg über Ottokar (1278) ersetzt jedoch ausgesprochene Böhmenfreundschaft die vormals feindliche bis distanzierte Haltung.[123]

Wernher ehrt — und dies läßt den Beobachter der Landesgeschichte Bayerns erstaunen — Ministerialen aus der Gefolgschaft der nicht gerade einträchtig handelnden Brüder Ludwig und Heinrich von Bayern. Liegt es da nicht

---

[122] Der einzige gesicherte *terminus a quo* ist das Jahr 1237, in dem das letzte datierbare Gedicht Neidharts entstand, der im ‚Helmbrecht' als Verstorbener beklagt wird. Den *terminus ante quem* lieferte Ottokar aus der Geul in seiner um 1310 bis 1315 geschriebenen ‚Steirischen Reimchronik', in der auf die ‚Lehre von Helmbrechts Vater' Bezug genommen wird. Die Nachwirkung auf den ‚Seifried Helbling' ist ohne besonderen Wert für die Datierungsfrage, da die Gedichte, in denen man Adaptionen aus dem ‚Helmbrecht' als gegeben annehmen kann, nicht genau festzulegen sind (sie sind jedoch sicher vor 1300 entstanden).

[123] Riezler: Heinrich XIII., in: ADB 11 (1880), S. 466 − 470; Kurt Reindl: Heinrich XIII., in: NDB 8 (1969), S. 344 − 345.

nahe, eine jener seltenen Versöhnungsphasen als Entstehungszeit der Erzählung anzunehmen? Vor 1265 unterstützte Ludwig den Gegner Heinrichts XIII. (und Engelberts von Hohenstein), den Salzburger Bischof — Heinrichs Gegenkandidat konnte sich nicht durchsetzen und mußte auf Burghausen Zuflucht suchen.[124] Nach 1268 entzweiten sich die Brüder im Streit um das konradinische Erbe, später gab es Auseinandersetzungen um die Wahl des deutschen Königs und die Pfalzgrafenwürde.[125] 1267 und Anfang bis Mitte des Jahres 1268 ist aber eine gewisse und längerwährende Eintracht der Brüder zu erschließen. Im Jahre 1268 hat Ludwig seinen Bruder gar mit Gefolge in Burghausen besucht[126]; ein seltenes Ereignis, denn zu Verhandlungen traf man sich sonst eher an neutralen Orten. Es ist gut möglich, daß der ‚Helmbrecht' bei diesem historischen Treffen auf Burghausen vor Zuhörern aus dem nieder- und oberbayrischen Gefolge von Ministerialen, Beamten und Rittern zum ersten Male vorgetragen wurde.

---

124 Riezler (1880), S. 468.
125 Vgl. Anm. 123.
126 Ludwig war am 6. August 1268 in Burghausen. Vgl. Huber (1862), S. 29.

2. Handschriftliche Verbreitung und späte Rezeption

Wenn FECHTERs verdienstvolle Pionierarbeit über das Publikum der mittel-hochdeutschen Dichtung immer noch nicht ersetzt ist, so liegt das haupt-sächlich daran, daß sich die Quellenlage, auf die sich ein Neubearbeiter stützen müßte, auf weiten Gebieten nicht gebessert hat. Das Vorgehen FECHTERs bestand darin, die Literatur, welche Besitzer- und Lesereinträge beiläufig notierte, auszuwerten und mit genealogischen und historischen Daten aus Nachschlagewerken und Dokumentensammlungen zu ergänzen. Den Luxus eingehenderer Untersuchungen der Handschriften selbst konnte sich FECHTER nicht leisten (er hat es aber gelegentlich getan), doch gerade hier sollte sich die heutige Forschung intensiver bemühen. Solange die gro-ßen Hilfsmittel noch ausstehen, d. h. das Initienverzeichnis der mittelhoch-deutschen Literatur, das von Frau Dr. SIGRID KRÄMER vorbereitete Ver-zeichnis der Schreiber, die moderne Katalogisierung sämtlicher mittelhoch-deutscher Handschriften, auf deren Grundlage eine zentrale Dokumenta-tion neu projektiert werden könnte, ist eine Vielzahl von kleineren Arbeits-vorhaben möglich und notwendig, die auch einzelne verwirklichen können.

Hierzu gehören etwa vollständige Handschriften,kataloge' einzelner Dichter oder Werke, die erfreulicherweise immer häufiger den kritischen oder leit-handschriftenorientierten Ausgaben beigegeben werden. Aber auch die Beschäftigung mit der Geschichte einzelner Handschriften ist einer künftig zu schreibenden Neubearbeitung des ‚FECHTER' dienlich. An das Unter-nehmen gegenwärtig anzuknüpfen, erscheint mir nicht sinnvoll; eine An-zahl von soziologisch oder landschaftlich sich bescheidenden Einzel-studien wäre sicherlich ergiebiger, weil es meines Erachtens nicht darauf ankommt, die Namenreihen, die schon FECHTER bot, farbiger zu gestalten oder zu erweitern, sondern Kreise von Literaturinteressenten und literari-sche Praxen zu ermitteln und genauer zu studieren. Die Einschränkung des Forscherinteresses auf Einzelpersonen ist gegenüber der realen Literatur-Praxis sicher verfehlt, weil mit ihr der Blick auf den gemeinschaftlichen Vollzug von Lektüre und Vortragspraxis aus den Augen verloren wird.

Vielfach liest man, daß die meisten Handschriften (was für die Hand-schriften des 13. und 14. Jahrhunderts zutreffen mag, für das 15. Jahr-hundert bin ich anderer Meinung) überhaupt keinen Einblick in ihre Ge-schichte gewähren, aber das kann kein Grund für vorschnelle Resignation sein. Die Handschriften sind nicht die einzigen Zeugnisse für Interesse an Literatur, hier können literarische Nachwirkungen, die immer auch den

Blick auf ein verständiges Publikum eröffnen, und anderes mehr ergänzen, was die Mehrzahl der Handschriften nicht preisgibt. Die Anhaltspunkte, die eine Handschrift bietet, werden zudem in ihren Aussagemöglichkeiten oft zu gering geschätzt. Denn Ausstattung, Aufbau der Handschrift, Textgestalt, Schlüsse auf die Vorlagen, Einband, Falz- und Spiegelmaterialien, Schreiberkommentare, Widmungen, Besitzer- und Lesereinträge liefern eine Fülle von Indizien für die publikumsgeschichtliche Forschung. Oft jedoch findet man Arbeiten, die zwar in verdienstvoller Weise eine Reihe von Daten aufzählen, jedoch nur oberflächliche oder gar keine Auswertung folgen lassen.

Wichtiger als die Feststellung von Namen (Leser- und Besitzervermerke, Schreiber, Auftraggeber) ist die Bestimmung des Lebenskreises ihrer Träger, d. h. von Lebenszeit, Wohnsitz, Stand, Tätigkeit, ökonomischen Verhältnissen, Heiratsverbindungen, Bildung und kulturellen Aktivitäten. Für die Gewinnung generalisierender Aussagen, die über bloße Schätzungen und Aufzählungen hinausgehen, ist also eine noch genauere und intensivere Kenntnis der einzelnen Handschriften-Besitzer und -Leser notwendig. Bisher der Forschung unbekannte Namen von Handschriften-Besitzern und -Benutzern werden sich selten entdecken lassen, aber was wir beitragen können, ist, die Namen durch eine Annäherung an die durch sie vertretenen Menschen in ihren sozialen Bezügen so weit wie möglich zu ersetzen.

Die Untersuchung über den Auftraggeber und Erstbesitzer, den Schreiber und die Leser der Handschrift mgf. 470 der Staatsbibliothek Preußischer Kulturbesitz Berlin (Albrechts ‚Jüngerer Titurel‘ und Wernhers ‚Helmbrecht‘) soll ein in diesem Sinne zu verstehender Beitrag sein. Knapper mußte die Darstellung zur zweiten Handschrift, die den ‚Helmbrecht‘ überliefert, gehalten werden. Über das berühmte ‚Ambraser Heldenbuch‘ liegen bereits zahlreiche Veröffentlichungen vor, so daß ich mich nach einem kurzen Abriß der Entstehungsgeschichte auf die Vorlagenproblematik, auf die Funktion der Sammlung und den Grund der Aufnahme des ‚Helmbrecht‘ in sie beschränken kann. Ein dritter, heute leider verschollener Textzeuge wird im darauffolgenden Abschnitt vorgestellt.

2.1 Die Leombacher (Meurische) Handschrift

Vor der eigentlichen Untersuchung der Handschrift mgf. 470 der Staatsbibliothek Preußischer Kulturbesitz Berlin, der Bestimmung ihres Auftraggebers und Erstbesitzers, des Schreibers und der Leser war eine ausführliche Analyse des äußeren Erscheinungsbildes geboten, eine detaillierte Beschreibung aller (später ausgewerteten) Anhaltspunkte, welche die Handschrift selbst liefert. Sie orientiert sich nicht an bestimmten Richtlinien der Handschriftenbeschreibung, sondern versucht, ein Bild der vielfältigen aussagefähigen Spuren zu vermitteln, die die Benutzer der Handschrift hinterlassen haben.

2.1.1 Beschreibung der Handschrift mgf. 470[127]

Die Berliner Handschrift des ‚Jüngeren Titurel' (= JT) und des ‚Helmbrecht' befindet sich in der Handschriftenabteilung der Staatsbibliothek, Stiftung Preußischer Kulturbesitz, in Berlin. Der Kodex hat Folioformat (22 x 31 cm), die Buchblockhöhe beträgt 5,5 cm. Der Einband stammt aus der ersten Hälfte des 15. Jahrhunderts, wahrscheinlich wurde er kurze Zeit nach Beendigung der Schreibarbeit angefertigt. Als Einbanddecken wurden Holzplatten verwendet, bezogen mit rot gefärbtem Schweinsleder. Die Verzierung – durch ein dem Leder unterlegtes Kordel (flankiert durch Streicheisenlinien) hervorgebracht – hat die Form eines Rechtecks, gekreuzt durch die Diagonalen des Buchdeckels. An den Schnittpunkten befinden sich Buchnägel, vorne und hinten sind je zwei Nägel abgefallen. Geschlossen wurde das Buch mit Lederschließen, die ebenfalls abgefallen sind. Der Rücken ist modern und weist sieben Bünde auf. Im zweiten Feld von oben befindet sich ein Papierschild (erste Hälfte des 19. Jahrhunderts) mit der Aufschrift:

Tyturel
Helmprecht
Cod. Mss. Chartac [. . .]
Saec XV

---

[127] Beschreibungen der Handschrift gaben bisher: [Friedrich Heinrich] v[on] d[er] Hagen: Berliner Papierhandschrift des Titurel, in: Germania 2 (Berlin 1837), S. 333 bis 346; Werner Wolf: Grundsätzliches zu einer Ausgabe des jüngeren Titurel, in: ZfdA. 76 (1939), S. 64 – 113, hier S. 68 – 71; Ingeburg Kühnold: Archiv Inventarisierung, 15 Bll., 1940, aufbewahrt beim Institut für deutsche Sprache und Literatur, Abteilung Mittelhochdeutsch, bei der Akademie der Wissenschaften der DDR (nicht eingesehen); Werner Wolf: Albrechts von Scharfenberg jüngerer Titurel, Bd. 1 (DTM. 45), Berlin 1955, S. LVII – LX; Peter Jörg Becker: Albrecht, Jüngerer Titurel, Wernher der Gartenaere, Helmbrecht, in: Zimelien. Abendländische Handschriften des Mittelalters aus den Sammlungen der Stiftung Preußischer Kulturbesitz, Ausstellung [Katalog, Berlin 1975], S. 141/142; Becker (1977), S. 123 – 127.

von der Hand dessen, der die Jahreszahleintragung auf dem Vorsatzblatt verso (siehe unten) aufgelöst hat. Ganz unten befindet sich die Signatur ‚Ms. Germ. Fol. 470' in Goldprägung auf rotem Leder aufgeklebt.

Eingebunden waren ursprünglich 244 Blätter (jetzt 242; die in den Spiegel eingeklebten Seiten sind mitgezählt). Die Blätter sind zu Sexternionen (12 Blatt) zusammengefaßt, mit Ausnahme der 20., letzten Lage, die 14 Blätter umfaßte. In der 19. Lage fehlt das (mitgezählte) Bl. 218 (das zweite Blatt der Lage); auch in der 20. Lage fehlt ein Blatt (das erste), wodurch jeweils Verluste im Text des JT entstanden sind. Das letzte Blatt dieser Lage ist in den Hinterdeckel geklebt. Alle Lagen (mit Ausnahme der 20., sie könnte aber auf dem nicht sichtbaren Rücken des in den Deckel geklebten Blattes einen Vermerk tragen) sind vom Schreiber mit Reklamanten und Kustoden versehen. Die Blatt- und Seitenzählung von modernen Händen weichen voneinander ab.

Die Wasserzeichen (Glocken- und Kronenwasserzeichen) sind sehr schlecht erkennbar, einzig das Wasserzeichen auf Bl. 242 macht eine Ausnahme, da es vom Text nicht überlagert wird.[128] Auf meine Anfrage beim Hauptstaatsarchiv Stuttgart teilte mir Herr Piccard brieflich folgendes zur Datierung der Handschrift aufgrund der Wasserzeichen mit: Die „Datierungen ergaben, daß das Papier der Handschrift gleichzeitig beschafft und wahrscheinlich von Beginn an zu dem Buch vereint worden war. Der wahrscheinliche Zeitraum des Beschriftungs-Beginns fällt in die Jahre 1410 bis 1413."[129]

Der Text des JT beginnt Bl. 1^r und endet Bl. 228^r, dem zweiten Blatt der 20. Lage; der ‚Helmbrecht' folgt Bl. 229^v bis 240^v. Beide Texte sind von derselben Hand, mal mehr, mal weniger sorgfältig mit einer Bastarda der ersten Hälfte des 15. Jahrhunderts geschrieben, einer weitverbreiteten und beliebten Schriftart dieser Zeit. Der Text ist in vorgezeichnete Spalten eingetragen, die 40 bis 48 Zeilen aufnehmen. Überschriften sind mit roter Tinte nachgetragen, ebenso Initialen und Strophenanfangsbuchstaben beim JT. Die Überschriften zu den JT-Episoden, deren Wiedergabe ich mir mit Hinweis auf den Abdruck bei ZARNCKE[130] ersparen kann, wurden mit schmaler Feder vom Schreiber am unteren Blattrand notiert und in einem zweiten Durchgang in die ausgesparten Zeilen mit roter Tinte nachgetragen.

---

128 Die Wasserzeichenkopien wurden mir bei der Handschriftenabteilung der Staatsbibliothek Berlin freundlicherweise von Frau Eva Ziesche angefertigt.

129 Brief vom 23. 1. 1979.

130 Friedrich Zarncke: Der Graltempel. Vorstudie zu einer Ausgabe des Jüngeren Titurel, in: Abhandlungen der kgl. sächsischen Gesellschaft der Wissenschaften, Phil. hist. Classe 7 (1879), S. 374 – 553, hier S. 414 – 418 (Abdruck der Überschriften aus Gruppe II), S. 418 – 420 (Überschriften von Handschrift D^1 = mgf. 470).

Beim Beschneiden der Blätter für das Einbinden sind diese Notizen meist weggefallen. Zu erkennen sind sie aber noch auf Bl. 172^v, 175^r, 184^r, 193^v, 209^r, 214^v, 222^v und am deutlichsten auf Bl. 228^r.

Die Überschriften[131] und die Einteilung des JT in Kapitel[132] haben sich — in Überlieferungsgruppe II — allmählich herausgebildet. Diese Tradition mag hervorgegangen sein aus Abschriften einer bebilderten Handschrift, die jeweils zu Beginn eines Abschnittes eine Szene dem darauffolgenden Text entnahm.

Der Schreiber des Berliner JT (beziehungsweise der Schreiber seiner Vorlage) hat eine Handschrift der Gruppe II, vor allem für diese Kapitelüberschriften, nebenher benutzt. Welche Formulierungen allein ihm zuzurechnen sind, läßt sich nicht mit Sicherheit entscheiden. Die Hälfte der Kapitelüberschriften stimmt jedenfalls zur Überlieferung von *WZ, ein weiteres Drittel ist inhaltlich den Überschriften der Gruppe II vergleichbar. Die Tradition der Schreiber, vorgefundene Überschriften inhaltlich auszuschmücken und formal auszugleichen (Tendenz zum Zwei- oder Mehrzeiler; genormter Einsatz: „*Awenteur . . .*" (D) oder „*Aber wie . . .*" (Y)), wird wohl auch von dem Kopisten der Handschrift D gepflegt worden sein, doch im Einzelfall läßt sich nicht mehr entscheiden, ob die Formulierung übernommen, leicht verändert oder ganz selbständig gefunden wurde. Eigener Überlegungen verdanken sich jedoch wahrscheinlich die Kapitelexplicite zu Str. 2298:

> Hie hat der turnay ain end
> Got vns sein gnad nū send

und zu Str. 4551 (HAHNscher Zählung):

> Die ub'fart hat ein end
> got vns sein gnade send.

---

[131] Die Beschreibung Wolfs, JT, S. LIX, ist bezüglich der Überschriften von Handschrift D mißverständlich: „Die meist gereimten Kapitelüberschriften (sie fehlen jedoch mitunter) sind ebenfalls rot. So gleich zu Anfang *Hie hebt sich an ain lied von der gōtlichē weißhait vn̄ d' werlte.* Auf das Ende des Titureltextes folgt: [. . . Zitat des Titurel-Explicits]. Alle diese Zutaten stammen ebenfalls von der Hand des Schreibers" (Hervorhebungen von mir, U. S.). Wer dann noch liest: „[. . .] die Einteilung in Kapitel ist jung, die Überschriften, soweit überhaupt regelmäßig vorhanden, stammen vom jeweiligen Schreiber bzw. Rubrikator der einzelnen Hs." (S. XX), der wird zuversichtlich — aber zu Unrecht — annehmen, daß die Überschriften, die Hs. D bietet, allesamt von ihrem Schreiber herrühren.

[132] Zarncke, Graltempel, spricht S. 413 von einem relativ festen Bestand von 48 Kapiteln in der Überlieferungsgruppe II. Die Handschriften W, Y, Z und auch D, E und der Druck J stimmen in der Abschnittseinteilung meist überein. Handschrift B und die Leipziger Bruchstücke zeigen davon unabhängige Einteilungen in längere oder kürzere Abschnitte.

Auch die Kapitelüberschrift von Str. 1958 ist dem Schreiber zuzurechnen, denn der schwäbische Einschlag im sonst bairisch gehaltenen Text ist unverkennbar für den Reim verantwortlich:

> Hie hebt sich der turney
> vm̄ den kuss vñ das chrēczeley.

Als Zusatz zur Kapitelüberschrift vor Strophe 746 steht am Blattrand von der Hand des Schreibers *wie tschionatdüland' von sigavn vrlavb* [. . .] *nam* (Bl. 30ᵛ).

Insgesamt überliefert die vorliegende Version des JT ca. 5700 Strophen. Bis zu Strophe 4900 (HAHNscher Zählung) ist die Überlieferung, was das Textcorpus anlangt, sehr gut; es fehlen lediglich die Strophen 3704/05 und 3767/68. Die Strophen 1803/04 fehlen neben Handschrift D auch den Versionen B und E. Zusätzlich hat D nach Strophe 1172 und 3661 Textanteile aus der Überlieferungsgruppe II mitaufgenommen.

Von den letzten 1400 Strophen aber fehlen über 600, die meist ohne Sinnverlust herausgekürzt wurden.[133] Dies verrät den denkenden Schreiber ebenso wie die nirgends unverständliche Textgestaltung.

Der ,Helmbrecht' ist in abgesetzten Versen geschrieben. Nasalstriche und *r*-, bzw. *er*-Kürzel sind weniger häufig, der Schreiber scheint hier insgesamt etwas mehr auf das Erscheinungsbild geachtet zu haben. Überliefert werden 1883 Verse: 54 Verse, die im ,Ambraser Heldenbuch' (Handschrift A des ,Helmbrecht') überliefert sind, fehlen; acht Verse bietet diese Handschrift zusätzlich gegenüber A und dreimal wurde je ein Vers übergangen; d. h. auch die Vorlage schrieb die Verse abgesetzt.

Der Titel des JT lautet:

> HJe hebt sich an ain lied
> von der gŏtleichē weiszhait
> vñ d' werlte,

der des ,Helmbrecht':

> hie hebt sich ain mǎr von dē
> helmprecht der was ain nar
> vnd auch ein gauglǎr amen.

Die Sprache der Handschrift ist bairisch-österreichisch mit gelegentlichen schwäbischen Einsprengseln. Die neuhochdeutsche Diphthongierung ist — bis auf wenige, der Vorlage entnommene Ausnahmen — vollständig durch-

---

133 Sie scheinen nach Plan gekürzt worden zu sein, nur das Wichtigste wurde festgehalten. Die fehlenden Strophen sind bei von der Hagen (1837), S. 399 ff., verzeichnet.

geführt; österreichisches *deu* und *eu* für mittelhochdeutsch *diu* und *iu* findet sich gelegentlich, wo es noch nicht durch *die* bzw. *euch* ersetzt wurde. Anlautendes /*ch*/ für /*k*/ und — weniger häufig — /*p*/ für /*b*/ ist ebenfalls eine Charakteristik der bairisch-österreichischen Schreibermundart. Schwäbischer Herkunft sind folgende Formen: *brautgaum* (,Helmbrecht' V. 1611 und 1661), *chlaugt* (,Helmbrecht' V. 343), *auß, äss* (,Helmbrecht' V. 1143 und 1572) und *mausse : erlausse* (JT, Str. 61, 3 f.). Auch die Umlautung von /*o*/ zu /*8*/ (*k8m, sw8ster* etc.) weist in dieselbe Richtung.[134]

Zur Hauptvorlage des JT — der Schreiber benutzte, wie erwähnt, für die Überschriften eine andere Handschrift nebenher — und zur Vorlage des ,Helmbrecht' ist zu bemerken, daß in beiden Fällen weitgehend undiphthongierte Handschriften dienten. Falls die Vorlagen aus der Region stammen, in der sie zur Abschrift gelangten, so bedeutet dies (zumindest für den ,Helmbrecht' scheint mir dies gesichert), daß sie in der Zeit um oder vor 1300 entstanden sein müssen.[135]

Im Text des ,Titurel' ist auf Blatt 1^r bis 3^r der an den Strophenenden verbliebene Raum vom Schreiber dazu genutzt worden, zwei deutsche Sprüche, ein lateinisches ,Ave Maria' und ein ,Pater noster' einzufügen. Die Texte lauten:

---

[134] Wolf, JT, S. LVIX, verließ sich in der Bestimmung der Schreibermundart auf Panzers Einleitung zum ,Helmbrecht'. Die Sprache ist zwar bairisch, jedoch mit zuweilen deutlicher schwäbischer Färbung, die zumindest beim ,Helmbrecht' nicht aus der Vorlage herrühren wird. Vgl. K[onrad] Schiffmann: Studien zum Helmbrecht, in: Beitr. 42 (1917), S. 1 — 17, hier S. 15.

[135] Verglichen wurden zur Vorlage des JT die Strophen 1 bis 69 sowie 86 bis 95 nach der Ausgabe von Wolf. Insgesamt fanden sich in den achtzig Strophen acht undiphthongierte î: *mile* 4,4; 8,1; *wile* 8,2; *gebenediet* 21,4; *wit* 27,4; *gedriet* 30,4; *wisse* 32,4; *glicze* 36,2, einmal undiphthongiertes û in *erbuwet* 92,1. Einmal läßt sich undiphthongiertes *iu* der Vorlage erschließen: *Die* statt *Dîn*, der Schreiber verwechselte *diu* mit *dîn*, Str. 69,1. Die älteren Schreibungen *ow* für *aw*, *ů* für *ü* bzw. *u* (*schowe* 36,4; *howet* 42,4; *versůchen* 61,4; *mǔst* 62,3 und 64,3) weisen in die gleiche Richtung. All diese aus der Vorlage übernommenen Schreibungen weisen auf eine undiphthongierte Vorlage.
Zur Vorlage des ,Helmbrecht' (1884 Verse): altes î ist erhalten Vers 1425 *v'sweige : stige* (mhd. *stîc*), V. 1220 *hylarye : freye*, V. 1155 *sin : mein* und V. 1284 *lynwat*. Die Schreibung *gryppen* V. 768 kann nicht als Beleg gelten, da auch frühere Abschreiber diese niederdeutsche Form (,Flämeln') erhalten haben können. Zu erschließen ist es aus den ungerechtfertigten Diphthongierungen V. 408 *peysse* (Verwechslung von *bizze* mit *bîze*), V. 1186 *sleich wid²* : (für *Slickenwider*, auch V. 1541), V. 1473 *beleiben* (statt *beliben*), V. 1539 *Sleintzgew* (*Slintezgeu*) und den Verwechslungen von *richer* / *richt'* V. 1129, *sin* / *sint* V. 617, *diu* / *dîn* V. 1365 (Handschrift: *dein*). Undiphthongiertes *iu* ist zu erschließen aus der Verwechslung von *du* / *die* (die Vorlage schrieb mhd. *iu* wohl gelegentlich als *v́* oder *ú*) V. 581 und der Vertauschung *diu* / *dîn* (s. oben), *iu* / *nu* (Handschrift *nun*). Erhalten ist *iu* in Vers 1781: *enschǔfzte*. Auch diese Vorlage ist demnach weitgehend undiphthongiert gewesen.

Hab got lieb/ vor allen/ dingen
so/ mag dir wol gelingen/
vnd/ was dir/ gebrech so růf/ Mariam/ an
wan dir die/ an/ wol gehelfen/ chan

lern/ chind gern
so wechst/ dir ain grůner chern

Ave ma' ia gracia/ plena dominus/
tecū benedicta tu ī mulie'ib₉ /
et benedictus fruct₉ / vētris/
tui Jesus xps/ amē

Pater/ noster qui es in celis/
sanctificet' nomen/ tuū
adveniat/ regnū tuum
fiat/ volūtas/ tua
sicut ī celo/ et ī terra/
Panem/ nostrū cottidianū da/ nobis hodie/
et dimitte/ nobis debita no/stra/stra
sicut et/ nos dimittimus/ debito'ib₉ ūris
et ne nos inducas/ in tēptātoē /
sed lib' a nos amalo amen

Auf Bl. 11ᵛ, vor Strophe 290, mit der im Text des JT ein Gebet beginnt,
steht von Schreiberhand als rotes Zeilenfüllsel *Vnd sprecht also.* Bl. 66ʳ
schreibt er in die Zeilenenden der· Strophen 1654 bis 1657 *moralitas
ain/ gaistleicher/ sin.*[136] Bl. 169ᵛ, neben Strophe 4151 (*Wie frawē tragē
hůte* . . .) merkt der Schreiber ein *nota bene* an. Dem Ende des JT fügt er
Bl. 229ʳ ein Explicit bei:

Explicit
Hie hat dicz püch ain ende
an alle missewende
wer es gern hőret wisset das
Im stet sein weishait vester bas
gein gůt vnd auch gein ere
was sol ich sprechē mere
Got můs seī pflegen
Vnd geb im abrahams segen
Amen Ingottes namen
Explicit hoc opus totum
Infunde da michi potum
Versus veritatis

---

136 Albert Blaise: Dictionnaire latin-français des auteurs du moyen-age. Lexicon
'latinitatis medii aevi (Corpus Christianorum. Continuatio Mediaevalis), Turnholt
1975, S. 600: „*moralitas* [. . .] morale (à la fin d'une fable), Gest[a] Rom[anorum]
251 [. . .]".

Dien vast vmb chlainen sold
So werden dir die herren hold
Wer herren dienen wil
Der dien vast vnd aysch nicht vil
Amen Amen

Kürzer heißt es am Ende des ‚Helmbrecht' Bl. 240ᵛ:

Explicit
finis adest vere et vere
scriptor debet pretiū hrē

Bisher habe ich nur erwähnt, was von der Hand des Schreibers stammt, die
verschiedenen Einträge von Lesern des 15. und 16. Jahrhunderts und die
moderneren Notizen seien auf den folgenden Seiten berücksichtigt. Auf
dem vorderen Innendeckel steht *Nro. Iᵈ* von unbekannter, älterer Hand
und *Mit Willen dein Ain, wen ich dich in trewen main* von der Hand 3 des
Vorsatzblattes (siehe unten). Es folgt ein eingeklebtes, hellblaues Blatt
VON DER HAGENs, der die Handschrift für die Königliche Bibliothek
Berlin erwarb, über Inhalt und Wert der wohl zum angegebenen Zeitpunkt
noch nicht gekauften Handschrift[137]:

Bisher unbekannte Handschrift des Titurel
In fol. Pap. 240 Bl. Mitte des 15ten Jahrhunderts; in Spalten continue, und
mit Absetzung u. rother Bezeichnung der Strophen, geschrieben; rothe Überschriften der 43 Kapitel; gute feste Hand, u. gleichartige Ortographie, aus
Inner-Österreich, der Heimat des alten Gedichtes selber. Der Text stimt am
meisten mit der ältesten Wiener Hds. deren Kapitel u. Strophenzahl ich eingeschrieben habe, demnächst mit der Heidelberger Nr. 141, welche auf noch
ältere Darstellung hinweisst. Mit der letzten hat sie hinten die Kürze der
Darstellung gemein, welche aber hier erst Str. 4937 beginnt (in der Heidelb.,
übrigens hinten mangelhafter, schon mit Str. 4654) Eigenthümlich hat diese
Hds. etwa ein halb hundert Strophen (einige davon mit der Heidelb. gemein) u.
fehlen ihr nur 5 andere (bis 4937); auch die gereimten Überschriften der
Kapitel finden sich sonst nicht.

Die 12 letzten Blätter füllt, von derselben Hand das sonst ⟨auf⟩ unbekannte
Gedicht vom Meier Helmbrecht ⟨ein⟩, von Wernher dem Gartenere (d. i.
Garda, am Garda See) voll intressanter Anspielungen auf die Gedichte des
Heldenbuchs, von Karl d. Gr. Troja etc.

---

[137] Vgl. die Angabe bei Eugen Paunel (Die Staatsbibliothek zu Berlin. Ihre Geschichte und Organisation während der ersten zwei Jahrhunderte seit ihrer Eröffnung.
1661 — 1871, Berlin 1965), S. 194: „Der bekannte Altgermanist Friedrich Heinrich
von der Hagen, der seit 1821 wieder Professor in Berlin war, hat die Erwerbung zahlreicher deutscher Handschriften unter günstigen Bedingungen vermittelt [. . .] 1833
endlich [verschaffte er] um 40 Taler einen Titurel und die ‚Mär von dem Helmprecht' aus dem 15. Jahrhundert."

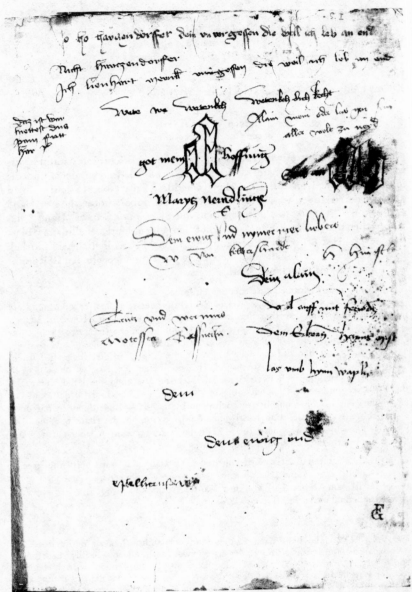

Abb. 5: Vorsatzblatt der Leombacher Handschrift (mgf. 470 der Staatsbibliothek Preußischer Kulturbesitz, Berlin)

Erwägt man, wie theuer der alte Druck des Titurel auf Versteigerungen bezahlt wird, diese alte Hds. aber jedoch gängig ist, dabei eigenthümlich vom gedr. Text abweichend so ist das Ausgebot derselben gewiss nicht zu hoch. Man könnte sie ja kaum dafür abschreiben lassen.

Berlin d. 8. Febr. 1833

F H v d Hagen

Die Bleistiftzählung der Strophen des JT stammt demnach aus der Hand VON DER HAGENs.

Das Vorsatzblatt enthält neben einer Bleistiftzählung von moderner Hand und dem Stempel FG von FRANZ GOLDHANN[138], der die Handschrift für VON DER HAGEN in Wien kaufte, Einträge von acht verschiedenen Händen des 15. Jahrhunderts (vgl. Abbildung 5). Ich führe sie in der Reihenfolge des Eintrages auf:

Jo ho havczendorffer dein vnvergessen die weil ich leb an end (Hand 1)

Nicht Havczendorffer. Ich Lienhart mewrll[139] vnve'gessen die weil ich leb an end (Hand 2)

Daz ist war hiettest dus pain ffutt [?] *Har* (Hand 2)

Wete we Wetenkch Wetenkch dich Recht [= Bedenk dich recht] (Hand 3)

Alain mein oder las gar sein aller welt zu neyd (Hand 4)

Got mein A hoffnung Marycz Neindlinge'[140] (Hand 5)

---

[138] Von der Hagen (1837), S. 333: „Ich erwarb sie aus Wien durch F. Goldhan und überließ sie der königl. Bibliothek, wo sie Cod. Germ. Fol. 470 verzeichnet steht." Franz Goldhann war Vorbesitzer der Wiener Handschriften Cod. Vindob. 12759, 13704 und in den Jahren 1832 — 1837 Schreiber der Handschriften Cod. Vindob. 12464, 12728, 13317, 13704 (Abschriften aus altdeutschen Handschriften). Er kopierte u. a. für Ludwig Uhland und Friedrich Heinrich von der Hagen, war zuerst Kaufmann und Antiquar, dann lebte er von seinen Schreibdiensten und von einem zuvor ersparten Vermögen. Johann Andreas Schmeller berichtete über ihn: „Ein . . . Goldhauer [!], früher Kaufmann, später Abschreiber von altdeutschen Gedichten und anderen Codices für sich und andere. Großes rabiates Gesicht, lauter tiefe a" (Tagebücher 1801 — 1852, hrsg. von Paul Ruf, Bd. 2, 1826 — 1852, München 1956, Notiz vom 14. Juli 1834, München, S. 199). Goldhanns Monogrammstempel findet sich laut mündlicher Auskunft durch Frau Ziesche in mehreren anderen Handschriften der Staatsbibliothek Berlin. Die katalogmäßige Erfassung ist aber noch nicht so weit fortgeschritten, daß ein Überblick zu gewinnen wäre, um wieviel Handschriften es sich handelt.

[139] Der erste, der meines Wissens die Vorsatzblatteinträge berücksichtigt hat, war Friedrich Keinz (Helmbrecht und seine Heimat, 2. Aufl. Leipzig 1887, Nachtrag, ohne Seitenzählung), der aber keinen Namen außer dem des Hauzendorfers historisch nachzuweisen sucht. Den Namen *mewrll* kann Wolf (JT, S. LVIII) nicht entziffern („unlesbares Wort").

[140] Anton Rolleder (Heimatkunde von Steyr. Historisch-topographische Schilderung der politischen Bezirke Steyr Stadt und Land. Unter Mitwirkung der Lehrerschaft beider Bezirke verfaßt und hrsg., Steyr [1894] — Reprint: Steyr 1975, S. 272) be-

Stat an A B *end*	(Hand 5)
Dein ewig Vnd nymer mer liebers W von Kelbashardt[141]	(Hand 4)
H Hin ist h[*in*][142]	(Hand 4)
Dein alein	(Hand 5)
Wol auff mit frewden dem Erbern hanns Mist[143]	(Hand 6)
las vmb hynn wapl'n [waplern: geschäftig umtreiben]	(Hand 6)
Trutz vnd wer mirs Motessta GasnnerIn[144]	(Hand 7)
Dein Dein ewig vnd	(Hand 8 ?)
epelhauserin[145]	(Hand 8)

Die Einträge entsprechen Schriftzügen aus dem zweiten und letzten Drittel des 15. Jahrhunderts. Auf der Rückseite des Vorsatzblattes folgt ein Bleistifteintrag *S. II*, sodann ebenfalls von einer modernen Hand (dieselbe wie auf dem Rückenschild des Einbandes) *Cat. Acc. 467* (Hand a). Von einer Hand Mitte des 15. Jahrhunderts stammt eine Jahreszahleintragung:

Anno dm m^o $\overline{cccc}^o$ lvij^o c$^{t\hat{u}}$ libelû	(Hand 9)

darunter, wieder von Hand a, die falsche Auflösung *Anno domini 1457 consumatum libellum.*[146] Auf Bl. 1^r ist nochmals der Stempel FRANZ

kam auf Anfrage von der königlichen Bibliothek, Vorgängerin der Staatsbibliothek, mitgeteilt, daß der Name *Marycz Nevndlinge* laute; dieser Lesefehler erleichterte sicher die richtige Zuweisung (s. unten).

141 Rolleder, S. 272. Für Wolf, JT, S. LVIII, hingegen nicht lesbar.

142 Die königliche Bibliothek Berlin las aus dem *Hin ist hi*[*n*] ein *H Hinstbry* (Rolleder, S. 272). Korrektur durch Friedrich Keinz (Rez. von Schlickinger [1893] und Strnadt [1894], in: AfdA. 20 [1894], S. 258 − 266, hier S. 264).

143 Rolleder vermutete eine Verlesung und meinte, es laute *Hanns Mirl* (= Meurl, S. 272); es ist aber eindeutig *st* zu lesen.

144 Nicht lesbar für Wolf, JT, S. LVIII.

145 Keinz (1894), S. 264: „vielleicht *Pelhczenstein* oder *Pellizenstein*"; dieser Name fand vor Keinz keine Berücksichtigung. Wiederholt wurde diese Lesart von Fechter, Publikum, S. 41. Als erster entzifferte Becker (1977, S. 124) den Namen bis auf eine Kleinigkeit richtig. Er las *Epelhczuserin*; das *u* in *hûs* ist aber schon gegen Ende des 13. Jahrhunderts in Oberösterreich zu *au* diphthongiert, daher muß *Epelhauserin* gelesen werden. Becker führt auch Devisen und Federproben auf.

146 „[. . .] welche eine moderne hand umgeschrieben hat in *consumatum libellum*; letzteres wort kann gemeint sein, ersteres nicht, da nur in der zeile ein *i* und etwas darüber *tū* steht" (Keinz [1894], S. 264). Becker (1977), S. 125, löst auf in *istum libellum* und fragt, ob es sich um einen „Teil eines Kaufeintrages" handeln könne. Ich neige eher zur Annahme eines *c$^{t\bar{u}}$*; dann wäre der Eintrag als *comparatum* zu entziffern (wenn *pa* oder *per* ausgelassen wird, ist die Folgesilbe meist hochgestellt), also: 1457 wurde das Buch angeschafft / angekauft; *libellum* ist dann lediglich Scheindiminutiv, wie *opusculum* in einem Schreiberexplicit der Handschrift Theol.

GOLDHANNs zu sehen sowie ein roter Stempel mit der Inschrift ‚Ex Biblioth. Regia Berolinensi'. Die verschiedenen Bleistifteintragungen von moderner Hand im Textteil — Seiten- und Blattzählung, Strophenzählung, Worterklärungen, Randbemerkungen wie *Hier fehlt 1 Bl. 218* (Bl. 217ᵛ) — werden hier nicht weiter berücksichtigt. Interessanter scheint mir, daß Leser der Handschrift im 15. / 16. Jahrhundert die Blattränder für Schriftproben und Randbemerkungen nutzten. Auf Bl. 62ᵛ steht *nõ justũ bellũ* (Hand 10); die Notiz ist bezogen auf Strophe 1569 des ‚Jüngeren Titurel':

Si warē streites kerne   vō der schal gesundert
nũ ward der vō yberne   sighaft des ward auch vil gewundert
es was davon wan got half ye dem warē
vñ lie die valschē hinkchen   die ye zu vnrecht valschait kundē varē

Die Strophe betont die Hilfe Gottes für die Gerechten. Dieselbe Hand schrieb auch neben Str. 597 (Bl. 24ᵛ) ein *nõ*; leider ist die Notiz am unteren Rand verwischt und nicht mehr lesbar. Bezieht der Leser die Stelle auf eine enttäuschte Liebe? Möglicherweise stammt auch die Notiz *Chlosner* (Klausner) neben Str. 254 von ihm, hier ist von Frauengruß und keuscher Lieblichkeit die Rede (Bl. 10ʳ). Auf Bl. 70ʳ, am unteren Rand, vermerkte Hand 3 *vnv'gessen dein' lib.* Auf Bl. 103ʳ bemerkte derselbe Leser (Leserin?) *Vlterius* und daneben *Nolite karissime.* Liest man beide Bemerkungen im Zusammenhang, so könnten sie mit ‚Weiter solltet ihr nicht gehen, oh Liebster!' übersetzt werden.

Neben Str. 2959 Auf Bl. 118ʳ steht wieder von Hand 10:

Nõ regimen cesarii fridrici
ab ich von grossen trunken sag͞g

Ein Verweisstrich bezieht die Randnotiz auf Str. 2957:

Swe' grosse land besitzē   wil vnd gar betwīgen
das mus geschñ mit wiczen   er darft nicht in torē weise rīgen
mit ainē affen vmb ein zimmein nússel [zinîn nüschel]
leut land vnd ere bedarf mer wicze dañ ain plūmen púschel

Der Leser nimmt die JT-Strophe zum Anlaß, sich gegen Friedrich III. von Habsburg (deutscher König und Kaiser von 1440 bis 1493) eine Bemerkung zu erlauben, dessen Regierung einen solchen Tadel aus der Sicht des Adels vielleicht durchaus verdiente. Freilich schränkt der Leser sein Urteil sofort ein, indem er es auf seinen trunkenen Zustand zurückführt.

Von Hand 5 sind an mehreren Stellen Federproben verteilt, zuerst auf Bl. 5ʳ *chein chein*, dann Bl. 81ʳ *ch*, Bl. 126ᵛ unten *Chein dein ch*, Bl. 249

---

lat. fol. 88 der Staatsbibliothek Preußischer Kulturbesitz Berlin, Bl. 300ʳ: *Emptum est istud opusculum* (= Konrads von Waldhausen Riesenwerk, die ‚Postilla').

unten *Mein Chein dinen. Chein* [d]in[e]n *Ch,* neben Str. 3172 auf derselben Seite und auf Bl. 212^v *gar chein.* Auch die Epelhauserin (Hand 8) nutzt des öfteren die Blätter für ähnlich monotone Federproben: *dein an ent* Bl. 90^v oben (,Dein für immer'), *Dein Dein* Bl. 92^r, daneben Federstriche, *Dein Dein dein* Bl. 137^v oben, *auch* Bl. 138^r und *Dein mein* [. . .] Bl. 187^r unten. Möglicherweise haben sich diese Leser Strophen aus dem JT abgeschrieben – vielleicht sogar den ganzen Band kopiert –, womit die Federproben zu erklären wären.

Die Buchstabenfolge *fvv* neben Strophe 2905 (Bl. 116^r) stammt möglicherweise vom Schreiber der Handschrift. Sie mag eine Abkürzung für *Fac ut valeas* (,Tu so wie du kannst') und eine Anspielung auf die reiche Begabung der Boten sein. Auf Bl. 240^v, unter dem Ende des ,Helmbrecht', befindet sich noch einmal der Stempel der königlichen Bibliothek Berlin. Es folgt ein leeres, vom Schreiber vorliniertes Blatt (241), aus dem das Wasserzeichen (Glocke) ausgeschnitten wurde. Bl. 242 weist eine Wappenzeichnung auf: gespaltener Tartschenschild, rechts drei Schrägbalken; links ein stilisierter Lindenbaum in drei Äste mit je einem Blatt auslaufend auf einem Berg; Stechhelm mit Helmdecken; Helmzier wiederholt den Lindenbaum (siehe Abbildung 6). Die Rückseite des Blattes enthält zwei Zeichnungen eines anderen Wappens (eine Zeichnung ist unvollendet): im Tartschenschild ein nach rechts aus stilisiertem Dreiberg wachsender Bock. Spangenhelm (hinterer Innendeckel: Stechhelm) ohne Helmdecken. Aus der Laubkrone wachsender Bock als Helmzier (Abbildung 9).

Auf derselben Seite steht rechts oben von geübter Kanzleihand (Hand 11, Anfang 16. Jahrhundert) *Vnns'nn freuntlich willig dinst* – ein typischer Briefanfang – sowie *Ann* von Hand 5 (Moriz Neundlinger), *Sanctus sanctus* von Hand 10 (?) und *Sy hat Recht* von der Hand des Wappenzeichners (Hand 12).

Im hinteren Innendeckel sind die Einträge zumeist Federproben. Hand 5 schrieb die Devise (?) *Stat an* A U *end* (immer beständig), eine Hand des 19. Jahrhunderts (Hand b) schrieb *474 Bl. (älterer Z.) die Seiten 69.70. 71.72 zweimal gezählt,* von Hand 9 stammt *O d$\overline{m}$ digne* (O domine digne, Gebetsanfang). Danach folgt eine Buchstabenreihe (Geheimschrift?)

o^i d d v v a b l r p v s s u l
p t o s u n l v t p zej   (Hand 9),

ein *h* und *A* und nochmals von Hand 9:

mein willig' dinst
ze vor lieb' h' vrban.

Von Hand 5 stammen die Federproben *Anno dm q* (vielleicht wollte er eine Zahl, etwa *quinquegesimo septimo,* ausschreiben), *A U, Mein dinst*

56

[. . .]; vielleicht sind auch die Notizen *O, O dme* (*O domine*) von derselben Hand.

Danach folgt noch einmal das Bockswappen ohne Helmzier. Mit Bleistift wurde eine moderne Initiale (19. Jahrhundert) *R L* geschrieben, möglicherweise von der Hand RICHARD LEPSIUS', 1873 bis 1884 Oberbibliothekar der Königlichen Bibliothek.

2.1.2 Auftraggeber und Erstbesitzer

Ausgangspunkt meiner Überlegung war das Problem der unterschiedlichen Ortsangaben (*Wanchûsen* bzw. *Leubenpach* und *zwischen Hôhenstein und Haldenberc* bzw. *zwischen Wels und dem Traunberc*) in den beiden Textzeugen des ‚Helmbrecht‘. Relativ früh schon wurde mit den Orten der Handschrift B *Wels* und *Traunberc* der ‚Schauplatz‘ der Handschrift im Traungau, dem Kerngebiet Oberösterreichs, entdeckt.[147] Der ebenfalls genannte Ort Leombach[148] liegt nicht weit von Wels entfernt. Allzu schnell wurde – ausgehend vom Verdikt LACHMANNs und HAUPTs[149] über den minderen Wert der Berliner Handschrift – geschlossen, daß die Ortsangaben in Handschrift B nicht ursprünglich seien. Für die These fehlte aber das Wichtigste: eine beweiskräftige Stütze neben dem Argument der ‚insgesamt besseren Textüberlieferung‘ in Handschrift A. Erst ANTON ROLLEDER[150] lieferte 1894 die ersten Belege für diese These, ohne sie jedoch selbst vertreten zu wollen. Im Gegenteil – in der Hitze des Gefechtes, ob der ‚Helmbrecht‘ nun österreichisches oder bayrisches Kulturgut repräsentiere – sah ROLLEDER in den Fakten einen Beweis für die Echtheit der Ortsangaben von Handschrift B des ‚Helmbrecht‘.[151] Die

---

[147] Karl Lachmann: Über Singen und Sagen (1833), in: ders.: Kleine Schriften zur deutschen Philologie, Berlin 1876, S. 461 – 479, hier S. 472.

[148] Moriz Haupt: Helmbrecht, in: ZfdA. 4 (1844), S. 318 – 385, hier S. 319: „alle diese nachweisungen verdanke ich meinem freunde Karajan." Dieser teilte ihm u. a. mit, daß das „alte nun verfallene schloss Liubenbach [. . .] vom ausgang des 14 j. h. an eigenthum des im 16 n j. h. ausgestorbenen geschlechts der herren ‚von dem Miurlîn ze Liubenbach‘ oder wie Hoheneck schreibt ‚Meurl zu Leombach‘ " war. Die Vorsatzblatteinträge waren ihnen unbekannt, Haupts Edition beruht auf einer Abschrift.

[149] Lachmann (1833), S. 472: „In der Berliner Handschrift [. . .] lauten zwar beide Stellen anders, aber gewiss nicht echter." Und Haupt (1844), S. 318: „die Berliner handschrift, von der Lachmann mir eine abschrift gütigst mitgeteilt hat, enthält vieles, was sich sogleich als absichtliche änderung des in der Ambraser überlieferten kundgiebt."

[150] Rolleder, S. 269 – 274.

[151] Rolleder, S. 273: „wenn Keinz Recht hat, daß die Hautzendorfer in der Oberpfalz lebten, so liegt es ja auf der Hand, dass die Ortsbezeichnungen wie Wels, Traun-

Untersuchungen von ROLLEDER, KEINZ[152] und SCHIFFMANN[153] mit Angaben über die Vorsatzblatteinträge in der Handschrift B, die eigentlich zum Beweis des bisher nur Behaupteten hätten führen können, wurden weitgehend vergessen. ROLLEDERs Darlegungen sind sogar bis heute nur unter falschem Namen rezipiert worden.[154] Die sogenannte Unentscheidbarkeit der Lokalitätsfrage (Innviertel oder Traungau) führte dann schließlich zur Mutmaßung, daß man die „vielbemühten Ortsnamen [...] als Topos der Realitätsfiktion"[156] zu verstehen habe.

Daß die Ortsangaben der Handschrift B weder im Original vorhanden waren noch als Autorvarianten angesehen werden können, soll hier belegt werden, d. h. die schon lange vermutete Schauplatzänderung zugunsten eines späten Auftraggebers.[157]

Das in der Berliner Handschrift genannte *Leubenpach* (heute Leombach, bei Sippachzell, südlich von Wels) ist zwar eine sehr alte Siedlung, wird jedoch als Edelsitz erst später urkundlich faßbar.[158] Im Jahre 778 stiftete Thassilo, Herzog von Bayern, das Kloster Kremsmünster und übertrug ihm u. a. eine Besitzung (Äcker und Wiesen) am *Livpilinsbach*. Im Jahre 791 und 802 wurden die Besitzungen des Klosters von Karl dem Großen bestätigt, auch hier ist Leombach wieder genannt. 992 und 993 gab Graf Arnold von Wels und Lambach den Wald zwischen Leombach und Sippenbach an das Kloster zurück — offenbar hatte er ihn sich zuvor anzueignen versucht. Mitte des 12. Jahrhunderts bekam das Kloster elf Höfe um

---

berg und Leubenbach schon in der Handschrift und demnach auch in der Vorlage standen, bevor diese in den Besitz der Meurl nach Leombach kam." Er behauptet daher, „dass das Gedicht speziell oberösterreichisches und nicht bairisches Bauernleben um 1250 schildert" (S. 274).

152 Keinz, Heimat, und Keinz (1894).

153 K[onrad[Schiffmann: Die Herkunft des Meier Helmbrecht, in: Wiener Zeitung Nr. 176 vom 2. August 1907, S. 9 — 11.

154 J[ulius] Strnadt veröffentlichte einen Auszug aus Rolleders Heimatkunde unter dem Titel ‚Meier_Helmbrecht und seine Heimat' (Linzer Volksblatt vom 10. Januar 1894). Über die Rezension dieses Artikels von Keinz wurden Rolleders Darlegungen unter Strnadts Namen rezipiert.

156 Wernher der Gartenaere. Die Märe vom Helmbrecht, hrsg. von Friedrich Panzer, 6. Aufl. besorgt von Kurt Ruh (ATB. 11), Tübingen 1960, S. XIII.

157 Ruh (Helmbrecht, 8., neu bearbeitete Aufl. 1968): „denn daß die Lokalitäten vom B-Schreiber, dessen Gönner und Auftraggeber Lienhart Mewrll, dem Besitzer von Leubenbach, zuliebe, umgeschrieben worden sind, kann kaum einem Zweifel unterliegen" (S. XIV f.). In der 9. Auflage fügt Ruh ein relativierendes Wort ein: „dessen mutmaßlichen Gönner und Auftraggeber" (S. XIV f., Hervorhebung von mir, U. S.).

158 Über die Vorgeschichte von Leombach siehe UBE. II, S. 3, 5, 7 und 718; Bd. III, S. 459; Bd. IV, S. 201; Julius Strnadt: Hausruck und Atergau, in: Abhandlungen zum historischen Atlas der österreichischen Alpenländer (= Archiv für österreichische Geschichte, Bd. 99), Wien 1912, hier S. 170 f.

Leombach von Frau Benedicta von Julbach (einer Schaunbergerin) gestiftet, und mit den Schaunberger Erben kam es darüber zum Streit mit dem Kloster. Die Besitzungen wurden schließlich den Schaunbergern 1177 bis 1182 abgekauft; der Besitz des Klosters in und um Leombach vergrößerte sich.

Anfang des 13. Jahrhunderts sind zwei Ritter von Leubenbach belegt; sicher hatten sie Lehen zu Leombach vom Kloster Kremsmünster bezogen und standen in seinem Dienst: am 23. April 1213 zeugt in einer Kremsmünsterer Urkunde ein zu der Gruppe der *milites* zählender *Walchunus de Livbenbach*, am 8. Juni 1219 in Garsten ein *Otto de Levbenpach*. Sie sind die ersten und letzten Träger des Namens ‚von Leombach' — ihr Geschlecht (?) muß noch vor Mitte des 13. Jahrhunderts ausgestorben oder umgesiedelt sein, denn bis circa Mitte des 14. Jahrhunderts wird der Name Leombach nur noch im Kremsmünsterer Urbar erwähnt — die Bauernstellen in und um Leombach waren verpflichtet, ihre grundherrlichen Abgaben dem Schulzenamt des Klosters (1434 Amt Leombach genannt) abzuliefern. Erst Mitte des 14. Jahrhunderts wurde eine Feste in Leombach gebaut (möglicherweise auch nur ein festes Haus), denn 1360 verkaufte ein (sonst nicht bezeugter) Chunrad Klingenfurter und seine Hausfrau Elsbet besagte Feste (die ebenfalls vorher nicht erwähnt ist) an Eberhard von Walsee. Der Ausbau des Burgensystems war nicht zuletzt in dem Streben Herzog Rudolfs IV. begründet, das letzte reichsunmittelbare Adelsgeschlecht im Lande, die Schaunberger, besser überwachen zu können[159], und Leombach grenzte an die Besitzungen der Schaunberger. Der Walseer, von 1363 bis 1369 der dreizehnte Landeshauptmann ob der Enns, ein einflußreicher Ministeriale und Ratgeber der habsburgischen Herzöge[160], übergab — im Einverständnis mit dem Kloster Kremsmünster — die Feste seinem Kämmerer, dem ehrbaren Knecht Hans Meurl, der 1361 als Landrichter ob der Enns urkundete.

Hans Meurl übernahm die Feste mit umliegendem Land und Höfen vom Kloster Kremsmünster zu Lehen und baute sie aus.[161] Seitdem existierte

---

159 Vgl. Strnadt, Hausruck, S. 182.

160 Vgl. Max Doblinger: Die Herren von Walsee. Ein Beitrag zur österreichischen Adelsgeschichte, in: Archiv für österreichische Geschichte 95 (1906), 235 — 578, hier S. 274 — 291.

161 „Die Feste, links der Straße, nun großenteils abgebrochen, verkaufte Chunrad Klingenfurter und seine Frau Elsbet im Jahre 1360 an Eberhard von Walsee-Linz, der sie sogleich seinem Kämmerer, dem erbarn Knecht Hansen Meurlin weiterlieh. Sie war Lehen vom Abte Ernst von Kremsmünster, welchem Gotteshause davon jährlich 30 ₰ zu dienen war" (Strnadt, Hausruck, S. 171).

neben der ebenfalls so genannten Gemeinde Leombach[162] ein Adelssitz namens Leombach. Hans Meurl ist von 1360 bis 1400 als Besitzer der Feste Leubenbach bezeugt, danach übernahm sie sein Sohn Leonhard Meurl. Leombach war ohne Unterbrechung bis 1514 im Besitz der Familie[163], gelangte danach durch Verkauf an Jorg Sigharter. Josef Sigharter vermachte 1592 Leombach dem Dichter Christoph von Schallenberg, der 1597 starb. Von 1601 bis 1613 bewohnte der Historiker und Genealoge Job Hartmann von Enenkel, der Schallenbergs Witwe geheiratet hatte, das Schloß.[164] Seine Tochter Judith Enenkel vermählte sich 1639 mit ihrem Vetter Christoph Ehrenreich von Schallenberg, der auch Leombach wieder übernehmen konnte. Die Erben der Schallenberger verkauften es 1702 an Jakob Friedrich von Eyselsberg, 1709 fiel es zurück an das Kloster Kremsmünster, wurde bald nach 1727 nicht mehr bewohnt und abgerissen — bis auf wenige Gebäude, die seit 1769 wieder genutzt wurden.[165]

---

162 In einer Urkunde aus dem Jahre 1387 treten als Zeugen in einer Gerichtssache Meister Eberhard, Heinrich Meier und Heinrich Müller, Bewohner von *Lewbenpach*, auf (Theoderich Hagn: Urkundenbuch fuer die Geschichte des Benedictiner Stiftes Kremsmünster, seiner Pfarreien und Besitzungen vom Jahre 777 bis 1400 [Wien 1852], hier Nr. 301, S. 318 f.).

163 Die Nachweisungen zu den Meurls werden in Anm. 183 aufgeführt. Zur Geschichte des Edelsitzes Leombach wurden folgende Werke zu Rate gezogen: Rolleder, S. 114, 266, 269 — 274, 338; J. Siebmacher's grosses und allgemeines Wappenbuch in einer neuen, vollständig geordneten und reich vermehrten Auflage mit heraldischen und historisch-genealogischen Erläuterungen. Vierten Bandes vierte Abteilung. Niederösterreichischer Adel. I. Abt. A — R, bearb. von Johann Evang. Kirnbauer von Erzstätt, Nürnberg 1909, S. 82; dass.: Vierten Bandes fünfte Abteilung: Oberösterreichischer Adel, bearb. von Alois Freiherrn v. Starkenfels, abgeschlossen von Johann Evang. Kirnbauer v. Erzstätt, Nürnberg 1855 — 1904, S. 204; Schiffmann (1907); Handbuch der historischen Stätten. Österreich, Bd. 1, Donauländer und Burgenland, hrsg. von Karl Lechner, Stuttgart 1970, S. 115; Haupt (1844), S. 318 f.; Johann Georg Adam von Hoheneck: Die löblichen Herren Stände des Ertz-Herzogthumb Oesterreich ob der Ennß, 3 Bde., Passau 1727 — 1747, Bd. I, Bl. b2, 96; Bd. II, Bl. 433; Bd. III, Bl. 423 — 426; UBE. 2, Nr. II, III, VIII, LI, CCXLIV, CCCLXXXV, CCCCVIII; Strnadt, Hausruck, S. 170 f.; Benedict Pillwein: Geschichte, Geographie und Statistik des Erzherzogthums Oesterreich ob der Enns und des Herzogthums Salzburg. Mit einem Register, 2. Theil: Der Traunkreis, Linz 1828, S. 370 f.

164 Job Hartmanns Frau, die Schallenbergische Witwe namens Marusch, war 16 Jahre älter und hatte ein großes Vermögen geerbt. Auf Leombach richtete Enenkel seine Bibliothek und ein Archiv ein. Nach 1613 ging er als ,Politiker' nach Wien (Anna Gräfin Coreth: Job Hartmann von Enenkel. Ein Gelehrter der Spätrenaissance in Österreich, in: MIÖG. 55 [1944], S. 247 — 302, hier S. 262 und 271). Zu Christoph von Schallenberg vgl. Otto Brunner: Adeliges Landleben und europäischer Geist. Leben und Werk Wolf Helmhards von Hohberg. 1612 — 1688, Salzburg 1949, S. 174 f., zu Enenkel S. 170 — 173.

165 Rolleder gibt S. 273 eine Abbildung der Teilruine Leombach.

Die Geschichte des Edelsitzes Leombach ist ab 1360 lückenlos nach-
zuvollziehen. Wäre Leombach zwischen ca. 1250 und 1350 zum Herren-
lehen erhoben worden, würden urkundliche Belege aus dem quellenmäßig
bestens aufgearbeiteten Gebiet sicher nicht fehlen. Als bäuerliche Siedlung,
die dem Kloster Kremsmünster direkt unterstand, hat die Nennung Leom-
bachs keinen Sinn. Da die *milites* von Leubenpach weit vor der Abfassung
der Erzählung Wernhers des Gartenære bezeugt sind, kommen auch sie als
Verursacher der Ortsangabe nicht in Frage. Man wird auf den Zeitraum
nach der Mitte des 14. Jahrhunderts verwiesen.

‚Leombach' kann als Ortsangabe erst ab Mitte des 14. Jahrhunderts in
einen Text, der den ‚Helmbrecht' überlieferte, Eingang gefunden haben.
Wer aber konnte ein Interesse an einem Wechsel des Schauplatzes mit der
präzisen und unverwechselbaren Angabe des doch nicht sehr bedeutenden
Adelssitzes Leombach gehabt haben? Ein Sinn solchen Ortsangabentausches
ergibt sich meines Erachtens nur in drei Fällen: a) der Auftraggeber war
Besitzer von Leombach, b) der Auftraggeber dachte die Handschrift an den
Besitzer von Leombach zu schenken, c) der Schreiber der Handschrift
wollte dem Besitzer von Leombach, den er als Empfänger seiner Arbeit
wußte, mit der Einarbeitung der Ortsangabe eine Ehre erweisen. Das heißt,
die Ortsangabe *Leubenpach* ist vom Schreiber der Handschrift entweder
selbständig oder im Auftrag an die Stelle einer anderen Ortsangabe gesetzt
worden. Mit Sicherheit wurden die Orstangaben *Wels* und *Traunberc* zur
gleichen Zeit an Stelle anderer Orte eingesetzt.

Der Fall eines Ortsangabentausches ist wohl recht selten in der deutschen
Literatur des Mittelalters. Im ‚Parzival' und ‚Willehalm' ist an den möglichen Stellen[166] nichts nennenswert Abweichendes verzeichnet, und auch
die Untersuchungen zur Überlieferung wissen nichts von einem solchen
Fall der Anverwandlung. Sämtliche Herausgeber des ‚Helmbrecht', die
doch zumindest über die bereits edierte Literatur des Mittelalters sehr gut
informiert waren, berichten in Aufsätzen und Anmerkungen zur Edition
von keinem vergleichbaren Fall. Der Hinweis auf *Campatille* in der ‚Kudrun'
(235, 2) ist mehr als dürftig, da nur ein Textzeuge befragt werden kann.[167]
Im ‚Gänslein' wird in der Handschrift H (Cpg. 341) V. 295 die Gebietsangabe *Swâben* durch das böhmische *Drahov* ersetzt. Die Handschrift ist

---

166 *Abenberc* V. 227,13; *Wildenberc* V. 230,13; *Heitstein* V. 404,1; *Dollenstein*
V. 409,8; *Trühendingen* V. 184,24.

167 Vgl. Ruh, Helmbrecht, 9. Aufl., S. XV. Es handelt sich wohl nicht um eine absichtliche Änderung, sondern um ein Mißverständnis des Südtirolers Hans Ried, wenn
er *Campatille* statt *Campalie* las.

Mitte des 14. Jahrhunderts in Südböhmen entstanden.[168] Mir ist trotz ausgedehnter Suche nur ein vergleichbarer Fall begegnet. In den meisten Nibelungenhandschriften ist in Strophe 1332 und 1336 der Ort *Treisenmûre* durch *Zeizenmûre* ersetzt. Ein Sinn für diesen ‚alten Fehler‘ (DE BOOR) der Überlieferung ergibt sich jedoch, wenn er mit dem Hof des Gönners Bischof Wolfger von Passau in Verbindung gebracht wird. Dessen Schreiber, die den Ausgangspunkt der Überlieferung bestimmten, kannten natürlich den bischöflichen Hof Zeiselmauer vor Wien genauer (dort erhielt Walther von der Vogelweide seinen Pelzrock) als den anderen Ort und ersetzten ihn entweder in voller Absicht zu Ehren ihres Herrn oder weil sie einen ‚Fehler‘ der Vorlage korrigieren wollten.[169]

Im Spätmittelalter begegnen Umschreibungen von Namen dann wohl häufiger, wenn mir auch weitere Fälle von Ortsnamenänderungen nicht bekannt sind. Der Schreiber Johannes Fritz des literaturinteressierten Ortolf von Trenbach, ein Zeitgenosse Leonhart Meurls, ersetzte in Peter Suchenwirts ‚Schöner Abentewr‘ (cgm. 4871), den Dichternamen durch Hans von Trenbach; freilich wird keineswegs die Dichterwürde für den Großvater (?) des Auftraggebers beansprucht, aber der Text, von einem Ich-Erzähler berichtet, fordert zur Anverwandlung geradezu heraus.[170] Auch in der ebenfalls von Ortolf veranlaßten Handschrift I. 84 in Alba Julia setzte der Schreiber anstelle des Namens *Petrus* (so der lateinische Text), der als Beispiel für einen beliebigen Menschen dient, den Namen *Artolfus*.[171]

Ferner wurde die ‚Greisenklage‘ für Hans von Trenbach abgeschrieben und mit einem Zweizeiler auf den Auftraggeber ‚gemünzt‘:

168 Hanns Fischer: Studien zur deutschen Märendichtung, 2., durchges. und erw. Aufl. besorgt von Johannes Janota, Tübingen 1983, S. 216, A. 321.

169 Vgl. Hellmut Rosenfeld: Orts- und Ländernamen in der mittelalterlichen Dichtung, in: Blätter für oberdeutsche Namenforschung 17 (1980), S. 9 – 23, hier S. 14.

170 Vgl. Karl Bartsch: Kleinere Mittheilungen 5. Zum Lohengrin, in: Germania 7 (1862), S. 274 – 275. In der allegorischen Begegnung des Ich-Erzählers mit Frau Minne, Frau Ehre, Frau Zucht und Frau Abenteuer auf eine Aue heißt es V. 130 ff.:

[Frau Zucht] het mich schir erkennt
vil lieber hanns von Trenbach
der nie von frawen übell sprach
rett sy zw mir zw hannt
sag an wer hat dich her gesannt.

und V. 353 f.:

Sag an vil lieber Trenbechk
An adel vesst an ernn kechk [. . .]

171 Georg Steer: Hugo Ripelin von Straßburg. Zur Rezeptions- und Wirkungsgeschichte des ‚Compendium theologicae veritatis‘ im deutschen Spätmittelalter (Texte und Textgeschichte 2), Tübingen 1981, S. 246 ff.

Hannß Trenbeckh Layenbrueder haiß ich
Gott erbarme sich vber mich.

Wenzel Gruber, der Diener und Biograph des Hans von Trenbach, hielt die ‚Greisenklage' irrtümlich für sein Gedicht.[172] In der Wolfenbütteler Märenhandschrift 29. 6. Aug. 4° wird Christannus Awer anstelle Peter Schmiehers zum Dichter der ‚Wolfsklage' erklärt, und Gregorius Awer ist angeblich Dichter des ‚Ritters unter dem Zuber' (recte: Jacob Appet), Hans Awer der des ‚Pfaffen mit der Schnur' (Nürnberger Handschrift 5339[a]). Die Namensänderungen gehen wohl auf eine Sammelhandschrift für ein Mitglied der Nürnberger Patrizierfamilie Auer zurück.[173]

Wie schon dargelegt, weist der Duktus der Schriftzüge des mgf. 470 auf die erste Hälfte des 15. Jahrhunderts, und die Identifizierung der Wasserzeichen ergab die Jahre 1410 bis 1413, in denen die Handschrift begonnen wurde. Von 1400 bis in die sechziger Jahre war Leonhard Meurl Besitzer von Leombach. Nach den bisherigen Schlußfolgerungen kommt als Empfänger (dieses Wort vorläufig deshalb, weil ja noch nicht entschieden ist, ob der Besitzer von Leombach die Handschrift geschenkt bekommen oder in Auftrag gegeben hat) nur der Besitzer von Leombach zur Zeit der Niederschrift von Handschrift B in Frage.

Der bisherige Gang der Darlegung abstrahierte weitgehend davon, daß in der Handschrift B Besitzer- bzw. Lesereinträge vorhanden sind. Bekanntlich (siehe oben) steht als erster Namenseintrag auf dem Vorsatzblatt *Jo ho Hauczendorffer*. Das hat dazu geführt, in ihm den Erstbesitzer der Handschrift zu sehen, ja das Gedicht in die Oberpfalz zu verlegen[174], weil dort ein Hans Hauzendorfer belegt ist[175]. Eine zweite These war, Hans Meurl habe sich die Handschrift anfertigen lassen, vielleicht sogar selbst

[172] Vgl. hierzu und zu dem Bücherbesitz der Trenbacher überhaupt Hans-Dieter Mück / Hans Ganser: *Den Techst Vbr das geleyemors wolkenstain*. Oswalds von Wolkenstein Liedtext Kl. 131 im Cgm 4871 und Gilles Binchois' Chanson Je loe amours. Mit einem Anhang: Konkordanztabelle zu Oswalds Kontrafakturvorlagen, in: Lyrik des ausgehenden 14. und 15. Jahrhunderts, hrsg. von Franz V. Spechtler (Chloe. Beihefte zum Daphnis 1), Amsterdam 1984, S. 115 — 148, hier S. 124 bis 133.

[173] Fischer (1968), S. 191.

[174] Schiffmann (1907).

[175] Carl Aug. Böhaimb: Die Besitzer von 51 ehemaligen pfalzneuburgischen Hofmarken im kgl. Regierungsbezirke Oberpfalz und Regensburg, in: Verhandlungen des historischen Vereins von Oberpfalz und Regensburg 18 (Regensburg 1858), S. 205 — 351, hier S. 254 („1407 Hans v. Hauzendorf"). Er besaß das Schloß Hauzendorf in der Oberpfalz. Zuerst machte Keinz, Heimat, 2. Aufl., Nachtrag, darauf aufmerksam.

geschrieben, aber nicht als Besitzer eingetragen.[176] Dies ist aus Gründen der Datierung der Handschrift unmöglich. Ein grundlegender Fehler der Forschung war es, in sämtlichen Namenseinträgen (zumindest implizit) Besitzervermerke[177] zu sehen, was einen regen Handel unter den betreffenden Personen voraussetzte oder Verwandtschaft aller Aufgeführten untereinander. Üblich war hingegen zu dieser Zeit ein mehr oder weniger reger Leihverkehr mit Handschriften, da sie teuer waren und das Lesen von Literatur sich anstelle des Vortrags bei Hof mehr und mehr durchgesetzt hatte. Dies bezeugen beispielsweise der ‚Ehrenbrief' Püterichs von Reichertshausen[178], die Ausleihverzeichnisse der Grafen von Oettingen[179] oder der Ausleihvermerk im Bestandsverzeichnis der Bücher des Erhart Rainer[180].

Daß Leonhard Meurl aber seine Eigentümerrechte bekräftigt, ist aus der Art seiner Eintragung ersichtlich: *Nicht Havczendorffer. Ich, Lienhart mewrll* . . . Vehement betont er, daß nicht der Hauzendorfer, sondern er selbst (*Ich, Lienhart*) Vorrang habe. Offensichtlich hat Joho Hauzendorfer sich den JT von Leonhard Meurl ausgeliehen und, mit seinem Eintrag versehen, zurückgegeben. Dennoch wird der Besitzer nicht sehr erbost gewesen sein. Hätte Leonhard Meurl angenommen, der Eintrag des Erstgenannten könnte als Besitzervermerk mißverstanden werden, würde er sicher eine Streichung oder Radierung des Eintrages vorgenommen haben. Es war offensichtlich nicht unüblich, daß sich ein ihm freundschaftlich verbundener Leser in seiner Handschrift verewigte, daß er es an erster Stelle tat, versuchte Leonhard Meurl auf seine Weise zu korrigieren. Der Hauzendorfer fand Nachahmer, weitere sechs Personen trugen sich auf dem Vorsatzblatt der Handschrift ein.

Leonhard Meurls gesellschaftliche Stellung ist besser zu erkennen, wenn die Geschichte seines Geschlechtes aufgearbeitet wird; die Daten, die über ihn selbst vorliegen, könnten leicht zu einem falschen Eindruck führen (u. a. weil das ausgezeichnete ‚Urkundenbuch des Landes ob der Enns' mit

---

176 Als eine weitere Möglichkeit bei Schiffmann (1907). Als denkbar bei Becker (1977), S. 126.

177 So auch Fechter, Publikum, S. 41 f.

178 Der Ehrenbrief des Püterich von Reichertshausen, hrsg. von Fritz Behrend und Rudolf Wolkan, Weimar 1920; vgl. Str. 91 f.

179 Abgedruckt in: Mittelalterliche Bibliothekskataloge Deutschlands und der Schweiz, Bd. III,1: Bistum Augsburg, bearb. von Paul Ruf, München 1932, S. 159 bis 161.

180 Mittelalterliche Bibliothekskataloge Deutschlands und der Schweiz, Bd. IV.1: Bistümer Passau und Regensburg, bearb. von Christine Elisabeth Ineichen-Eder, München 1977, S. 94 f.: *„und den Trisdram han ich meiner/ tochter der Zengerinn gelihen."*

dem Jahre 1399 endet). Besonders an der geachteten Stellung seines Vaters ist zu sehen, daß auch Leonhard kein unbedeutender ‚Krautjunker' gewesen sein konnte. Interessant ist ferner die relative Homogenität des Gesellschaftskreises, in dem die Meurls verkehrten — abzulesen an den verwandschaftlichen Bindungen zu oberösterreichischen und niederösterreichischen Geschlechtern.

1294 ist Friedrich Meurlin als Gefolgsmann Eberhards und Heinrichs von Walsee in Schwaben bezeugt[181], sein Enkel Hans Meurl stammte also wie seine Dienstherren, die Walseer, aus Schwaben. Die Ministerialen der habsburgischen Herzöge von Österreich rekrutierten zu nicht geringen Teilen ihre Ritter und Beamten unter den (in die neue Heimat mitgebrachten) Schwaben.[182] Zunächst als Zeuge in mehreren Urkunden 1361 bis 1364[183] auftretend (u. a. war er kurzzeitig Landrichter ob der Enns), ist Hans Meurl 1372 als Untervogt Rudolfs I. von Walsee im Elsaß tätig. 1377 urkundet er im Anschluß an die Ministerialen als ‚Herr' vor der Gruppe der Ritter und Edelknechte. Sein Bruder Ulrich, Pfleger zu Felta, zeugt 1385 in einer Verpfändungsurkunde für ihn, als Hans sich 500 Pfund Wiener Pfennige lieh (verpfändet wurde u. a. ein Lehen, das er von den Kuenringern erhalten hatte). 1391 siegelt er als der ‚ehrbare fest Ritter Herr Hans von Meurllein', 1392 ist er die rechte Hand des 17. Landeshauptmanns ob der Enns, Reinprecht von Walsee. 1393 leistet er sich den Luxus eines familieneigenen Kaplans durch Stiftung eines Stück Eigenlandes in Rappoltsdorf an das Kloster Kremsmünster.[184] Bischof Georg von Passau

---

181 Siebmacher, Wappenbuch, Oberösterreich, S. 204; Rolleder. S. 269.

182 Vgl. Doblinger (1906), passim.

183 UBE. VIII, S. 43, 133, 176, 196; zum folgenden vgl. UBE. IX, S. 139, 140, 203, 388; UBE. X, S. 115; UBE. XI, S. 17, 27, 51, 111, 112, 164; Siebmacher, Wappenbuch, Niederösterreich 1, S. 6 (Albrechtsheim), 302; J. Siebmacher's grosses und allgemeines Wappenbuch. Vierten Bandes vierte Abteilung. Der Niederösterreichische landständige Adel. Zweiter Teil: S — Z, bearb. von Johann Baptist Witting, 1. u. 2. Hälfte, Nürnberg 1918, A. 152b, 157a (Kälberharter), 372 (Sinzendorfer), 623a, 637 (Zinzendorfer); Siebmacher, Wappenbuch, Oberösterreich, S. 758, 634, 204, 194 (Neundlinger), 758; Schiffmann (1907); Rolleder, S. 269 — 274; Historische Stätten, Österreich 1, S. 36, 51, 52, 115; Doblinger (1906), S. 505; Ferihumer (1962), S. 405, 444; Hoheneck, Bd. I, Bl. 156 f.; Bd. III, S. 423 — 426; Hans Herwig Hornung: Die Inschriften Niederösterreichs, 1. Teil: Die Inschriften der politischen Bezirke Amstetten und Scheibbs (Die deutschen Inschriften 10, Wiener Reihe 3,1), Graz / Wien / Köln 1966, hier Nr. 42, S. 35.

184 Hagn (1852), S. 329 — 334. In der Stiftungsurkunde ist sein Bruder Heinrich Meurl Zeuge. Der Kaplan übte quasi-pfarrliche Rechte in Leombach aus. Möglicherweise waren schon zu Leonhard Meurls Zeiten die Pfarrer von Sipbachzell und die Kaplane von Leombach personalidentisch, wie es für spätere Zeiten nachgewiesen ist. Auf jeden Fall gab es auch unter Leonhard und Hans II. Meurl einen Kaplan auf Schloß Leombach (freundliche Mitteilung von P. Rupert Froschauer, Kremsmünster, vom 13. 8. 1982).

verleiht ihm die Feste Irmharting und den Hof zu *Hausmaninge gelegen in linczer pfarre* als Erbgut am 17. Januar 1399.[185] Hans stirbt im Jahre 1400 und hinterläßt vier Kinder.[186]

Seine Tochter Margarete heiratete Hans O b e r h e i m e r , der 1424 bis 1435 Anwalt des Landes ob der Enns war. Deren Tochter Judith Oberheimer wiederum wurde durch Heirat Caspar Neundlingers Schwägerin von M o r i z   N e u n d l i n g e r (vgl. den Vorsatzblatteintrag, Hand 5). L e o n h a r d M e u r l , Besitzer der Handschrift, kam 1400 in den Besitz von Leombach. Von einem Dienstverhältnis oder einem Amt, das er ausübte, ist nichts bekannt geworden. Dennoch setzten sich 1407 der Herzog von Österreich und der Walseer in einer privaten Angelegenheit für ihn ein: Heinrich Wertheimer, der Lienhart Meurl schwer beleidigt hatte, mußte dem Landesfürsten und seinem Vertrauten deswegen Urfehde schwören und in allen Kirchen der Großregion persönlich die Beleidigungen widerrufen.[187] Lienhart scheint eher das Leben eines angesehenen landsässigen Adeligen geführt zu haben, der seinen Lehensbesitz schon als faktisches Eigentum ansehen mochte. Schon sein Vater besaß neben der Feste Leombach *den Chotweig, den Hausledhof und die mul darzu, den Hof auf dem Aigen*[188] und sein Sohn Hans II. übernahm von ihm folgende Besitzungen von Kremsmünster zu Lehen:

> *das Geslos Leubenpach mit seiner zugehorung, item den Pausweckhof und die mul daselbst, item den chotweighof und die mul daselbst, item den Ayenhof, item den Steuberhof, item ein gut zu Schatnperg, item zwei heuser zu Sippaczell [. . .] item ein hueb zu Weitersdorf [. . .] item ain holtz genant das Judenholz [. . .].*[189]

Die Kremsmünsterer Lehen der Familie Meurl umfassen sechs Höfe (zum Schloß gehörten zwei davon), zwei Mühlen, zwei Hufen Ackerland und zwei feste Häuser.

1431 trat Leonhard als Stifter der Kirche Heiligleiten in der Pfarre Pettenbach, auf seinem Grund zum Burgstall, auf.[190] Der Bau der Kirche wurde

---

185 UBE. XI, Nr. 872, S. 775 f.

186 Zum folgenden vgl. die in Anm. 183 erwähnten Titel.

187 Siebmacher, Wappenbuch, Oberösterreich, S. 758 und 634.

188 Strnadt, Hausruck, S. 171, nach dem Kremsmünsterer Lehenbuch um 1380, Bl. 95.

189 Lehensverzeichnis zum Urbar Kremsmünster vom Jahre 1467, zitiert nach Strnadt, Hausruck, S. 171.

190 Historische Stätten, Österreich 1, S. 51; Konrad Schiffmann: Die mittelalterlichen Stiftsurbare des Landes ob der Enns in vier Teilen (Österreichische Urbare, 2. Abteilung, Bd. 2), Wien 1912 – 1925, hier Teil 2, S. 130 (A. zu Nr. 15). Vgl. Pillwein, Traunkreis, S. 417. Das Kirchlein war, wie sollte es anders sein, dem heiligen Leonhard geweiht.

1499 unter Bernhard II. Meurl, seinem Enkel, fertiggestellt. Leonhard muß von robuster Natur gewesen sein, denn nach dem Antritt seines Erbes lebte er noch ca. 60 Jahre als Herr auf Leombach (er starb vor 1462). Er heiratete Maria von Albrechtsheim (aus dem Innviertel) und bekam mit ihr fünf Kinder, Hans II. Meurl, Ulrich (mit Siguna von Zinzendorf verheiratet), Bernhard (1466 als Weihbischof zu Passau bezeugt), Margarete, die Christoph Mooser ehelichte (ihre zweite Tochter, gestorben 1548, heiratete Lorenz Sinzendorfer, einen Neffen zweiten Grades von Wolfgang Kälberharter). Als letzte Tochter Leonhards ist Barbara Meurl bezeugt, die 1468 den Ritter Ortolf Geymann heiratete. Mit ihm hatte sie sieben Kinder, darunter einen Tristrant. Die Namensgebung läßt auf im höfischen Epos bewanderte Eltern schließen. Hans II. Meurl, der Erbe Leonhards, heiratete Elisabeth Thurnbergerin und bekam mit ihr den Sohn Bernhard II. Dieser übernahm 1490 (nach PILLWEIN 1489) die Herrschaft Leombach; verheiratet mit Elisabeth von Pirching, hinterließ er eine Tochter Appolonia. Er starb 1514 als letzter männlicher Sproß seines Geschlechtes. Appolonia wurde 1537 die Frau Adams von Traun, des Erben von Meissau.[191]

Die Meurls heirateten grundsätzlich unter ihresgleichen, d. h. Geschlechtern, deren Vorfahren Ende des 14. Jahrhunderts im Dienst von herzoglichen Ministerialen standen.

Es dürfte auch klar geworden sein, daß Leonhard Meurl in recht guten ökonomischen Verhältnissen lebte. Als Erbauer einer Kirche und – wie sein Vater – Stifter einer ewigen Messe und Halter eines Familienkaplans konnte er ohne Zweifel auch über die im Vergleich dazu doch geringen Mittel, sich ein Buch abschreiben zu lassen, verfügt haben. In Ermangelung eines nachweisbaren Gönners, der Leonhard Meurl die Handschrift schenken konnte, sehe ich im Erstbesitzer auch den Auftraggeber. Ob er nun seinen Schloßkaplan mit dieser Schreibarbeit betraute oder eine Schreibstube – zur Auswahl standen ihm etwa die des Klosters Kremsmünster oder die der Landeshauptmannschaft unter einem Walseer – soll annäherungsweise im folgenden Abschnitt erkundet werden.

2.1.3 Der Schreiber

Es wurde behauptet, daß Leonhard Meurl nicht nur der Erstbesitzer der Handschrift, sondern auch ihr Auftraggeber gewesen ist. Demnach müßte

---

191 Vgl. Constant von Wurzbach: Biographisches Lexikon des Kaiserthums Oesterreich, enthaltend die Lebensskizzen der denkwürdigen Personen, welche 1750 bis 1850 im Kaiserstaate und in seinen Kronländern gelebt haben, Teil 47, Wien 1883, vor S. 15: Stammbaum der Meißauer (noch blühenden) Linie. Sämtliche Grafen von Traun sind auf Adam von Traun und Apollonia Meurl zurückzuführen.

Stammtafel der Familie Meurl[192]

Hans Meurl ∞ Gutta von Ybbs † 1400
— Heinrich Meurl
— Friedrich Meurl zu Achsberg ∞ Anna Krafftin
— Wernhart Meurl zu Rechberg
— Wernhart Meurl 1363

Leonhard Meurl ∞ Maria von Albrechtsheim ∞ Barbara von Kirchberg † 1461 (?)
— Schweiker Meurl 1403 Hofrichter zu Schlierbach
— Thomas Meurl ∞ Agnes von Rorbach
— Margarete Meurl ∞ Hans Oberhaimer
— Ulrich Meurl Pfleger zu Felta
— Katharina Meurl gen. Engelburg

Hans II. Meurl ∞ Elisabeth Thurn-bergerin (1470) ∞ Elisabeth Messen-beckin (1483) † 1490
— Ulrich Meurl ∞ Siguna von Zinzendorf vor 1466
— Bernhard Meurl * 1452 Weihbischof von Passau, 1496 Stifts-probst in Ilz † 1526 in Passau
— Margarete Meurl ∞ Christof Mooser zu Weier
— Barbara Meurl ∞ Ortolf Geymann 1468
— Peter Meurl † 1452 Gaflenz

Barbara Meurl ∞ Georg Kastner (1481)
— Bernhard Meurl ∞ Elisabeth von Pirching † 1514
— Margareta Meurl ∞ Wolf Baumberger zu Wurmsheim, Pfleger zu Spitz (1525)

Apollonia Meurl ∞ Adam von Traun

192 Die von Ludwig Heinrich Krick (212 Stammtafeln adeliger Familien, denen geistliche Würdenträger – Bischöfe, Domherren, Äbte etc. – des Bistums Passau entsprossen sind, Passau / Vilshofen 1924, S. 236) zusammengestellte Stammtafel wurde durch die in Anm. 183 genannten Angaben ergänzt.

er sich selbst um einen geeigneten Schreiber gekümmert haben. Auch wo Schreib- und Lesefähigkeit beim Adel vorausgesetzt werden kann, zumindest bei einigen Mitgliedern des Hauses, ist es dennoch unüblich, sich selbst Kodices zu schreiben; hierfür bediente man sich der Fähigkeiten von Leuten, die darin geübter waren. Für das Anlegen von Urbaren, Lehensverzeichnissen und umfangreicheren Schriftstücken, ja selbst bei Urkunden und Briefen nahm man sich einen haupt- oder nebenamtlichen Schreiber.

Beim gehobenen Bürgertum und Patriziat der Städte sieht es etwas anders aus, weil viele Geschäftsvorgänge eben eine gute Beherrschung der Schrift verlangten und eine Abschrift von geübter Laienhand in annehmbarer Zeit gelingen konnte. Zudem scheint es nicht ehrenrührig gewesen zu sein, für sich selbst zu schreiben, auch wenn man sich eine fremde Hand leisten konnte.[193]

Hier jedoch interessieren die Möglichkeiten eines durchschnittlichen Landadeligen aus der Zeit um 1400. Größere Herren, die einen Privatschreiber in Dienst hatten, brauchten ebensowenig Gedanken über einen geeigneten Mann zu verlieren wie Adelige, die als Beamte des Landesherrn einen dienstlichen Schreiber beigeordnet bekamen.[194] Doch Landadelige wie Leonhard Meurl, die meist keine zusätzlichen Aufgaben mehr hatten als ihre eigene Burg mit einer kleinen Mannschaft wehrhaft zu halten und sich ansonsten um ihre Ländereien und die Wirtschaft kümmerten, werden wohl kaum einen Schreiber täglich mit Aufträgen beschäftigt haben, abgesehen von den finanziellen Möglichkeiten, die dies in der Regel ebenfalls nicht erlaubten.

---

193 Konrad Beck, Patrizier der Stadt Mengen, schrieb sich im Alter von 30 Jahren (1467) eine ‚Melusine' ab (Klosterneuburg, Stiftsbibliothek Nr. 747; vgl. Karin Schneider: Thüring von Ringoltingen, Melusine. Nach den Handschriften hrsg. [TdspMa. 9], Berlin 1958, S. 7); Hans Mülich zu Augsburg schrieb den clm. 33 im Jahre 1356, vielleicht auch cgm. 342 (Trojanischer Krieg), dessen Besitzer er war; vgl. Karin Schneider: Der ‚Trojanische Krieg' im späten Mittelalter. Deutsche Trojaromane des 15. Jahrhunderts (PhilStQu. 40), Berlin 1968, S. 10 f. Gelegentlich stellt auch ein Adeliger unter Beweis, daß er schreiben kann, aber am Umfang solcher Eigenleistungen ist schnell zu sehen, daß die Ausnahmen die Regel bestätigen: Adelige lassen schreiben. Ortolf von Trenbach der Ältere schrieb im Cod. Vindob. 2808 selbst die Bll. 291ra bis 304vb, die ersten zwei Bücher des ‚Lucidarius', und vermerkte diese bescheidene Leistung mit Stolz (vgl. Steer [1981], S. 255). Nicht anders bei Veit von Eglofstein, dem Pfleger zu Vohburg; er bringt es auf ein Blatt mit zeitgeschichtlichen Notizen im cgm. 273, den er sich schreiben ließ (Paul-Gerhard Völker: Vom Antichrist. Eine mittelhochdeutsche Bearbeitung des Passauer Anonymus [Kleine deutsche Prosadenkmäler des Mittelalters 6], München 1970, S. 24).

194 Schreiber des cgm. 4871 (‚Lohengrin' u. a.): Johannes Fritz von Passau, *Des Edelen und vesten Herren Artolffen von Trenbach [. . .] gerichtschreiber*. Vgl. Steer (1981), S. 250 f.

Gelegentlich sind Klosterskriptorien bzw. einzelne Mönche für weltliche Auftraggeber oder Abnehmer tätig geworden.[195] Es ist gut möglich, daß im Kloster Kremsmünster, kaum eine halbe Stunde vom Adelssitz Leombach entfernt, eine Möglichkeit für Leonhard Meurl bestand, sich den JT und den ‚Helmbrecht' abschreiben zu lassen. Doch auch in den Städten Wels und Linz gab es potentielle Kopisten unter den Stadtschreibern, Schulmeistern bzw. Inhabern von Schreibschulen. Aus dieser Gruppe von Berufsschreibern mit wechselnden Auftraggebern scheint der Hauptteil der namentlich erfaßten Schreiber zu stammen, die für den Adel tätig geworden sind. Aus Österreich wären hier u. a. die Namen Erasmus Adelmann (Salzburg)[196], Johann Albrand (Wien)[197] und Thomas Chueber (Linz)[198] zu notieren.

Als vierte Gruppe — neben Klostergeistlichen, Festangestellten (Gerichtsschreiber, Notare, Stadtschreiber) und städtischen Lohnschreibern im Nebenberuf (Schulmeister, Schreiblehrer und Freiberufliche) sind die Weltgeistlichen[199], unter ihnen vor allem die Kaplane, die eine Burg- oder Schloßkapelle betreuten und in der *familia* eines Adligen lebten, zu nennen.

Gibt die Handschrift Hinweise, die eine nähere Bestimmung und Eingrenzung des Standes des Abschreibers erlauben? Der Schreiber fügte als Zeilenfüllsel ein ‚Ave Maria' und ‚Pater noster' ein — dies hat an sich nichts zu bedeuten, da sie zum Grundwissen jedes Kirchgängers zählten — aber warum stellt er es ausgerechnet dem Prolog eines Hauptwerkes der weltlichen höfischen Literatur zur Seite? Weiterhin benutzt er zwei häufiger

---

195 W. Wattenbach: Das Schriftwesen im Mittelalter, Leipzig 1871, S. 389.

196 *scriptor Salczburgensis.* (1454), Salzburg, St. Peter a X 13 (Ulrich von Pottenstein, Paternosterauslegung). Die Handschrift wurde wohl durch die Stiftung eines reichen Patriziers oder Adeligen finanziert.

197 Von Sontra in Hessen. Er nennt sich im Cod. Vindob. 3045/46 als Schreiber, nicht aber im Cod. Vindob. 3050. Die Namensnennung bzw. ihr Fehlen besagt demnach nichts über die Berufsmäßigkeit der Schreiber. Nicht jeder signierende Schreiber ist ein hauptberuflicher Auftragsschreiber, ebensowenig wie ein anonym bleibender im Dienst des Auftraggebers stehen mußte. Johann Albrand schrieb u. a. für Konrad Rampersdorfer, der die Handschrift seiner Seele zu Heil und Trost einer Kirche stiftete. Rampersdorfer war Mitglied des Rates zu Wien und Amtmann des Klosters Neuenburg. Vgl. Thomas Homann: Heinrichs von Langenstein ‚Unterscheidung der Geister'. Lateinisch und deutsch. Texte und Untersuchungen aus der Wiener Schule (MTU. 63), München 1977, S. 270 (A. 43); Franz Unterkircher: Die datierten Handschriften der österreichischen Nationalbibliothek bis zum Jahre 1400, Bd. I und II (Katalog der datierten Handschriften in lateinischer Schrift in Österreich I und II), Wien 1969 — 1971, hier Bd. II, S. 47 f., und Gabriele Baptist-Hlawatsch: Das katechetische Werk Ulrichs von Pottenstein. Sprachliche und rezeptionsgeschichtliche Untersuchungen (Texte und Textgeschichte 4), Tübingen 1980, S. 15.

198 Baptist-Hlawatsch, S. 36.

199 Vgl. Wattenbach (1871), S. 272 f.

verwendete Explicitformeln, die auf eine gewisse Lese- und Schreib-erfahrung schließen lassen. Sind der ‚Englische Gruß' und das ‚Pater noster' sowie die lateinischen Explicitformeln schon Hinweis auf die Lateinkundigkeit des Schreibers, so wird die Annahme zur Gewißheit, wenn beachtet wird, daß er das System der lateinischen Abkürzungen sogar im deutschen Text regelmäßig verwendet, zum Beispiel: *mulie^{s}ib₉* (‚Ave Maria' Bl. 3ra), *p̄p̄σ* (ebd.), *tēptatoès* (‚Pater noster' Bl. 4rb), *no^s* (*nota*; Bl. 169^v), *h̃re* (*habere*; Bl. 240^v), *als₉* (*alsus*; JT Str. 16, 3), *sacm̃enta* (JT Str. 48, 1). Im Text des ‚Helmbrecht' schreibt er den Namen *Lember-slint* stets *Lempslint* unter Verwendung des Kürzels für lateinisch *per*, was einem lateinunkundigen Schreiber nicht unterlaufen wäre. Im JT ersetzt er Str. 48,4 den Plural *sacramente* durch den lateinischen Plural *sacramenta*, und im deutschen Text seines eigenen (?) Gelegenheitsgedichtes verwendet er den Akkusativ *Mariam* (Bl. 2va). Zuletzt stammt auch das *fvv* wahr-scheinlich vom Schreiber, das *fac ut valeas* bedeuten kann (Bl. 116^v). Es ergibt sich demnach das Bild eines Schreibers, der sein Latein verstand. Ich glaube nicht, daß der Schreiber zu jenen Besserqualifizierten gehörte, die mehrere Schriftarten sicher beherrschten[200]; im gesamten Kodex zeigt er nur die schon bekannte Bastarda. Daher wird wohl auch eine fürstliche oder städtische Kanzlisten-Ausbildung für den Schreiber auszuschließen sein, denn das Schriftbild weist keine kanzleimäßigen Merkmale auf. Es entspricht meines Erachtens dem Erscheinungsbild der für den Eigenbedarf produzierten lateinischen (und auch deutschen) Handschriften von Geist-lichen.[201]

---

[200] Nach Auskunft von Frau Karin Schneider (München) ist die Beherrschung meh-rerer Schriften unüblich und nur bei regelrechten Schreiblehrern bezeugt.

[201] Die in der zweiten Hälfte des 14. und der ersten des 15. Jahrhunderts vor allem im bairisch-österreichischen Sprachgebiet weitverbreitete Bastarda des Schrei-bers entspricht in ihrem Duktus am ehesten den im folgenden aufgeführten Ab-bildungen bei Unterkircher, Datierte I, Abb. 207: Cod. Vindob. 4840, lat. (Öster-reich?), 1386. Vorbesitzer: Universitätsbibliothek; Abb. 257: Cod. Vindob. 4583, lat. Österreich, 1398. Vorbesitzer: *Iste liber est domini Tyboldi capellani in Chrems.* Aus dem Band II der von Unterkircher abgebildeten datierten Handschriften: Abbildung 12: Cod. Vindob. 4535, lat. Böhmen, 1402. Abbildung 22: Cod. Vindob. 14475, lat. *Per manus domini petri dicti Starchannt de smida cappelani sancti Georij nec non comitis in hardekka.* Hardegg 1403. Abbildung 88: Cod. Vindob. 4641, lat. Universitätskreise (?), 1411. Abbildung 84: Cod. Vindob. 2815, lat. Johann Glacz, Student, Wien 1412. Abbildung 140: Cod. Vindob. 4597, lat. 1418. Abbildung 208: Cod. Vindob. 3072, deutsch. Meßkirch *in des fr̃messers hus.* Amen 1425. Ab-bildung 257: Cod. Vindob. 2870, deutsch *In vigilia thome Apostoli per hainricum hubmär tunc scolaris Salczburge* 1431.

Die Zusammenstellung zeigt, daß in allen erkennbaren Fällen wohl Geistliche (Schola-ren, Theologie-Studenten, Kaplane u. a.) die Feder führten; auch die deutschen Handschriften sind von Lateinkundigen kopiert worden. Feststehen dürfte somit, daß der Schreiber der Handschrift mgf. 470 sich einer Schrift bediente, die in den Kreisen von Geistlichen oder angehenden Geistlichen üblich war.

Daß der Schreiber des mgf. 470 aus dem geistlichen Bereich kommt, legt auch ein Vergleich mit den Schriften der beiden Kopisten des ‚Schwarzwälder Predigers' in der Gießener Handschrift 705a nahe. Sie entstammen der gleichen ‚Schule' und unterscheiden sich weitgehend nur in der /v/- und /w/-Graphie deutlich vom Schreiber des JT und ‚Helmbrecht'. Die Handschrift (Predigten des Schwarzwälders, Heinrich von Langenstein und Liber ordinis rerum) ist wohl Rüstzeug eines Pfarrers oder Kaplans gewesen. Die dem mgf. 470 verwandte Schreibermundart (abgesehen von den schwäbischen Einsprengseln weitgehend identisch) läßt auf Oberösterreich als Entstehungsort der Gießener Handschrift (geschrieben um 1426 bis 1429) schließen.

Die beiden Texte scheint der Schreiber des öfteren korrigiert zu haben. Ein schönes Beispiel bietet die Strophe 49,4 des JT; hier ersetzt der Schreiber das Albrechtsche *habet iuch gein der blanken* nach dem ‚Parzival' (1, 13), dessen Prolog er gut kennen mußte, durch das Wolfram angemessenere *an dy blanken*; er ‚verbesserte' somit den Dichter nach seinem erklärten Vorbild. Der Schreiber muß mit Texten der höfischen Literatur schon des längeren vertraut gewesen sein, sie selbst ausgiebig gelesen und vorgelesen haben, was einem Klostergeistlichen wohl kaum vergönnt war. Mönche in klösterlichen Skriptorien bringen wohl für Stoffe geistlichen und erbaulichen Inhalts genügend Verständnis auf, um korrekte und sinnvoll lesbare Texte in Abschrift zu bieten (Gebetbücher, Predigtsammlungen etc. wurden gelegentlich für adelige Gönner der Stifte angefertigt), kaum aber für adelige Standesliteratur. Auch wenn das Interesse an weltlicher Literatur in Klöstern nicht geleugnet werden kann, wird doch nur selten eine ausreichende Belesenheit gewährleistet gewesen sein, die zu einer solchen Bearbeitung, wie sie der Schreiber vornimmt, befähigt hätte. Auch städtische Lohnschreiber bieten oft einen nachlässigen Text, überspringen Verse und Abschnitte, korrigieren selten das Geschriebene — aus verständlichen Gründen; sie leben von der Menge, nicht von der Qualität der Kopien, und mit den Auftraggebern verbindet sie keine persönliche Beziehung, die einen Lohn für die Sorgfalt der Abschrift auch zukünftig verhieße.

Die schreibereigenen Zusätze (Gelegenheitsfüllsel, Anmerkungen, Kommentare und die teilweise vom Schreiber stammenden Überschriften) beinhalten eine eigenartige Mischung aus feudaler Didaxe, adeliger Ehren- und Treue-Auffassung und ständiger Mahnung an Gottes Gebote. Schon die Überschrift zum JT *Hie hebt sich ein lied von der götleichen weiszhait und der werlte* verbindet christlichen Glauben und adeliges Dasein — in guter Entsprechung zur Aussage des ‚Jüngeren Titurel', der ja dasselbe versucht: eine Versöhnung von Adelsethos und Religion zu gestalten. Überblickt man alle Schreiberäußerungen, so lassen sie am ehesten an einen Mann mit geistlicher Bildung denken, der in die Dienste eines adeligen Herrn getreten ist:

> Dien vast vmb chlainen sold
> So werden dir die herren hold
> Wer herren dienen wil
> Der dien vast und aysch nicht il
> Amen   Amen

Was liegt näher, als sich den Schreiber in den Diensten Leonhard Meurls vorzustellen? Da er zugleich Geistlicher sein sollte, bleibt nur eine Möglichkeit offen, falls die Handschrift auf Schloß Leombach geschrieben wurde, nämlich in ihm den Kaplan der Familie zu sehen. Diese verfügte schon unter dem Vater Leonhards über einen Kaplan, der die Schloßkapelle betreute und — wie die ‚Hausgeistlichen' sonst — nicht nur für das Seelenheil zuständig gewesen sein wird, sondern dem Schloßherrn in der Verwaltung, bei Rechtsgeschäften, der Erziehung der Kinder etc. zur Hand ging. Möglich, daß die Lektüre des JT auch für die Kinder vorgesehen war, als *lied von der götleichen weiszhait vnd der werlte*, wie der Schreiber es formulierte, denn zumindest als Teilpublikum waren die Heranwachsenden angesprochen: *lern chind gern/ so wechst dir ain grûner chern*. War es denn nicht selbstverständlich, wenn Literatur im Familienkreis vorgelesen wurde — beziehungsweise Auszüge daraus vorgetragen wurden —, daß an diesen Veranstaltungen auch die Kinder teilnahmen? Auf diese Weise konnten sie früh das gewünschte Adelsethos verinnerlichen, und der Schreiber spricht noch ausdrücklich von auditiver Rezeption der von ihm abgeschriebenen Texte: *Hie hat das pûch ain ende/ an alle missewende/ wer es gern hoeret* [. . .]. Als Lehrbuch für Heranwachsende wurde das *haubt ab teutschen puechen* (Püterich) vom Grafen von Sayn noch 1491 seinen Söhnen empfohlen:

> vnd wir wisen sy in den Tyterel vnd Brackenseil, das sy den wail durchlesen vnd dem volgen, want die hoirt yne vnd dem Adell zu zo wissen, vnd ist die gotlichste Lere, die man in dutschen Boichern fynden magh, want da alle Doegent und Ere innesteit, wie die Fursten vnd Hern sich haben vnd regeren sullen.[202]

Und auch der ‚Helmbrecht' ist als Kinderzuchtlehre verstehbar, ja der Autor selbst legt diese verallgemeinernde Interpretation nahe (in den Versen 1913 ff.: *Wa noch selb rechte kint* [. . .]). Vielleicht liegt hierin der Grund für die zunächst verblüffende Zusammenstellung eines eindrucksvoll religiöse und weltliche Vorstellungen des Adels verbindenden Groß-

---

202 Zitiert nach Fechter, Publikum, S. 41.

Epos mit dem lokalen Fall einer vordergründig als Kinderzuchtlehre gestalteten Standesproblematik.

So gesehen ist das Exempel am Bauernsohn, der die Mahnungen seines Vaters in den Wind geschlagen hat, ganz allgemein als Verletzung der Standespflichten und deren Auswirkungen begreifbar, die ohne gewaltsame Anverwandlungen auch für den adeligen Nachwuchs eine Lehre enthält. Auf keinen Fall dürfte nach 1400 für den Auftraggeber und die Leser der Handschrift die Problematik der Vermischung von bäuerlichen und niederadeligen Lebensformen aktuell gewesen sein. Sie sind in ihrem Status nicht vom Abstieg bedroht und folglich auch nicht zur ideologischen ‚Abschottung‘ gegenüber nachrückenden Bauern oder Bürgern gezwungen. Der ‚Helmbrecht‘ bestätigt aber auch durch seine negative Hoflehre die unabhängige landadelige Existenz, ein Zug, der vom Autor zwar so nicht beabsichtigt gewesen sein muß, der aber so aufgefaßt werden kann wie die vielen Teichner-Gedichte, die eine Distanzierung vom (Fürsten-)Hof beinhalten und dem Adel die Ferne vom entfremdeten Zentrum erleichtern. Hofkritik, am Hofe vorgetragen, sucht das Verhalten am Orte selbst zu bessern oder die Inseln der noch funktionierenden *hovewesen* zu bestätigen; Hofkritik auf den Edelsitzen des landsässigen Adels affirmiert hingegen die nicht immer freiwillig gewählte Distanz von dem für ihn funktionslos gewordenen Landeszentrum. Da die Fabel der Erzählung in ihrer Allgemeinheit prinzipiell fungibel scheint und ihr Verfasser keinem Stande an sich eine Rüge erteilt, immer nur einzelne und im wichtigsten Fall den nicht repräsentativen Bauernsohn angreift, kann wohl auch eine abweichende Uminterpretation des Exempels erwartet werden.

Gelegentlich sind Kaplane für ihre Herren als Schreiber tätig geworden. Schreiber der Klosterneuburger Handschrift 864 mit dem St. Georgener Prediger, einer Abschrift aus dem Cod. Vindob. 2702, war Peter von Trebensee, Kaplan zu Zelking, der die Handschrift im Auftrag eines Familienmitgliedes des niederösterreichischen Landherrengeschlechtes 1363 kopierte.[203]

Die ‚Vierundzwanzig Alten‘ Ottos von Passau kopierte im Jahre 1466 der Kaplan einer Südtiroler Familie des höheren Adels:

> *Gott sey gelobt. Also hät dicz buch ein end, das geschriben worden ist nach ihesu cristi geburt tusent vierhundert vnd ynn dem sechß vnd sechtzigosten jaur an freytag vor marie magdalene durch brůder ludwig, münch Sannt benedicten orden, zü den zeytn des Edlen vnd vesten hern herren Caspar Trautsuns, houptma[n]s zü Bůchestein, Căpplan etc.[204]*

---

203 Vgl. Hermann Menhardt: Verzeichnis der altdeutschen literarischen Handschriften der österreichischen Nationalbibliothek, 3 Bde., Berlin 1960 – 1961, hier Bd. 1, S. 141.

204 Schmidt, Vierundzwanzig Alte, S. 149; Bl. 214vb der Handschrift cgm. 5043.

Der Fall des Schreibers der JT / ‚Helmbrecht‘-Handschrift scheint mit dem eben zitierten deckungsgleich zu sein; er ist Kaplan eines *edeln und vesten hern*, stammt aus Schwaben (*Cấpplan, hất, jaur*) und kommt wie der Kaplan der Meurls aus einem Benediktiner-Stift.

Durch die Stiftung eines Benifiziums an das Kloster Kremsmünster wurde der Familie Meurl vom Kloster der Kaplan für die Burgkapelle gestellt, dieser lebte sicher mehrere Jahre hindurch mit der Familie auf der Burg zusammen, bis er zurück ins Kloster oder an einen anderen Ort berufen wurde. Möglicherweise erbat sich der Burgherr Leonhard Meurl einen Landsmann vom Kloster zum Kaplan, beispielsweise einen für die kirchliche Laufbahn bestimmten Sohn eines der mit den Meurls aus Schwaben nach Oberösterreich gezogenen Edelknappen oder Ritter. Denn es ist auffällig, daß beide Texte, die ja nicht aus einer gemeinsamen Vorlage stammen müssen, gelegentlich ganz deutlich schwäbische Merkmale tragen bei sonst durchgehend bairisch-österreichischen Mundartmerkmalen und Schreibgewohnheiten. Ausgeschlossen ist, daß ein Familienmitglied die Handschrift schrieb — aufgrund der schwäbischen Färbung könnte man zurecht auf diese Vermutung verfallen —, denn das einzige Familienmitglied, das eine geistliche Laufbahn einschlug, dem somit die guten Lateinkenntnisse zuzutrauen wären, die der Schreiber zeigt, wurde erst 1452 geboren: Ulrich Meurl, später Weihbischof zu Passau.

Freilich, so naheliegend und stimmig die Ineinssetzung des Schreibers mit dem Kaplan der Meurls wäre, bewiesen ist sie dadurch noch nicht. Sie hat jedoch die größere Wahrscheinlichkeit auf ihrer Seite, gerade wenn man die damaligen Möglichkeiten ‚landadeliger Literaturpraxis‘ berücksichtigt.

2.1.4 Die Leser

Im Abschnitt ‚Beschreibung der Handschrift mgf. 470‘ wurden bereits die Spuren gesichert, die Leser und vielleicht auch spätere Besitzer hinterlassen haben. Elf verschiedene Schriftzüge, von der ersten Hälfte des 15. bis zur Wende des Jahrhunderts, konnten dort unterschieden werden. Diese ‚Benutzer‘ der Handschrift, um einen Ausdruck aus der Bibliothekssprache zu verwenden, die sich in ihr namentlich oder auch nur im anonymen Kommentar geäußert haben, sollen in der Reihe des Auftretens nach Heimat, Herkunft, ökonomischen und ständischen Verhältnissen, ihrer gesellschaftlichen Stellung, nach Möglichkeit auch nach dem Grad ihrer Bildung und eventuell sich artikulierender Interessen bestimmt werden. Zu überlegen ist freilich, daß es sich bei den Einträgern auf dem Vorsatzblatt der Handschrift auch um Freunde des Hauses Meurl ohne literarische Interessen handeln könnte, die die Handschrift nur wie in Stammbüchern mit ihrem Namen zierten, ohne in ihr gelesen zu haben. Jedoch sind mehrere der auf dem Vorsatzblatt erscheinenden Einträger mit Sicherheit als Leser zu bezeichnen: Hand 3 (anonym) begegnet auch im Text, ebenso schrieben Moriz Neundlinger und die Epelhauserin Bemerkungen an den Textrand. Als Ausleihvermerk betrachte ich die Bemerkung des Hauzendorfers und als spätere Besitzer (und damit auch als Leser) kommen Hand 9 (anonym) und 11 (anonym), ferner die beiden wappenführenden Familien in Betracht. Lediglich der anonyme Einträger mit dem Pseudonym *hanns Mist*, W. Kelberharter und Motessta Gassnerin haben sich nur auf dem Vorsatzblatt ‚verewigt‘ — sie alleine könnten als Belege für die These gelten, es handele sich um Einträge von Freunden des Hauses, nicht aber um Leser. Ich habe dennoch auch diese drei unsicheren Fälle als potentielle Leser eingestuft und versucht, Näheres über ihre Person herauszufinden.

Jo ho Hauzendorffer (Hand 1)

KEINZ verwies zur Identifizierung des Hauzendorfers[205] auf ein Geschlecht in der Oberpfalz.[206] Das Schloß Hauzendorf besaß 1407 ein Hans von Hauzendorf. Nach BECKER[207] soll Johann Hauzendorfer Schwager Ludwigs des Gransen von Uttendorf gewesen sein, ein anderer Hauzendorfer war 1374 Schwager des Ulrich Grans. Die Gransen hatten Besitzungen in der Oberpfalz, aber auch im Innviertel, in der Nähe des ‚Schauplatzes‘ von Handschrift A des ‚Helmbrecht‘.[208] KEINZ selbst meinte aber anläßlich der Besprechung von ROLLEDERs Nachweisen:

> Diesen nachweisungen gegenüber kann bei dem ersten namen nicht an das gleichnamige geschlecht in der weit entfernten Oberpfalz gedacht werden, welches ich erwähnt hatte, sondern muß auch dieser name in der nähe gesucht werden, er findet sich auch in Niederösterreich.[209]

Dieser Ort Hauzendorf im Gerichtsbezirk Wolkersdorf (Niederösterreich) wird 1180 bis 1200 das erste Mal urkundlich erwähnt, 1378 verkaufte der oberösterreichische Adlige Alber von Zelking den Zehnten, den er *ze Hawczendorf* innehatte, an die Vettern von Dachsberg. Im Urkundenbuch

---

205 Keinz, Heimat, 2. Aufl., Nachtrag.

206 Böhaimb (1858), S. 254.

207 Becker (1977), S. 126; die dort angegebene Quelle stimmt nicht.

208 Vgl. Hund, Bd. 1, Bl. 227 f. Ulrich Granß und sein Schwager Heinrich Hautzendorfer besaßen bis 1374 Schamhaupt. Ulrich aber war hauptsächlich in Uttendorf (Weilhartgebiet) und Umgebung begütert.

209 Keinz (1894), S. 264. Die Literatur, auf die Keinz verweist, enthält nur die Nennung des Ortes Hauzendorf in Niederösterreich und eines gleichnamigen Ortes südwestlich von Graz. Vertreter des Namens konnte er nicht nachweisen.

von St. Pölten wird dieser Ort noch einmal für das Jahr 1375 erwähnt.[210] Mir ist aber kein niederösterreichisches Geschlecht bekannt, das sich nach diesem Ort benannt hat. Ein Geschlecht der Hauzendorfer ist hingegen in Oberösterreich und in der Steiermark nachweisbar. 1319 bekamen Friedrich und seine Vettern Gottfried, Ott und Friedrich von Hauzendorf für die Verleihung von 56 Mark Silber den ‚Zehenthof‘ zu Hauzendorf (südwestlich von Graz) und den dazugehörigen Zehnt übertragen — sie mußten dafür jedoch Abgaben entrichten.[211] 1376 verkaufte Götfried von Hauzendorf an Hans den Chräpphel fünf *hofstat* in Oberösterreich.[212]

Aus welchem Geschlecht der Hauzendorfer stammt, läßt sich nicht mit Sicherheit beantworten. Am wahrscheinlichsten ist, daß Johann (?) Hauzendorfer mit dem oberösterreichischen Gottfried verwandt war. Möglicherweise ist aber auch das Geschlecht aus der Oberpfalz (wie die Gransen) ausgewandert und in Oberösterreich ansässig geworden.[213] Der Hauzendorffer lieh sich die Handschrift von ihrem Besitzer, Leonhard Meurl, und versah sie mit seinem Namen und dem Zusatz *dein vnvergessen die weil ich leb an end.*

Marycz Neindlinger (Hand 5)

Die Neundlinger[214] waren ursprünglich ein Zweig der Ludweigsdorfer aus dem Mühlviertel. 1375 kauften die Walseer die Burg Rotteneck (in der Gemeinde St. Gotthart, Bezirkshauptmannschaft Urfahr) und belehnten die Neundlinger damit. Der ‚ehrbare Knecht‘ Ludweig von Neundling war 1388 und 1391 Landrichter ob der Enns. Er war mit Klara von Trapp ver-

210 Weigl, Bd. 4, S. 75 (H 211), die einzige Siedlung namens Hauzendorf in Niederösterreich überhaupt; Josef Lampel: Urkundenbuch des aufgehobenen Chorherrenstiftes St. Pölten, Tl. 1 (Niederösterreichisches Urkundenbuch 1), Wien 1891, S. 64 (Nr. 39); UBE. IX, S. 50 (der Lehenszehnte gehört dem Bischof von Passau, hier S. 400); vgl. Lampel, Teil 1, S. 164 (Wien 1375, April 29).

211 Franz Martin: Die Regesten der Erzbischöfe und des Domkapitels von Salzburg 1247 − 1343, 3 Bde., Salzburg 1928 − 1934, hier Bd. 3, S. 19.

212 UBE. IX, S. 71 (Nr. 50).

213 Eine *Elenora von Hauzaindorf*, die in einem Exemplar des gedruckten JT erscheint, dürfte aus dem salzburgischen Zweig der Hauzendorfer stammen. Vgl. Becker, Handschriften, S. 250, der sie aber wie den Hauzendorfer zu der bayrischen Familie zählt; doch diese starb schon um 1441 aus (Heinz Lieberich: Landherren und Landleute. Zur politischen Führungsschicht Baierns im Spätmittelalter [Schriftenreihe zur Bayerischen Landesgeschichte 63], München 1964, S. 47).

214 Zu den Neundlingern vgl. Rolleder, S. 272; Becker (1977), S. 126; Historische Stätten Österreich 1, S. 36, 51, 144; UBE. XI, S. 17, 27; Siebmacher, Oberösterreich, S. 194; Hoheneck, Bd. II, S. 8, 268, 324, 414, 598, Bd. III, S. 455 f., Bd. I, S. 73; Pillwein, Teil 2, S. 45, 199, 213, 222, 224.

heiratet und starb 1393. Sein einziger Sohn Wilhelm (bezeugt in den Jahren 1412 bis 1439), 1427 bis 1430 Anwalt der Landeshauptmannschaft ob der Enns, heiratete Elisabeth Schifer und hatte mit ihr zehn Kinder, darunter die Söhne Caspar, Balthasar, Sigmund, Wolfgang, Jörg und Moriz. Wilhelm führte beim ‚Leichbegängnis' König Albrechts II. 1439 das Trauerpferd. Sein Sohn Caspar heiratete Judith Oberheimer, die Tochter von Margarete Meurl und Hans Oberheimer; sie bekamen keine Kinder. Nur Bernhard Neundlinger hatte männliche Nachkommen, Jörg II. und Wolfgang II. 1466 kauften die Gebrüder Neundlinger, unter ihnen Moriz, die Feste Helfenberg, die bis 1500 im Besitz der Familie verblieb. Noch 1574 war ein Balthasar von Neundling Besitzer des Zellhofes. Moriz Neundlinger (bezeugt in den Jahren 1436 bis 1456), der allem Anschein nach unverheiratet blieb, ist demnach als Schwager (nicht Neffe) Judith Oberhaimers, der Nichte Leonhard Meurls, identifiziert.

Er schrieb die Federproben auf Bl. 56^r, 81^r, 126^v, 249^v, 212^v, 242^v und im Spiegel hinten (*Stat an end, Wem dinst* u. a.), auf das Vorsatzblatt *got mein hoffnung, Stat an end* und *Dein alain*. Da die Federproben relativ gleichmäßig verteilt auftreten, nehme ich an, daß sich Moriz Neundlinger den JT selbst abschrieb, zumindest Auszüge wird er sich notiert haben, denn ein L e s e r wird kaum aus Langeweile unsinnige Worte in fremde Bücher ‚gekritzelt' haben.

W von Kelbashardt (Hand 4)

Die Kälberharter waren ein altes österreichisches Rittergeschlecht[215], das u. a. auf Schloß Kälberhardt im Dorf gleichen Namens saß (Gerichtsbezirk Mank).[216] In einer Urkunde aus dem Jahre 1389 tritt ein Hartwich oder Hertl Kelberharter als Amtmann zu Eyratsfeld auf. Er stand im Dienst des Herrn Friedrich von Walsee.[217] Sein Sohn Jörig Kelberharter von Strannersdorf (ein Lehen der Walseer in Niederösterreich, Gerichtsbezirk Mank) urkundete 1441 als Pfleger zu Spitz an der Donau, er hatte einen Bruder namens Wolfgang.[218] Johannes, Sohn von Jörig Kelberharter, heiratete 1500 Susanna von Kirchberg, er starb 1504. Seine beiden Söhne teilten sich den Besitz, Hans saß 1524 bis 1534 zu Grafenwörth (Niederösterreich), Lienhart zu Strannersdorf und Kälberhart. Bezeugt sind ferner zwei Söhne des Hans Kelberharter zu Grafenwörth, nämlich Georg-Johann und

215 Vgl. Ernst Erich Kneschke: Neues allgemeines deutsches Adels-Lexicon, 9 Bde., Leipzig 1859 — 1870, Bd. 5, S. 154.
216 Weigl, Bd. 3, S. 200 (K 21).
217 Vgl. Kneschke, Bd. 5, S. 54.
218 Siebmacher, Niederösterreich 1, S. 216b und 217a.

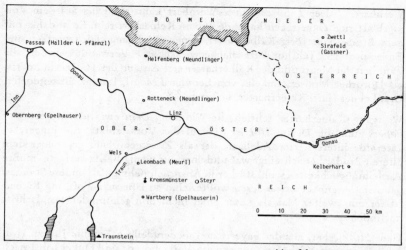

(Ausführung Hans Trutnau)

Leombacher Handschrift (mgf. 470) — Skizze zur geographischen Verteilung der Wohnsitze der Einträger

Name	Zeit	Ort
1. Hauzendorfer (Entleiher)	2. Drittel 15. Jahrhundert	unbekannt
2. Lienhart Meurl (Besitzer)	2. Drittel 15. Jahrhundert	Leombach
3. anonym (Leser)	2. Drittel 15. Jahrhundert	unbekannt
4. Wolfgang Kelberharter (Entleiher)	um 1450	Kelberhart
5. Moriz Neundlinger (Leser)	um 1450	Rotteneck
6. anonym („Hans Mist")	2. Drittel 15. Jahrhundert	unbekannt
7. Modesta Gassnerin	3. Drittel 15. Jahrhundert	Sirafeld (?)
8. Epelhauserin (Leser)	3. Drittel 15. Jahrhundert	Obernberg / Wartberg (?)
9. anonym (Besitzer?)	1457	unbekannt
10. anonym (Leser)	3. Drittel 15. Jahrundert	unbekannt
11. anonym	um 1500	unbekannt
12. Pfännzl	um 1500	Passau
13. Halder	um 1500	Passau

Wernhart.[219] Der 1559 erwähnte Wernhart kann nicht der auf dem Vorsatzblatt sich eingetragen habende W. von Kelbashart sein. Er ist daher mit dem Bruder von Jörig Kälberharter namens Wolfgang gleichzusetzen, der Ende des 15. Jahrhunderts nachgewiesen ist. Verwandt wurden die Familien der Meurl und der Kälberharter erst Anfang des 16. Jahrhunderts, als Dorothea Mooser, Enkelin von Leonhard Meurl, Lorenz Sinzendorfer, Urenkel des Hartl Kälberharter, heiratete.[220]

Wolfgang Kälberharter schrieb die Widmung *Dein ewig und nymer mer liebers* und die Devise *Hin ist hin* auf das Vorsatzblatt. Ein junger, an Literatur interessierter Adeliger, der als Zweitgeborener gegenüber dem älteren Bruder benachteiligt war und über nur wenig Besitz verfügte, mußte Ausleihmöglichkeiten wohl stärker in Anspruch nehmen als andere Standesgenossen, wenn er etwas lesen wollte. Und so läßt sich Wolfgang Kälberharter ein zweites Mal als Leser einer nicht ihm gehörenden Handschrift auffinden:

Hans Hofkircher, aus der bayerischen niederadeligen Familie Jud zu Hofkirchen unweit Vilshofen, mit seinem Vater Lorenz und Onkel Jobst nach Niederösterreich gezogen[221], ließ sich im Jahre 1444 eine Handschrift mit deutschen Predigten Bertholds von Regensburg abschreiben. Diese heute in der österreichischen Nationalbibliothek zu Wien verwahrte Handschrift trägt auf Bl. 1^v und 313^r Schriftzüge, die denen von Wolfgang Kälberharter zum Verwechseln ähnlich sehen; der Name selbst fehlt freilich. Doch gibt die Devise Kälberharters, *Hin ist hin*[222], die er auch in der Meurlschen Handschrift auf dem Vorsatzblatt recto benutzte, genügend Sicherheit, um die Identität beider Leser zu belegen.[223] Mit dieser Querverbindung eröffnet sich ein Blick auf die Bildung literarisch interessierter Adelskreise des gehobenen Ritterstandes. Hans Hofkircher ist ebenso wie Leonhard Meurl Burgenbesitzer und einer jener Bessergestellten am Rande

---

219 Ebenda und S. 157a.

220 Siebmacher, Niederösterreich 1, S. 291a; Hoheneck, Bd. 2, S. 449.

221 Siebmacher, Oberösterreich, S. 192.

222 Blatt 1^v: *hin ist hin*; Bl. 313^r: *hin ist hin, da leihent dy Juden nit auf.*

223 Abbildungen der Schriftzüge Wolfgang Kälberharters auf Bl. 313^r des Cod. Vindob. 2839 bei Unterkircher, Datierte II, S. 271 (Abbildungen Nr. 429); vgl. Textband, S. 41. Devisen und Denksprüche sind meist zuverlässiger Hinweis auf ihren Urheber. Einfach machte es sich der Hofkircher mit dem immer wiederkehrenden Spruch *Hie Hoffkircher all tag*. In den Büchern Ortolfs des Jüngeren von Trenbach (s. unten) begegnete stets die Devise *Nichts an vrsach*. Moriz Neundlingers Devise war *Stat an end* und vielleicht sind auch *Trutz und wer mirs* (Modesta Gassnerin), *aller welt zu neyd* (Hand 3) als Devisen anzusehen. Vgl. Julius Dielitz: Die Wahl- und Denksprüche, Feldgeschreie, Losungen, Schlacht- und Volksrufe besonders des Mittelalters und der Neuzeit, Frankfurt a. M. 1884.

zum höheren Adel, die den Sprung in den Herrenstand – dies im Unterschied zu Leonhard Meurl – geschafft haben. Hofkircher besaß die Herrschaften Kollmitz (bei Raab an der Thaya) und Drösidl (durch Heirat der letzten Dressidlerin erworben) und ist als Besitzer zweier weiterer Handschriften bekannt.[224]

Hans Mist (Hand 6)

Der Name Mist oder Familiennamen, deren Anfang *Mist* . . . lautet, sind im fraglichen Zeitraum selten. Wenn man das Gebiet landschaftlich einschränkt, wird der Kreis, der zur Auswahl steht, noch enger; so gibt es in Bayern, Österreich, der Steiermark, d. h. im ganzen Südwesten, keine adelige Familie namens Mist. Eine Stadt Mistelbach (an der Zaya, Niederösterreich) ist 1414 als Markt bezeugt und war im Besitz der Liechtensteiner.[225] Ein Dorf Mistelbach im Gerichtsbezirk Weitra, damals im Besitz der Kuenringer, liegt ebenfalls in Niederösterreich.[226] Von der Stadt leitet ein Geschlecht der Mistelbacher seinen Namen ab. Noch 1367 trat ein Maricht Mistelbach als Ausfertiger eines Lehensbriefes für Pilgreim den Hündler auf.[227] Nach Auskunft des Handbuchs der historischen Stätten soll das Geschlecht jedoch schon 1371 ausgestorben sein.[228] Eine Familie Mistelbacher in Bayern ist von 1235 bis 1487 (bzw. 1593 in Franken) nachweisbar.[229] Neben den Mistelbachern ist mir nur noch ein Johannes Misthulber bekannt[230], der 1442 aus der Haft der Stadt Krems entlassen wurde und dem Stadtrichter von Krems geloben mußte, niemand wegen

---

[224] Siebmacher, Oberösterreich, S. 192. Hans Hofkircher ist Auftraggeber und Besitzer des Cod. Vindob. 3039 (,Valerius Maximus' von Heinrich von Mügeln und die deutsche ,Summa confessorum' des Johannes von Freiberg), ebenfalls 1444 geschrieben. Schon 1426 entstand der Cod. Vindob. 3060 mit einer ,Christherre-Chronik' und Konrads von Würzburg ,Trojanischem Krieg' (Unterkircher, Datierte II, S. 46 f. und 48 f.).

[225] Weigl, Bd. 4, S. 162 (M 205).

[226] Weigl, Bd. 4, S. 163 (M 206).

[227] UBE. VIII, S. 321.

[228] Historische Stätten Österreich 1, S. 425. Vgl. Siebmacher, Niederösterreich 2, S. 231b, 282a, 366a, 422b, 471a, 578a. Sämtliche Verwandtschaften sind hier für das 14. Jahrhundert aufgezeigt, keine einzige Heirat ist für das 15. Jahrhundert belegt. Die niederösterreichischen Mistelbacher sind sicher vor Anfertigung der Handschrift mgf. 470 erloschen.

[229] Siebmacher, BayA. 1, S. 49. Christoph Mistelbach starb 1563 als letzter seines Geschlechts, das in Mistelbach (Oberfranken) saß, die bayrische Linie der Mistelbacher endete 1487 (Lieberich, S. 49).

[230] Otto Brunner: Die Rechtsquellen der Städte Krems und Stein (FRA 3, Abtlg. 1), Graz / Köln 1953, hier S. 91.

der erlittenen Haft feind zu sein. Johannes Misthulber saß in Muldorff (heute Mühldorf, Gerichtsbezirk Spitz an der Donau, Niederösterreich).

Doch wahrscheinlich wird man vergeblich nach einem realen Hans Mist Ausschau halten. Denn als Scherzname ist er im 15. Jahrhundert bestens bekannt: in einem Fastnachtspiel mit der Überschrift *Gar ain hupsches vastnachtsspill von sibenzechen pauren, wie sich ieclicher lobt*, nennt man den siebenten Bauern *Hanns Mist*[231]; in einem anderen Spiel heißt ein Bauer *Heinz Mist von Poppenreut*.[232] Auch Sebastian Brant kennt einen *hans myst*, der sich rühmt, in fernen Ländern gewesen zu sein, sie aber nie zu Gesicht bekommen hat.[233] In Thomas Murners ‚Großem Lutherischen Narren' ist *Hansz mist* ein bäurischer Kriegsknecht.[234] So versteht sich das *epitheton ornans* ‚Erber' als ironische Aufwertung des bäurischen Namens. Solch scherzhafte Lesereinträge finden sich öfter, u. a. in der Parzival-Handschrift cgm. 19:

> wirst du in dem alter reich
> so tayl mit deinen freunden gleich.
> Hannsel Roczchubel [Spucknapf]
> Hannsel Nar (Bl. 74^v)

Motessta Gassnerin (Hand 7)

Man sah in Modesta Gassnerin eine Angehörige des Geschlechts der Kastner[235], das ebenfalls Dienstmannen der Walseer stellte. Sprachgeschichtlich ist wohl eine Entwicklung von *Gassner* zu *Kastner* möglich, aber eine Umkehrung des Vorgangs ist nicht wahrscheinlich. Sämtliche Träger des Namens Kastner[236] sind vom Ende des 14. bis zum 16. Jahrhundert immer mit der geläufigen Namensform bezeugt. Doch gibt es ein niederösterreichisches Geschlecht der Gassner, das der Aufgabe enthebt, unter den Kastnern

---

231 Adelbert von Keller: Fastnachtspiele aus dem fünfzehnten Jahrhundert, Bd. 1 (StlV. 28), Stuttgart 1853, S. 342.

232 Keller, Fastnachtspiele, Bd. 1, S. 106.
In Poppenreuth, einem Dorf bei Nürnberg, führte man ein sprichtwörtlich elendes Leben. Vgl. die Anmerkung zu Valentin Schumanns ‚Nachtbüchlein' von 1559 bei Günter Albrecht (Deutsche Schwänke in einem Band, Berlin / Weimar 1977, S. 366).

233 Sebastian Brant: Das Narrenschyff. Fotomechanische Reproduktion der Erstausgabe von 1494. Mit einer Nachbemerkung von Wolfgang Virmond, Berlin 1979, Nr. 77, 83.

234 Thomas Murner: Von dem großen Lutherischen Narren, hrsg. von Paul Merker (Thomas Murners deutsche Schriften, Bd. IX), Straßburg 1918: *Hie bin ich, hauptman! sprach hansz mist* (3274, Bl. X 2 a). Vgl. hierzu Anm. S. 409.

235 Rolleder, S. 273, und Becker (1977), S. 126.

236 Oder *Chastner*, vgl. Siebmacher, Oberösterreich, S. 21; UBE. XI, S. 121; Historische Stätten Österreich 1, S. 55, 124 und 287.

Frau Motessta zu suchen. Ob der 1337 bezeugte Seyfried von Gazzen und seine Ehefrau Engel[237] schon dazugehörten, kann ich nicht beantworten; 1358 aber urkundete Wendel Gassnerin als Witwe Ruegers des Gazzner.[238] 1360 lag Jörg Gassner, Sohn des Chunradt Gassner zu Meynharczdorf, im Streit mit Nikla dem Ochsen um zwei Viertel an dem Hof zu Stetten.[239] Dies weist auf einen niederösterreichischen Stammsitz (vielleicht nur eines Zweiges der Familie?) der Gassner. Stetten war St. Pöltener Stiftsbesitz und liegt im Gerichtsbezirk Herzogenburg in Niederösterreich[240]; Meynhardczdorf ist das heutige Mannersdorf und liegt bei St. Pölten. 1365 war es im Besitz des Bistums Seckau.[241] Nikla der Gazzner und Kathrey die Gazznerin hatten hingegen in Oberösterreich, nämlich zu Steyr, Lehen von Herzog Albrecht III. inne (1380 bis 1394).[242] Danach kann ich die Gassner erst wieder Ende des 15. Jahrhunderts nachweisen. In einer Zwettler Urkunde von 1473 siegelt der *edel vest Erasm Gassner* zu Sirchenfeld.[243] Peter Gassner erhielt 1524 einige landesfürstliche Lehen daselbst (heute Sirafeld im Gerichtsbezirk Zwettl, Niederösterreich) und in Gerungs. Seinen Söhnen (?), den Brüdern Hans und Valentin Gassner, gewährte Kaiser Maximilian II. 1567 eine Verbesserung ihres Wappens.[244] Das Geschlecht erlosch noch im 16. Jahrhundert, wie lange es vorher existiert hatte, teilt KNESCHKE nicht mit. Wahrscheinlich stammt Modesta Gassnerin aus diesem niederösterreichischen Zweig der Gassner. Vielleicht war Modesta eine Schwester des Erasmus Gassner: Zumindest teilten beider Eltern die Vorliebe für antikisierende Vornamen. Die Gassnerin benutzte die Devise *Trutz und wer mirs.*

---

237 UBE. VI, S. 248.

238 UBE. VII, S. 681.

239 Lampel, S. 503.

240 Weigl, Bd. 6, S. 185 (S 463).

241 Weigl, Bd. 4, S. 117 (M 63).

242 Lehenbuch Herzog Albrechts III. 1380 − 1394, in: UBE. X, hier S. 732 und 756.

243 Quellen zur Geschichte der Stadt Wien. II. Abthlg. Regesten aus dem Archiv der Stadt Wien, 3 Bde., Verzeichnis der Originalurkunden des städtischen Archivs 1458 bis 1493, bearbeitet von Karl Uhlirz, Wien 1904, Nr. 4490 vom 27. September 1473 (Zwettl), S. 85/86.

244 Kneschke, Bd. 3, S. 451.

Epelhauserin (Hand 8)

BECKER hat in der Epelhauserin eine Angehörige des altbayrischen Geschlechts der Epelhauser sehen wollen[245], doch läßt sich ohne Not eine ebenso genannte Adelsfamilie in Oberösterreich nachweisen. Im Jahre 1279 vermachte Gundaker von Starhemberg dem Kloster Lambach eine Schenkung; neben den oberösterreichischen Adeligen von Anhanger und Ottsdorf zeugte ein *fridlein von Eppelhausen*.[246] Derselbe bezeugte 1309 einen Schiedsspruch Ludwigs des Grans (der damals in Diensten des Königs Otto von Ungarn und Herzogs Stephan stand) als *fridrich der Epelhawser*.[247] 1342 erlaubte Bischof Gottfried von Passau der Ehefrau des Nikla von Alben, Gertraud (Tochter Ottos von Eppelhausen), den Wechsel in die Salzburger Kirche.[248] Der Kleriker Otto von Eppelhausen sollte 1343 neben seiner Passauer Pfarre St. Veit ein kirchliches Benefizium in der Salzburger Diözese erhalten.[249] Im selben Jahr war Heinrich von Eppelhausen im salzburgischen Lungau (durch Einheirat) ansässig[250]; 1348 urkundete er mit seiner Frau Anna.[251] 1358 ist Ott der Epelhauser noch einmal nachzuweisen.[252] 1373 war eine Epelhauserin Klosterfrau in Reichenberg.[253] Nyclas der Epelhauser, Burghüter zu Obernberg in Oberösterreich, trat 1389 zweimal in Urkunden auf.[254] 1395 schließlich zeugte Mert Epelhawser in einer Verkaufsurkunde im Schärdinger Gericht.[255]

Im 15. Jahrhundert kann ich keinen Epelhauser nachweisen, da nur wenige gedruckte Quellen vorliegen. 1528 heiratete Anna Epelhauserin als letzte ihrer Familie Hans Rüdiger Artstetten zu Wartberg, ein aus niederösterreichischem Geschlecht stammender Adeliger.[256] Die Artstetter über

---

245 Becker (1977), S. 126A: „zum bayr. Adel v. Epelhausen vgl. Hefner". Siehe [Otto Titan von Hefner:] Stammbuch des blühenden und abgestorbenen Adels in Deutschland, hrsg. von einigen deutschen Edelleuten, Bd. 1, Regensburg 1860, S. 338.

246 UBE. IV, S. 570.

247 UBE. V, S. 25.

248 Martin, Regesten, Bd. 3, S. 126.

249 Martin, Regesten, Bd. 3, S. 129.

250 Martin, Regesten, Bd. 3, S. 130.

251 UBE. VII, S. 51.

252 UBE. VII, S. 592.

253 UBE. VIII, S. 669.

254 UBE. X, S. 711 und 734.

255 UBE. XI, S. 401 f.

256 Hoheneck, Bd. 1, Bl. 3 und 5; Siebmacher, BayA. 3, S. 171; vgl. auch S. 35 und Tafel 35.

nahmen das früher von den Neundlingern besessene Schloß Helfenberg.[257] 1550 wurde das Wappen der Eppelhauser in das Familienwappen der Artstetter integriert. Dies einverleibte Wappen weicht in Gestaltung und Farbgebung so weit von dem der bayrischen Epelhauser ab, daß wohl kaum auf einen gemeinsamen Ursprung beider Familien geschlossen werden kann. Ihren Namen wird die oberösterreichische Familie von dem Ort Oeppelhausen in der Pfarre Feldkirchen im Innviertel erhalten haben.[258]

Federproben der Epelhauserin finden sich auf den Blättern 90^v, 92^r, 137^v, 138^r und 187^r.

Moriz Neundlinger und die Epelhauserin könnten die Meurlsche Handschrift zum Zwecke der Abschrift entliehen haben. Ich denke aber eher an eine andere Möglichkeit, die die Federproben – unsinnige Wortfolgen, Brief- und Urkundeneingangsformeln. bloße Kritzeleien[259] – in der Leombacher Handschrift erklärt. Bücher schrieben sich Angehörige des Adels in der Regel nicht selbst ab; lediglich kürzere Stücke, Familienchroniken oder zeitgeschichtliche Notizen sind ab und an in Handschriften als Nachtrag der Eigentümer zu finden.[260] Daher ist es unwahrscheinlich, wenn auch nicht ausgeschlossen, daß Moriz Neundlinger und die Epelhauserin vollständige Abschriften angefertigt haben. Einfache Leser sind sie hingegen auch nicht gewesen, denn welcher Leser hält ständig eine Feder in der Hand, ohne Kommentare zum Text zu hinterlassen, wie beispielsweise Hand 3 und 10 oder Wiguleus Hund in dem von ihm gelesenen ‚Iwein‘?[261] Die nicht auf den Text beziehbaren Federproben jedoch sind erklärbar – auch in ihrer einfallslosen Wiederholung – wenn die beiden Leser Auszüge aus dem ‚Titurel‘, eine Art Kompendium der lehrreichsten und eindrucksvollsten Sentenzen für sich abschrieben. Aus diesem Grund mußte die immer wieder eingetrocknete Feder eingeschrieben werden und hierfür benutzte man eben das entliehene Buch[262] – eine

257 Benedikt Pillwein: Geschichte, Geographie und Statistik des Erzherzogthums Oesterreich ob der Enns und des Herzogthums Salzburg. Mit einem Register. 1 Thl.: Der Mühlkreis, Linz 1827, S. 222.

258 Pillwein, Innkreis, S. 239.

259 Wer die übrigen Eintragungen, beispielsweise die Lesereinträge auf dem Vorsatzblatt, für ‚Federproben‘ hält, kann sie freilich nur als „Kuriosität" (Franz Hundsnurscher: Wernher der Gartenaere. Helmbrecht. Abbildungen zur gesamten handschriftlichen Überlieferung [Litterae 67], Göppingen 1972, S. 7) betrachten. Vgl. Beckers Anmerkungen (1977, S. 126) zu Brackert u. a., die ebenfalls von ‚Federproben‘ sprechen (S. 122).

260 Vgl. Anm. 193.

261 „Die Unterstreichung sentenzartiger Passagen rührt wohl von Hund her." Becker (1977), S. 70.

262 Das Problem aller Bücherverleiher und Bibliotheken, der sorglose Umgang der Entleiher mit dem Buch, war auch im Mittelalter ein Problem: *Wer diße pflchlein list*

zwar nicht gerade höfliche Praxis gegenüber dem Verleiher, aber sicher auch nicht allzu selten. Solche Exzerpt-Handschriften sind in der Überlieferung des ‚Jüngeren Titurel‘ tatsächlich erhalten. Der aus dem 15. Jahrhundert stammende Heidelberger Cpg. 729 oder die Hohenlohisch-Kirchbergische Handschrift vom Jahre 1467 sowie das Freiburger Bruchstück aus dem 14. Jahrhundert in bairischer Mundart sind vielleicht aus demselben Grund entstanden.[263] Daß solche Zitat-Sammlungen gerade dem ‚Jüngeren Titurel‘ öfters entnommen wurden, ist bei seinem Charakter als ‚Lehrbuch des Adels‘ nicht weiter verwunderlich. Gerade wenn man wie Moriz Neundlinger und die Epelhauserin nicht selbst über ein Exemplar des Textes verfügte, empfahl sich das Anlegen einer Zitatensammlung, in der bei Bedarf die eine oder andere erbauliche Weisheit nachgelesen werden konnte.

Über die restlichen Lesereinträge lassen sich nur Vermutungen anstellen. Hand 3, die auf dem vorderen Innendeckel *Mit Willen dein Ain, wen Ich dich in trewen main* und auf dem Vorsatzblatt die Devise (?) *Wetenkch dich Recht* schrieb, gehörte einem Zeitgenossen Leonhard Meurls. Oben wurde die Vermutung ausgesprochen, daß die Marginalien von dieser Hand auf eine Leserin schließen lassen.

Die Schriftzüge des Lesers, der den Briefanfang *Vnnsernn freuntlich willig dinst* auf Bl. 242ʳ eintrug, verraten Bekanntschaft mit dem Kanzleidienst. Der von BECKER im Provenienzenregister seiner Arbeit angeführte *A Worlicher*[264] ist leider kein Benutzer der Handschrift gewesen. Der Eintrag, wohl eine Briefformel, lautet korrekt gelesen: *mein williger dinst ze vor lieber herr vrban.*

---

ader abschreibt der mache niht Kreucze ader hende ze v'mackeln das exemplar wañ es ist gestroft vnd es darff niht das er das bescheisse noch seim willñ. Eintrag in der Breslauer Hs. von Erhart Grosz' ‚Grisardis‘ (I Q 77) in Nürnberger Mundart (Philipp Strauch: Die Grisardis des Erhart Grosz. Nach der Breslauer Handschrift hrsg. [ATB. 29], Halle 1931, S. XIX). Vgl. auch den Stoßseufzer des Großkanzlers von England, Richard von Bury (1344), des großen Sammlers und Bibliophilen: „Kaum verstehen die unverschämten Jungen [. . .] Buchstaben zu machen, so bedecken sie die schönsten Bücher mit unpassenden Glossen und wo sie neben dem Text einen breiteren Rand erspähen, da mahlen sie ihre Monstra von Buchstaben oder sonst etwas Läppisches daran. Was immer der Phantasie in den Weg läuft, das sucht die ungezügelte Feder aufzuzeichnen. Der Schüler der Grammatik wie der Dialektik benützt die schönsten Codices dazu, seine Feder zu probieren" (Richard de Bury: Philobiblon, Cap. XVIII, zitiert nach Albin Czerny: Die Bibliothek des Chorherrenstiftes St. Florian. Geschichte und Beschreibung. Ein Beitrag zur Culturgeschichte Oesterreichs, Linz 1874, S. 200).

263 Vgl. Wolf, JT, Bd. 1, S. LXXXIII (Handschrift Nr. 25 und Nr. 26), S. CIII f. (Nr. 54).

264 Becker (1977), S. 283.

Abb. 6: Lindenwappen des mgf. 470

HALDER.

Abb. 7: Wappen des Ulrich Hallder (Harder) 1443 (aus Siebmacher, BayA 1, Taf. 4)

Abb. 8:   Auszug aus der Schmid Zettelkartei (Stadtarchiv Passau): Wappen der
Halder zu Passau

Das zweiteilige Wappen mit dem stilisierten Lindenbaum und den Schräg-
balken hat sich als solches nicht nachweisen, eine vergleichbare Darstellung
der rechten Hälfte (Lindenbaum) und der Helmzier in der Kartei des
‚Herold‘ (Berlin) nur für die Familie der Halder zu Passau finden lassen[265]
(vgl. Abb. 7). Das Stadtarchiv Passau schickte mir auf meine Anfrage
Kopien aus der sogenannten Schmid Zettelkartei und hierin sind beide
Hälften des Wappens, freilich als getrennte Darstellungen, unter dem
Namen Halder zu Passau belegt (vgl. Abb. 8). Die Halder zählten zu den
ratsfähigen Geschlechtern.[266]

Über das Bockswappen wurden einige Vermutungen angestellt; WOLF
schrieb es den Camerlandern zu, deren Wappen mit dem vorliegenden gerade einmal das Wappentier gemeinsam hat, und BECKER verwies auf die
Nürnberger Volckamer.[267]

---

265 Ich danke dem Verein ‚Herold‘, Berlin, dessen Kartei und Bibliothek ich be-
nutzen durfte, und dem Oberösterreichischen Landesarchiv Linz, vor allem Herrn
Universitäts-Dozenten Dr. Siegfried Haider, der mir alle in Frage kommenden Wappen
der Siegelkartei Norbert Grabherr in Kopie zur Verfügung stellte.
266 Freundliche Auskunft des Stadtarchivs Passau vom 13. 1. 1986. Vgl. Siebmacher, Bay A. 1, S. 42.
267 Wolf, JT, S. LVIII, und Becker (1977), S. 125.

Die Zuweisung beruht auf SIEBMACHERs Wappenbuch, II, Tafel 164. Hier ist tatsächlich das Bild eines nach links aus stilisiertem Dreiberg wachsenden Bockes zu finden (vgl. Abb. 10). Ebenfalls auf SIEBMACHER beruht die Provenienzbestimmung einer Parzival-Inkunabel (Inc. 32204 des Germanischen National-Museums in Nürnberg) aufgrund eines handgemalten, farbigen Wappens[268] (vgl. Abb. 11). In einem handschriftlichen Wappenbuch von 1639 wird ein weiteres Bockswappen ebenfalls den Volckmajr (ursprüngliche Namensform der Volckamer) zugeschrieben.[269]

Mit der bekannten Nürnberger Patrizierfamilie können alle erwähnten Wappen nichts zu tun haben, denn deren Familienwappen zeigt oben in Silber (weiß) ein halbes nach unten gekehrtes rotes Rad mit drei Speichen, unten in blau eine stilisierte (bourbonische) Lilie.[270] Es ist zu vermuten, daß eine geborene Volckamerin das Wappen ihres Ehemannes geführt hat und daher die falsche Zuschreibung im SIEBMACHER und im handschriftlichen Wappenbuch von 1639 herrührt. Die Farbgebung beider Quellen (SIEBMACHER: weißer Schild, blauer Bock, grüner Dreiberg; Wappenbuch: gelber Schild, roter Bock und schwarzer Dreiberg) beruht in beiden Fällen auf Phantasie oder falscher Erinnerung: wahrscheinlich hat man die Wappenzeichnung einem in Stein gehauenen Epitaph entnommen. Das Wappen der Inkunabel hat – fast identisch mit den Farben des Wappenbuches – die Farben gelb (Schild) und schwarz (Bock und Dreiberg). Da die Inkunabel wohl aus Nürnberg selbst stammt, wird die Zuweisung an eine mit den Volckamern verschwägerte Patrizierfamilie nicht falsch sein.

Ein weiteres Wappen, dessen Beschreibung mit den bisherigen übereinstimmt, das aber in der Farbgebung wiederum abweicht, findet sich auf dem Epitaph des Passauer Bürgermeisters Jakob Enndl (gestorben 1516)

---

[268] Barbara Hellwig: Inkunabelkatalog des Germanischen Nationalmuseums Nürnberg, bearbeitet nach einem Verzeichnis von Walter Matthey, Wiesbaden 1970, S. 296 f.

[269] Handschrift 17 973-8° des Germanischen Nationalmuseums, S. 79 Mitte. Brief von Herrn Dr. Eduard Isphording vom Germanischen Nationalmuseum (7. 6. 1982).

[270] J. Siebmacher's grosses und allgemeines Wappenbuch. Zweiten Bandes erste Abtheilung: Der Adel des Königreichs Bayern, Nürnberg 1856, S. 121; Das grosse und vollständige anfangs Siebmacherische / hernacher Fürstische und Helmerische nun aber Weigelische Wappen-Buch in sechs Theilen, Nürnberg 1734, hier Teil I, Tafel 205, Teil V, Tafel 248, Teil VI, Tafel 22. Als handgemalte, farbige Besitzmarke findet sich das Wappen der Volckamer in der Berliner Handschrift mgf. 561 (Sigmund Meisterlins Chronik). Ein späterer Besitzer (vielleicht der Vorbesitzer *M. Ge. Jac. Schwindelio Norimb 1722* = Georg Jacob Schwindel, vgl. ADB. 33 [1891], S. 469 f.) hat die schriftlichen Besitzvermerke auszuradieren versucht. Lesbar ist im vorderen Innendeckel *jorg volk*[. . .]*er* und im hinteren Innendeckel *+1526+ Georgen V* [. . .] *gehort diz buch zu.*

89

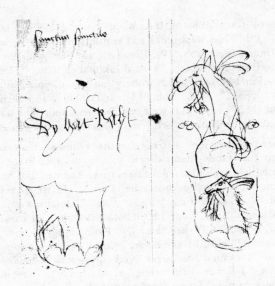

Abb. 9: Bockswappen des mgf. 470

DIE VOLCKAMER.

Abb. 10: Bockswappen, fälschlich der Nürnberger Familie Volckamer zugeschrieben (Siebmacher II, Taf. 164)

Abb. 11: Bockswappen im Parzival-Druck (Inc. 32304 des Germanischen Nationalmuseums, Nürnberg)

Abb. 12: Wappen der Margarete Pfännzl auf dem Epitaph des Passauer Bürgermeisters Jakob Enndl 1516 (Stift Kremsmünster)

als Wappen seiner ersten Ehefrau.[271] Es zeigt einen schwarzen Bock auf rotem Grund hinter einem weißen Dreiberg (vgl. Abb. 12). Auch auf dem Grabstein Enndls in der Klosterkirche Niedernburg ist es (hier seitenverkehrt) zu sehen.[272] Die erste Ehefrau, Margarete Pfännzl oder Pfäunzl[273], ist eine Tochter oder Schwester des Stadtrichters von Passau, Georg Pfännzl, gewesen; im Jahr 1517 saß er im Rat der Stadt Passau.[274] Kremsmünster – dort befindet sich heute das gemalte Epitaph – und Leombach gehörten zur Diözese Passau; es ist daher gut möglich, daß die Handschrift Ende des 15., Anfang des 16. Jahrhunderts in den Besitz der in Passau ratsfähigen Familie Pfänzl gelangt ist, denn abgesehen davon, daß die unbekannte Nürnberger Familie doch sehr fern von dem Wohnort der übrigen Leser entfernt lebte, weist die Wappenzeichnung der Pfänzls weitere Gemeinsamkeiten mit den Zeichnungen der Handschrift auf: die Haltung der Vorderläufe, die Länge und der Ansatz des Gehörns und die sichtbare Zunge, die auf allen Nürnberger Wappenzeichnungen fehlt. Der Stechhelm und die (,bürgerliche') Laubkrone der Wappen der Handschrift weisen ebenfalls auf ratsfähige Stadtgeschlechter – der landsässige Adel und die alten patrizischen Familien beanspruchten den Spangenhelm.

Es ist nichts Ungewöhnliches, daß um 1500, bevor die feudale Standesliteratur allmählich auf Desinteresse stößt, sie die zu Wohlstand gelangten stadtbürgerlichen Mittelschichten noch erfaßt und ein Austausch auch von Handschriften zwischen dem Adel und der städtischen Bevölkerung erfolgt. Der Nürnberger Linhart Scheubel[275] ist Auftraggeber (vielleicht auch der Schreiber) eines ,Heldenbuches' – ein großartiges Unternehmen der Zusammenfassung der Helden- und Dietrich-Epik. Und der Besitzer einer Teichner-Handschrift verlieh 1475 den späthöfischen Artusroman ,Gauriel'

---

271 Das von Wolf Huber gemalte Epitaphium ist ausgestellt in den Räumen des Benediktinerstiftes Kremsmünster; eine photographische Aufnahme des Wappens verdanke ich Herrn P. Dr. Hauke Fill. Ihm und P. Rupert Froschauer danke ich für weitere Hinweise.

272 Herrn Max Reinhart, Passau, verdanke ich eine Abzeichnung des Grabsteines und eine korrigierte Beschreibung des gemalten Epitaphs (Brief vom 12. 11. 1981).

273 Stadtarchiv Passau; Personenkartei Wolfgang Maria Schmid (Brief des Stadtarchivars Glück vom 11. 1. 1982).

274 Bayerisches Hauptstaatsarchiv, Hochstift Passau, Urkunde 2887 (1517 Februar 14): Georg Pfänzl, Stadtrichter, *Geschefftiger* des verstorbenen Bürgermeisters Jacob Endl; Domkapitel Passau, Urkunde 2268 (1517 September 22): Jörg Pfänzl Bürger und des Rats zu Passau; Domkapitel Passau, Urkunde 2346 (1497 November 24): Jörg Pfannzl Richter am Illtzstat als Zeuge (freundliche Auskunft von Dr. Wild, 15. 5. 1982).

275 Werner Hoffmann: Die spätmittelalterliche Bearbeitung des Nibelungenliedes in Lienhart Scheubels Heldenbuch, in: GRM. 60 (1979), S. 129 – 145.

von Konrad von Stoffeln an Jakob Messner, der (zu Salzburg) in der Gold-
gasse wohnte.[276]

Das Patriziat richtete seinen Lebensstil an adligen Lebensformen aus und
dem Patriziat selbst eiferten die wohlhabenden Mittelschichten der Städte
nicht ungerne nach. Bücherverkäufe waren üblich und durch einen Verkauf
wechselte wohl auch 1457 die Meurlsche Handschrift den Besitzer. So
konnten auch interessierte und wohlhabende Stadtbürger repräsentative
Exemplare feudaler Standesliteratur erwerben.

---

[276] Staatsbibliothek Preußischer Kulturbesitz, Berlin, mgq. 361, vorderer Innendeckel: *Ich hab jacobñ messnär aus der goldgassñ gelichñ daz puech vom Ritt' mit
dem pochk an freytag nach petry & pawly im lxxv iar.* Vgl. Ulrich Seelbach: Rezension von Hermann-Josef Müller: Der König im Bade, 1983, in: Daphnis 15 (1986),
S. 167 – 169, hier S. 168.

2.2 Maximilians I. ‚Ambraser Heldenbuch‘

Über Maximilians I. ‚Ambraser Heldenbuch‘ (AH) ist eine Fülle von Spezialliteratur erschienen, die, rechnet man die überlieferungsgeschichtliche und textkritische Literatur einzelner Texte hinzu, fast einen eigenen Forschungsbericht verlangte.[277] Zudem sind gerade in letzter Zeit umfassende und grundlegende Untersuchungen zu dieser späten, prachtvollen Sammelhandschrift verfaßt worden. In Begleitung des Faksimile-Druckes in der Reihe der Grazer ‚Codices Selecti‘, der nun wirklich allen Interessierten die Möglichkeit gibt, die Handschrift bis in die Einzelheiten kennenzulernen, erhielt man den die bisherige Forschung zusammenfassenden Kommentar von UNTERKIRCHER[278]. WIERSCHIN schrieb wenig später den umfangreichen Aufsatz für den Südtiroler ‚Schlern‘[279], und von BECKER wurde das AH innerhalb seiner Untersuchung zu den Handschriften und Frühdrucken mittelhochdeutscher Epen ausführlich behandelt.[280] Im neuen Verfasser-Lexikon fehlt natürlich nicht ein Artikel zum ‚Heldenbuch‘ Maximilians[281] und WEINACHT stellte neue Archivalien zur Entstehungsgeschichte zur Verfügung.[282] Zwei handschriftengetreue Abdrucke aus dem AH wurden im selben Zeitraum kommentiert und mit Untersuchungen zu den Schreibgewohnheiten Rieds ediert.[283] Schließlich informiert MÜLLERs ‚Gedechtnus‘-Buch über die Literaturverhältnisse der Hofgesellschaft Maximilians.[284] Über den Kaiser selbst ist eine mehrbändige Biographie veröffentlicht worden.[285]

---

[277] Die wichtigste Literatur zum AH und zu seinem Schreiber Hans Ried ist aufgeführt in meiner Bibliographie zu Wernher der Gartenaere, S. 13 — 15.

[278] Ambraser Heldenbuch. Vollständige Faksimile-Ausgabe im Originalformat des Codex Vindobonensis Series Nova 2663 der Österreichischen Nationalbibliothek (Codices Selecti, XLIII). Kommentar Franz Unterkircher, Graz 1973.

[279] Martin Wierschin: Das Ambraser Heldenbuch Maximilians I., in: Der Schlern 50 (Bozen 1976), S. 429 — 441, 493 — 507, 557 — 570.

[280] Becker (1977), passim. Vgl. Register.

[281] Johannes Janota: Ambraser Heldenbuch, in: VL², Bd. 1, Sp. 323 — 327.

[282] Helmut Weinacht: Archivalien und Kommentare zu Hans Ried, dem Schreiber des Ambraser Heldenbuches, in: Deutsche Heldenepik in Tirol. König Laurin und Dietrich von Bern in der Dichtung des Mittelalters. Beiträge der Neustifter Tagung 1977 des Südtiroler Kulturinstitutes. In Zusammenarbeit mit Karl H. Vigl hrsg. von Egon Kühebacher, Bozen 1979, S. 466 — 489.

[283] Franz H. Bäuml: Kudrun. Die Handschrift, Berlin 1969; André Schnyder: Biterolf und Dietleib, neu hrsg. und eingeleitet (Sprache und Dichtung 31), Bern / Stuttgart 1980.

[284] Jan-Dirk Müller: Gedechtnus. Literatur und Hofgesellschaft um Maximilian I. (Forschungen zur Geschichte der älteren deutschen Literatur 2), München 1982. Das Ambraser Heldenbuch wird nur beiläufig behandelt.

[285] Hermann Wiesflecker: Kaiser Maximilian I. Das Reich, Österreich und Europa an der Wende zur Neuzeit, 4 Bde., München 1971 — 1981.

Ein weiterer Beitrag zum AH scheint angesichts dieser Fülle kaum Neues bieten zu können. Nun ist die Forschung aber keineswegs über alle Aspekte dieser Handschrift gleich gut informiert. Trotz dichtester Dokumentenfolge zu Hans Rieds Kopistentätigkeit ist weder Genaueres über die Vorlagenbeschaffung bekannt noch über die möglichen literarischen Betreuer des Projektes und ihren Einfluß auf das Textkorpus, über die Qualität der Abschrift durch Hans Ried und seine Leistung (war Ried ein ‚raffinierter Faulpelz'?). Auch der Sinn und Zweck des Unternehmens — was veranlaßte Maximilian zur Auftragsvergabe und was erwartete er sich von dem Werk? — ist nur in Ansätzen beantwortet.

Völlig unbefriedigend sind die bisherigen Erklärungsversuche zur Vorlagenproblematik. Hat es tatsächlich ein dem AH bis in Einzelheiten vergleichbares Sammelwerk — das ‚Heldenbuch an der Etsch' — gegeben oder sind verschiedene Sammel- bzw. Einzelvorlagen Ried zur Abschrift vorgelegt worden? Wie alt waren diese Vorlagen, woher stammen sie und warum wurden alle Vorlagen — bis auf ein Fragment des Nibelungenliedes — vernichtet?

Schließlich die Frage: gibt es so etwas wie ein ‚Handschriftenprogramm', das die Aufnahme des ‚Helmbrecht' rechtfertigt, oder ist er zufällig in die Sammlung geraten? Hatte das AH während und nach seiner Fertigstellung ein Publikum oder war es das prächtige Begräbnis der Literatur der nun endgültig vergangenen Epoche?

Diese Fragen können im Rahmen einer Arbeit zum ‚Helmbrecht' nicht erschöpfend beantwortet werden — ihre Klärung jedoch wäre Voraussetzung für die Beantwortung der Frage, warum ausgerechnet der Erzählung Wernhers die Ehre der Aufnahme widerfuhr. Ich werde daher lediglich, nach einer kurzen Darstellung der Entstehungsgeschichte, einige Auffälligkeiten der Anlage mit Beobachtungen zur Vorlagenproblematik mitteilen, die mir darauf hinzuweisen scheinen, daß der ‚Helmbrecht' nur durch Zufall überhaupt abgeschrieben wurde, daß dem Sammelwerk kein Programm ablesbar und kein Publikum beschieden war — vielleicht auch gar nicht beschieden sein sollte.

2.2.1 Entstehung[286]

Inspiriert von einem Aufenthalt auf dem Bozener Schloß Runkelstein im Spätherbst des Jahres 1501, entschloß sich Maximilian I., die Fresken, die unter den vormaligen Besitzern, den Vintlern, angelegt worden waren, erneuern zu lassen. Im Jahr darauf diktierte er seinem persönlichen Sekre-

---

[286] In der Darstellung dieses Abschnittes folge ich des öfteren Wierschin, ohne jedesmal einen Stellennachweis zu führen, wenn die zugrunde liegenden Angaben auch in der früheren Literatur zum ‚Ambraser Heldenbuch' zu finden waren.

tarius Marx Treytzsaurwein ins ‚Gedenkbuch‘, daß die Fresken auf Runkelstein neu gemalt und dieselben *istory* aufgeschrieben werden sollten. Offensichtlich haben die Fresken Maximilian zu der Überlegung geführt, die dort abgebildeten ‚Historien‘ suchen und für ein Buch zusammentragen zu lassen. In dem nach 1508 angefertigten Verzeichnis der Bücher ist denn auch ein Titel angeführt, der die *exposicz iber daz heldenbuch zu Rucklstain* enthielt.[287] Welche Werke das H e l d e n b u c h z u R u n k e l s t e i n aufnehmen sollte, ist leider unbekannt, da die *exposicz* verschollen ist. Es läßt sich jedoch vermuten, daß sie lediglich eine detaillierte Beschreibung aller Fresken-Szenen enthielt, aufgrund deren man die zugrunde liegenden Epen zusammensuchen konnte. Das ‚Heldenbuch‘ sollte das Pendant dieser Malereien bilden und — wie aufgrund der Namensgebung zu erschließen ist — auch auf Schloß Runkelstein seinen künftigen Platz finden.

Am 15. April 1502 unternahm Maximilian einen ersten Versuch, sein Projekt in die Tat umzusetzen. Er schrieb nach Innsbruck an einen Diener seiner Frau Bianca Maria Sforza, daß er dessen Schreiber benötige. Er, Maximilian, habe nämlich Paul von Liechtenstein beauftragt, ihm das ‚Heldenbuch‘ an der Etsch ausschreiben zu lassen. Liechtenstein solle den Schreiber, solange er benötigt werde, verköstigen und unterhalten[288]:

An Wilhelmen von Oy Ståblmaister[289] *von wegen seines schreibers als das Original anntzaigt Fo*

Getrewer lieber Wir haben vnnsern lieben getrewen Paulsen von Liechtenstain ser[?] beuolhen vnns das helldenpfích a n d e r E t s c h a u s s c h r e i b e n[290] *Zulassen. dartzu er dan deines schreibers notturftig wurdet Emphelhen wir dir mit ernnst. das du demselben von Liechtennstain deinen schreyber furderlich hinein an die Etsch beruerts heldenpfích daselbst abtzåschreiben Zuschigkesst vnd des nit lassest So wirdet In bemelter vnnser Marschalh mit Zerung vnnd annderm wie sich geburt versthen*[291] *vnd vnnderhallten. Vnd du thåst daran*

---

287 Zitiert nach Theodor Gottlieb: Die Ambraser Handschriften. Beitrag zur Geschichte der Wiener Hofbibliothek, Bd. I: Büchersammlung Kaiser Maximilians I. Mit einer Einleitung über älteren Bücherbesitz im Hause Habsburg, Leipzig 1900, S. 43.

288 Abgedruckt bei Wierschin (1976), S. 568, zuvor schon durch Unterkircher (1973) wieder aufgefunden, abgebildet und transkribiert; Wierschin kennt das Faksimile nicht.

289 Sehr leicht als *Säcklmaister* zu lesen. Unterkircher, Kommentar, Anhang, liest *Staberlmeister*, Wierschin, S. 568 *Stablmaister*. Die Bedeutung ist wörtlich ‚Stabträger, Meister des Stabes‘; ob dies mit ‚Hofmarschall‘ identisch ist, wie stets zu lesen ist, kann ich nicht sagen.

290 Hervorhebung von mir, U. S.

291 Die Bedeutung von *verstehn* ist mir unklar. Bei Wierschin (1976), S. 568, und Unterkircher (1973), Anhang, steht *versehen*, dennoch lese ich eindeutig *st*. Nach einem freundlichen Hinweis von Herrn Prof. Dr. Honemann könnte es sich um eine Metathese von *fristen* handeln, die aber eher im Niederdeutschen belegt ist. Vgl. noch *verstehen* in Grimm, DWB 12/I, Sp. 1699 f. Ein Lesefehler des Kanzlei-Kopisten?

vnnser ernnstliche Mainung Dat⁰ Füessen den XV tag Aprilis Anno XVᶜᵗ vnd Im anndern.

Dieser Brief ist oft (schon seit der Erstveröffentlichung) mißverstanden worden, indem man glaubte, daß ein ‚Heldenbuch an der Etsch' existiert habe[292], das zugleich Vorlage von Maximilians ‚Heldenbuch' gewesen sei. Die Stelle meint aber nichts anderes als die verkürzt wiedergegebene Angabe des Ortes, an dem das Buch angefertigt werden sollte[293], nämlich ‚an der Etsch', d. h. entweder in Bozen oder an einem anderen Ort, den Paul von Liechtenstein in der unmittelbaren Umgebung wählen würde. Denn Liechtenstein war zum ‚literarischen Direktor' des Unternehmens bestimmt.

Es blieb jedoch bei der Absicht: Maximilians Projekt eines ‚Heldenbuchs zu Runkelstein' scheiterte. Erst im April 1504 hört man wieder vom ‚Heldenbuch'. Diesmal hatte sich Maximilian der Unterstützung seines Regierungskollegiums versichert, das in Augsburg die Angelegenheit mit ihm beredet haben muß. In seinem Brief vom 14. April an die Landeshofmeister, den Marschall, den Kanzler, den Statthalter und Regenten zu Innsbruck[294] steht, daß er den Bozener Zolleinnehmer Hans Ried mit dem Sonderauftrag versehen habe, ihm ein *Puech in pergamen* zu schreiben. Die Innsbrucker wurden angewiesen, 160 Gulden für Pergament und die Bezahlung des Schreibers zu stellen. Da Ried laut eigener Auskunft gegenüber Maximilian wegen der Hitze und sonstiger Unannehmlichkeiten nicht im Zollhaus schreiben konnte, durfte er sich in der Zeit, in der er am ‚Heldenbuch' arbeitete, einen Stellvertreter nehmen. Unter den gegenzeichnenden Vertrauten befand sich auch Paul von Liechtenstein.

Die Vorlagen, die Ried abschreiben sollte, müssen an einem ihm bekannten Ort schon vorgelegen haben, es ist kaum anzunehmen, daß er in eigener Verantwortung irgendwelche ihm bekannte Texte kopierte. Wahrscheinlich hatte er die Erlaubnis, die Vorlagen und das Schreibmaterial an einen geeigneten Ort mit sich zu führen, denn von den Schreiborten ist in den jedesmaligen Anweisungen nur unbestimmt die Rede.[295]

---

292 F. H. v. d. Hagen: Nibelungen. Goethe und die Nibelungen, die Nibelungen-Handschrift der Königlichen Bibliothek in Berlin und Kaiser Maximilians Urkunde über die Wiener Handschrift, in: (von der Hagens) Germania 1 (1836), S. 248 − 275, hier S. 266. Von der Hagen war der erste, der den (richtigen) Gedanken äußerte, das Ambraser Heldenbuch sei dasselbe, das im Brief von Maximilian an Wilhelm von Oy projektiert gewesen sei, doch er war auch der Urheber jenes ‚Heldenbuches an der Etsch', das seit jener Veröffentlichung ‚existiert', nicht erst seit Zingerle (vgl. Anm. 301 und 302). Wierschin (1976), S. 495.

293 Vgl. Wierschin (1976), S. 494 − 496.

294 Abdruck bei Unterkircher (1973), Anhang.

295 Vgl. die Regesten bei Unterkircher (1973), Wierschin (1976), S. 568 f., und Weinacht (1979).

Ried hat für die ca. 240 Blätter des Heldenbuches fast dreieinhalb Jahre gebraucht, was einer Tagesleistung von etwas mehr als einer Spalte entspricht. Der Zeitaufwand für das AH errechnet sich folgendermaßen: mit den zuerst ausgezahlten 50 Gulden bestritt Ried die zwei Sommerquartale 1504 und 1505, in den Jahren 1508 bis 1510 erhielt er 100 Gulden, was zehn Quartalen oder zweieinhalb Jahren entspricht, dazu kommt das Sommerquartal 1514 und der Nachtrag im Sommer 1515. Geht man von der durchschnittlichen Quartalsleistung von ca. 100 Spalten oder 17 Blättern aus, so dürfte Ried in den Jahren 1504 und 1505 die Texte eins bis sieben (,Frauenehre', ,Moriz von Craûn', ,Iwein', ,Klagebüchlein', ,Zweites Büchlein', ,Mantel' und ,Erek') abgeschrieben haben (zwei Quartale ≙ 51 Bll.), in den Jahren 1508 bis 1510 die Texte bis einschließlich Nr. 15 (sogenannte ,Heldenepik'; zehn Quartale ≙ 163 Bll.). Im Jahre 1514 schrieb er Text 16 bis 23 (,Böse Frau', Mären Herrands von Wildonie, ,Frauenbuch' Ulrichs von Liechtenstein, ,Helmbrecht', ,Pfaffe Amis') und 1515 die Texte 24 und 25 (,Titurel' und ,Priester Johannes').

Er hat demnach nicht, wie oft zu lesen ist, über zehn Jahre tagaus, tagein am ,Heldenbuch' gearbeitet, sondern ,nur' dreieinhalb Jahre — ein dennoch nicht unbeträchtlicher Zeitraum, auch wenn man den Umfang des Werkes und die saubere, exakte Handschrift berücksichtigt.

2.2.2 Vorlagen

Die Bewertungen der Überlieferung der einzelnen im AH enthaltenen Texte, der Schreiberqualitäten des Hans Ried waren und sind in der Forschung, vor allem in der Spezialliteratur zu einzelnen Dichtungen, heftig umstritten. Die Urteile hängen nicht zuletzt mit den Einschätzungen zusammen, die man sich von den jeweiligen Vorlagen machte. Für die Bewertung der Abschriften Rieds ist es natürlich von entscheidendem Interesse, ob Untersuchungen zur Textüberlieferung einer im AH enthaltenen Dichtung übertragbar sind, d. h. auch für die Erforschung anderer Texte nutzbar gemacht werden können. INGEBORG GLIER schätzt den bisher erreichten Erkenntnisstand nicht hoch ein; obwohl die

> äußeren Umstände und auch die Geschichte der Handschrift einigermaßen klar zu überschauen sind, hat die zentrale Frage nach den Vorlagen dieser mächtigen Sammlung, die von den verschiedensten Seiten immer wieder angegangen wurde, keine durchweg befriedigende Antworten gefunden [. . .]. Die Crux der meisten Überlegungen in dieser Richtung [war] nämlich das Beschränken auf Texte, die im speziellen Zusammenhang interessierten [. . .].[296]

---

296 Ingeborg Glier: Artes amandi. Untersuchungen zu Geschichte, Überlieferung und Typologie der deutschen Minnereden (MTU. 34), München 1971, S. 389.

Übereinstimmung in der Spezialforschung herrscht annähernd nur in einer Frage, der nach dem Alter der Vorlage(n).[297] Die Schätzungen lassen meist das 13. Jahrhundert, selten noch den Anfang des 14. Jahrhunderts vermuten. Die Vorlagen müssen demnach aufgrund oberflächlicher ‚paläographischer' Kriterien ausgesucht worden sein; man achtete auf altertümliche Schriftzüge (gotische Buchschrift) und darauf, daß die Vorlagen auf Pergament, dem Garanten für Alter und Qualität, geschrieben waren.[298]

Schon früh wurde die These über eine Gesamtvorlage (das ‚Heldenbuch an der Etsch') vertreten. Wie durch WIERSCHIN dargelegt, handelt es sich hier um eine Verlesung der Briefstelle aus dem Schreiben vom April 1502 an den *Stablmaister* Wilhelm von Oy.[299] FRIEDRICH HEINRICH VON DER HAGEN legte den Grundstein[300] der These durch eine suggestive Hervorhebung einzelner Worte, worauf OSWALD ZINGERLE in einem Beitrag über das ‚Heldenbuch an der Etsch' ‚bewies', daß aufgrund der Buchstabenverwechslungen ein Schriftbild der Vorlage zu erschließen sei, welches auf einen Kodex vom Anfang des 14. Jahrhunderts schließen lasse.[301] Dieses ‚Heldenbuch an der Etsch' soll von Maximilian auf Schloß Runkelstein entdeckt worden sein[302] — wozu er es dann überhaupt abschreiben ließ, wird nicht gefragt — und die Vorlage für alle Teile des AH abgegeben

---

[297] Zum Beispiel Moriz Haupt (Hrsg.): Erec. Eine Erzählung von Hartmann von Aue, 2. Ausgabe, Leipzig 1871, S. 325: „gute und alte Vorlage"; Hugo Kuhn: ‚Dietrichs Flucht' und ‚Rabenschlacht', VL², Bd. 2, Sp.. 116/117 (alte, vielleicht Südtiroler·Vorlage). Edward Schröder: Herrand von Wildon und Ulrich von Liechtenstein. Vorgelegt in der Sitzung vom 7. Dezember 1923, in: GGN. 1923, S. 33 — 62, hier S. 37: „die Überlieferung der Werke Ulrichs, sowohl des ‚Frauendienstes' als auch besonders des ‚Frauenbuches' [ist] so vortrefflich, daß wir das unmittelbare Abbild der Originaledition vor uns zu haben glauben."

[298] Vgl. Glier (1971), S. 391.

[299] Vgl. Wierschin (1976), S. 494 — 496, und Albert Leitzmann: Die Ambraser Erec-Überlieferung, in: Beitr. 59 (1935), S. 143 — 234, hier S. 150: „harmlose Breviloquenz".

[300] Von der Hagen (1836), S. 266; vgl. oben Anm. 292; der Brief wurde stets aus von der Hagens Beitrag abgeschrieben oder von Abschriften dieser ersten Publikation nochmals kopiert, und zwar bis heute! (mit Ausnahme von Gottlieb [1900], S. 138). Vgl. Wierschin (1976), S. 493, A. 76. — Unabhängig voneinander überprüften und korrigierten den Brieftext Wierschin (S. 560) und vor ihm Unterkircher (1973), Anhang.

[301] Oswald Zingerle: Das Heldenbuch an der Etsch, in: ZfdA. 27 (1883), S. 136 bis 142 (untersucht wurden ‚Biterolf', ‚Dietrichs Flucht' und ‚Rabenschlacht', ‚Erec' und Herrand).

[302] Oswald Zingerle: Zur Geschichte der Ambraser Handschrift, in: 'AfdA. 14 (1888), S. 291 — 293. Maximilian soll dieses Runkelsteiner ‚Heldenbuch an der Etsch' zugleich mit den Fresken entdeckt haben. Zingerle kannte noch nicht das Bücherverzeichnis, in dem die *exposicz* über das Heldenbuch zu Runkelstein verzeichnet steht.

haben. EDWARD SCHRÖDER widersprach dieser Auffassung aufgrund zahlreicher Einzelbeobachtungen[303]; auch LEITZMANN vertrat in seinem Aufsatz zur Überlieferung des ‚Erec‘ die Auffassung, daß dieses ‚Heldenbuch an der Etsch‘ niemals existiert habe, die Briefstelle sei einfach falsch gelesen worden.[304] Zur Verteidigung der Anhänger der These ist zu sagen, daß der Brief stets (mit der suggestiven Hervorhebung) nach VON DER HAGEN zitiert wurde. Alle weiteren wichtigen Beiträger zum AH, UNTERKIRCHER[305], MENHARDT[306], BÄUML[307], ZUTT[308], BECKER[309] und JANOTA[310], glauben jedoch — zumindest im ‚heldenepischen‘ Teil (Text sieben bis fünfzehn) — das ‚Heldenbuch an der Etsch‘ von Ried wiedergegeben. Vorausgesetzt dies wäre richtig, bleibt dennoch zu fragen, wieso Maximilian, der doch angeblich die Abschrift des Etscher Heldenbuches wünschte, zuerst ganz andere Stücke (Strickers ‚Frauenlob‘, Minnebüchlein, ‚Moriz von Craûn‘, Hartmann-Epen) abschreiben ließ. Denn wie UNTERKIRCHER im Kommentar zur Faksimile-Ausgabe richtig bemerkte[311], ist aufgrund der Anordnung der Lagen und des Textes ersichtlich, daß die Gedichte in der heute vorliegenden Reihenfolge von Ried abgeschrieben wurden. Der Rückzug auf den Heldenepik-Teil sitzt zudem dem Vorurteil auf, ein ‚Heldenbuch‘ sei eine Heldenepik-Sammlung; im Sprachgebrauch der Zeit ist der Terminus ‚Heldenbuch‘ jedoch weiter gefaßt und bezeichnet sowohl einzelne arturische oder heroische Werke als auch Sammlungen beider Gattungen.[312] Die höfischen Epen aus Maximilians Büchersammlung werden im Verzeichnis von 1536[313] aus-

---

303 Edward Schröder: Zwei altdeutsche Rittermaeren. Moriz von Craon. Peter von Staufenberg, neu hrsg. Berlin 1894, S. VII f.

304 Leitzmann (1935), S. 150.

305 Unterkircher (1973), S. 9.

306 Menhardt, Verzeichnis 3, S. 1469 — 1478.

307 Bäuml (1969), S. 14 — 10. Vgl. Franz H. Bäuml: Some Aspects of Editing the Unique Manuscript: A Criticism of Method, in: Orbis Litterarum 16 (1961), S. 27 bis 33.

308 Herta Zutt: Hartmann von Aue. Die Klage. Das (zweite) Büchlein. Aus dem Ambraser Heldenbuch, Berlin 1968, S. XII.

309 Becker (1977) deutet S. 159 an, das ‚Heldenbuch zu Runkelstein‘ — er ist sich sicher, daß auf Runkelstein ein solches existiert habe — könne vielleicht das ‚Heldenbuch an der Etsch‘, somit die Vorlage des Ambraser Heldenbuches gewesen sein. Vgl. S. 52 f. und 205.

310 Janota (1978), Sp. 325 f.

311 Unterkircher (1973), S. 9.

312 Vgl. Joachim Heinzle: Mittelhochdeutsche Dietrichepik. Untersuchungen zur Tradierungsweise, Überlieferungskritik und Gattungsgeschichte später deutscher Heldendichtung (MTU. 62), Zürich / München 1978, S. 278.

313 Zitiert nach Gottlieb (1900), S. 104.

drücklich so benannt: *Ain pergamene geschriben heldenbuch* (= ‚Wille-halm'), *Ain Titturel heldenbuch, Das helden buech Gamereth* (= ‚Parzi-val'). Es soll nicht ausgeschlossen werden, daß der ‚heldenepische Mittel-teil' eine einheitliche Vorlage hatte, aber muß es ein ‚Heldenbuch an der Etsch' gewesen sein?

WIERSCHIN sieht in der Nr. 247 des von GOTTLIEB veröffentlichten Bücherinventars Maximilians — *Ain pergamene geschriben heldenbuech mit illuminierten figuren in rot gepunden mit grossen spanngen vnd Clausuren in gar grossem form*[314] — das verschollene ‚Reckenbuch' Erzherzog Sigmunds. Dieses von Nikolaus Schupf geschriebene ‚Reckenbuch'[315] soll eine Vorlage Rieds gewesen sein und vornehmlich die Heldenepik ent-halten haben[316]. Zwar wurde die Nr. 247 von GOTTLIEB als ‚Willehalm'-Handschrift identifiziert — es ist nicht der heutige Papiercodex 3035 ge-meint, wie WIERSCHIN annimmt, sondern die Pergament-Handschrift glei-chen Inhalts Ser. nova 2643 —, dennoch könnte das 1496 von Maximilian vielleicht ererbte (auch dies ist nicht sicher!) ‚Reckenbuch' zur Vorlage gedient haben. Es ist unbekannt, welche Texte in dem ‚Reckenbuch' standen. Kann darunter nicht ebenfalls, wie bei den Heldenbüchern, ein einzelnes Werk verstanden werden? Meines Erachtens ist WIERSCHINs Bild vom ‚Reckenbuch' ebenso den germanistischen Vorstellungen des 19. Jahr-hunderts verpflichtet, denen auch ein ‚Heldenbuch' stets eine Sammlung heroischer Epik war. Dieses Bild entspricht jedenfalls nicht dem Wort-gebrauch um 1500. Besteht nicht die Gefahr, daß WIERSCHIN an die Stelle des glücklich von ihm enträtselten ‚Heldenbuches an der Etsch' das ‚Recken-buch' Sigmunds setzt und damit vom Regen in die Traufe einer neuen Legende gerät? Viele Texte kann es zudem nicht enthalten haben, denn Schupf erhielt dafür 12 Pfund und 6 Groschen, also einen Bruchteil dessen, was für das AH veranschlagt wurde.[317]

Eine einzige der von Hans Ried benutzten Textvorlagen hat sich fragmen-tarisch erhalten. Es handelt sich um die Handschrift O des Nibelungen-liedes.[318] Sie wurde 1852 vom Prorektor HEFFTER aus Brandenburg ent-

---

314 Ebenda — vgl. Wierschin (1976), S. 505, A. 146.

315 Vgl. Becker (1977), S. 158, und Anton Dörrer: Mittelalterliche Bücherlisten aus Tirol, in: Zentralblatt für Bibliothekswesen 51 (1934), S. 246 — 263, hier S. 258.

316 Wierschin (1976), S. 565.

317 Dörrer (1934), S. 258.

318 Berlin mgq. 792. Über das Verhältnis von O zum Ambraser Heldenbuch infor-miert am besten, die frühere Literatur verwertend und korrigierend, Rudolf Zimmerl: Hans Rieds Nibelungen-Kopie, Diss. [masch.], Wien 1930, S. II — VIII. Zimmerl kommt zu dem Schluß, daß O die Vorlage von Ried gewesen ist, entgegen den Auf-fassungen von Hermann Schmidt (Die Nibelungenhandschrift O. Mit einer Text-einlage, in: ZfdA. 54 [1913], S. 88 — 98), der eine gemeinsame Vorlage (mit Zwischenstufen) für O und d (= AH) annahm.

deckt und FRIEDRICH HEINRICH VON DER HAGEN übergeben[319]; die
Pergamentstreifen dienten als Einband für den Briefband einer Cicero-
Gesamtausgabe (M. Tullii Ciceronis epistolarum libri quatvor. Ad vsum
scholarum Societatis Jesv selecti. Dilingae [Dillingen in Schwaben; seit
1565 leiteten die Jesuiten die dortige Universität] 1589). Beigebunden war
eine Nomenclatura Germanico-Latina (Oeniponti [Innsbruck] 1590).[320]
Die Handschrift wird demnach bei den Jesuiten zu Innsbruck (seit 1562
bestand dort ein von ihnen geleitetes Kolleg) zerschnitten worden sein, um
als billiger Schutz eines Schul-Cicero zu dienen.

Zwei Blätter dieser ehemaligen Groß-Folio Handschrift dienten dem Einband als Material. Jedes Blatt hatte ursprünglich drei Spalten zu 74 Zeilen.
Die gotische Buchschrift weist in die zweite Hälfte des 13. Jahrhunderts:
das dem *h* ähnliche altertümliche *z* (*η*) wird noch zweimal verwendet, ge-
krümmtes (Ligatur-)*r* wird nur nach *o* benutzt; das auf der Linie stehende
z ist ungeschwänzt. Wenige Abkürzungen (*vn̄*, *vˢ*, *vō*) lassen eine Niederschrift vor dem letzten Viertel des Jahrhunderts vermuten. Die neuhochdeutsche Diphthongierung kündigt sich durch die regelmäßige Schreibung
von *ei* als *æi* und *û* als *v̊* an; *î* und *iu* sind undiphthongiert (bis auf eine
Ausnahme: *zwew* Str. 1224,4). Umgelautetes, kurzes *u* ist nicht bezeichnet,
æ erscheint gelegentlich als *e*; *ie* wird (besonders im Namen *Chrimhilt*) zu
i monophthongiert. An- und auslautendes *k* ist *ch* geschrieben, der Umlaut
von *ô* nicht bezeichnet; kurzes *i* wird oft zu *ie* diphthongiert. Diese
Charakteristika stimmen zur Nibelungen-Handschrift U[321]: auch hier
kündigt sich die nhd. Diphthongierung in der Schreibung *v̊* für *û* und *æi* für
ei an, der Umlaut von kurzem *u* wird ebenfalls nicht bezeichnet, *k* erscheint
als *ch*, *ie* wird zu *i* monophthongiert. Ein Vergleich mit deutschsprachigen
Urkunden aus Tirol[322] zeigt, daß der Fundort der Handschrift O auch dem
Entstehungsgebiet entspricht, d. h., daß sie ebenfalls in Tirol geschrieben
wurde. Die Datierung der Handschrift O dürfte auf die Zeit um 1270 bis
1280 festzulegen sein.

Es stellt sich die Frage, ob man in dem Bruchstück O die Reste einer großen Sammelhandschrift sehen kann, die alle Texte enthielt, die Ried ins

---

319 H. v. d. Hagen: Nibelungen. Zwei und zwanzigste Handschrift, in: Bericht über
die zur Bekanntmachung geeigneten Verhandlungen der Königl. Preuss. Akademie
der Wissenschaften zu Berlin aus dem Jahre 1852, S. 445 — 458, mit einer Tafel, hier
S. 451.

320 Ebenda; Schmidt (1913), S. 94.

321 Germanisches Nationalmuseum Nürnberg, Kupferstichkabinett, S. D. 3701, und
Kloster Sterzing, Südtirol. Abdruck des Nürnberger Fragments bei Ferdinand Khull:
Nibelungenhandschrift U, in: ZfdA. 25 (1881), S. 77 — 79.

322 Corpus, Nr. 1057 (Gries bei Bozen 1288 November 23), Nr. 1450 (Innsbruck
1291 Juli 27), Nr. 1574 (Oberdrauberg 1292 Mai 1).

‚Ambraser Heldenbuch' schrieb, ob hier gewissermaßen die Reste des ‚Heldenbuches an der Etsch' vorliegen. Ein ernst zu nehmendes Argument, das gegen verschiedene Vorlagen spricht, wurde von ZINGERLE vorgebracht: der Verlust aller Separathandschriften sei schwerer zu erklären als der „vollständige Untergang einer Sammelhs.".[323] HERMANN SCHMIDT kündigte 1913 eine Untersuchung an, die eine gemeinsame Vorlage zumindest für das Nibelungenlied, die ‚Kudrun' und den ‚Biterolf' beweisen sollte.[324] Sie ist leider ebensowenig erschienen wie die von BÄUML angekündigte Untersuchung zur Vorlage des ‚Kudrun'-Teiles.[325]

Ried hat sich – das zeigt ein Vergleich des Fragments mit der Kopie im ‚Ambraser Heldenbuch' – in der äußeren Gestalt völlig an seine Vorlage gehalten: Der Text ist dreispaltig geschrieben, die Strophen werden nicht abgesetzt, die Strophenanfänge abwechselnd durch blaue und rote Initialen in der Textzeile hervorgehoben. Was das Fragment nicht zeigen kann – weil die Textausschnitte keinen Aventiurenbeginn überliefern –, aber wohl auch für die Vorlage des ‚Ambraser Heldenbuches' anzunehmen sein wird, ist die Hervorhebung der Aventiureneingänge durch eine sieben bis acht Zeilen hohe gemalte Initiale und Aventiuren-Überschriften (eingeleitet mit dem formelhaften „*Abentheuer wie* . . .""). Diese Merkmale der äußeren Anlage – nicht abgesetzte Strophen, durch Initialen in Zeilenhöhe gekennzeichnete Strophenanfänge, gemalte Initialen vor Aventiurebeginn und eine Aventiureüberschrift – finden sich nicht nur im ‚Nibelungenlied', sondern auch in anderen Texten des AH. In der ‚Klage', in Reimpaarversen verfaßt, werden die Abschnitte durch zeilenhohe Initialen gekennzeichnet – auch sie sind nicht abgesetzt. In der ‚Kudrun', im ‚Biterolf', im ‚Ortnit' und ‚Wolfdietrich' sind die Aventiurenanfänge wie im Nibelungenliedtext durch Überschriften und fünf bis sieben Zeilen hohe, gemalte Initialen hervorgehoben. Mit Ausnahme des ‚Biterolf' – hier handelt es sich wieder um Reimpaarverse – werden die Strophen durch einzeilige rote und blaue Initialen im fortlaufend geschriebenen Text markiert.

Die Einheitlichkeit der Anlage – sinnvolle Titel für jeden Text, Aventiureüberschriften und gemalte Initialen (mit Ausnahme der ‚Klage'), nicht abgesetzte Strophen bzw. Abschnitte, Kennzeichnung der Strophen bzw. Abschnitte durch abwechselnd rote und blaue, einzeilige Initialen – spricht dafür, daß alle Texte (‚Nibelungenlied', ‚Klage', ‚Kudrun', ‚Biterolf', ‚Ortnit' und ‚Wolfdietrich') einer gemeinsamen Vorlage entstammen, von der die Nibelungenhandschrift O das einzige erhaltene Bruchstück darstellt. Außerhalb dieses ‚Heldenepischen Mittelteils' des AH aber schwindet die

---

[323] Zingerle (1883), S. 142.
[324] Schmidt (1913), S. 89/90.
[325] Bäuml (1969), S. 32, A. 47.

103

Einheitlichkeit der äußeren Anlage, denn die ‚Rabenschlacht‘, die dem ‚Nibelungenlied‘ vorausgeht, ist zwar ebenfalls in Strophen verfaßt, aber diese sind abgesetzt, d. h. der Strophenbeginn ist stets zu Anfang der Zeile zu finden, und sie werden nicht durch einzeilige, sondern durch zunächst drei, dann aber zwei Zeilen hohe Initialen hervorgehoben. Auch die Aventiureüberschriften fehlen gänzlich. Ebenso weicht die äußere Anlage im Text der ‚Bösen Frau‘, die auf den ‚Wolfdietrich‘ folgt, von der eben besprochenen ab: Die Abschnitte sind abgesetzt und durch drei Zeilen hohe Initialen markiert. Es scheint, daß Ried hier anderen Vorlagen folgte, die im äußeren Bild nicht der Sammelhandschrift *O entsprechen.

Bei der Durchsicht des ‚Ambraser Heldenbuches‘ nach den eben erwähnten Kriterien lassen sich mehrere Wechsel oder Brüche in der äußeren Anlage der Textgestaltung beobachten. Der erste Text, Strickers ‚Frauenehre‘, weist keinerlei Abschnittskennzeichnungen auf. Im ‚Moriz von Craun‘ sind die abgesetzten Abschnitte durch vierzeilige Initialen markiert, und dieses Gestaltungsprinzip findet sich auch in den folgenden Texten, dem ‚Iwein‘, dem ‚Klagebüchlein‘, dem sogenannten ‚Zweiten Büchlein‘, dem ‚Mantel‘ und dem ‚Erek‘, wobei die vierzeiligen Initialen schon im ‚Iwein‘, dann stärker im ‚Klagebüchlein‘ dreizeiligen Initialen zu weichen beginnen. Die recht hilflos anmutenden Titel für alle diese Texte – mit Ausnahme von Strickers ‚Frauenehre‘ – wurden nachträglich in die dem Text und der Eingangsinitiale vorangehende Spalte eingetragen – Platz für die Titel war bei der Abschrift nicht geschaffen worden. Meines Erachtens ist dies, zusammengenommen mit der Ungenauigkeit und Naivität der Titelgebung, ein Zeichen dafür, daß die Titel in der Vorlage fehlten. Nur die ‚Frauenehre‘ besaß wohl schon in der Vorlage einen Titel, da Ried hierfür Platz in der ersten Zeile aussparte und die Titelgebung (‚*Der Frawn lob*‘) unverdächtig scheint.

Die Texte 3 bis 7 folgen jeweils in der nächsten Spalte auf den vorhergehenden Text (vom ‚Moriz von Craun‘ bis ‚Erek‘), die ‚Frauenehre‘ aber ist durch eine freie Spalte vom ‚Moriz von Craun‘ getrennt, ebenso wie der ‚Erek‘ von ‚Dietrichs Flucht‘. Der letztere Text und die ‚Rabenschlacht‘ sind ansonsten nicht weiter von den vorangehenden Texten zu unterscheiden: die abgesetzten Abschnitte werden durch drei- und zweizeilige Initialen markiert.

Somit ergibt sich für die ersten fünfzehn Texte des ‚Ambraser Heldenbuches‘ folgendes Bild: Text 2 bis 7 (‚Moriz von Craun‘, ‚Iwein‘, ‚Klagebüchlein‘, ‚Zweites Büchlein‘, ‚Mantel‘ und ‚Erec‘) sind der äußeren Erscheinung nach nicht weiter zu differenzieren. Text 1 (‚Frauenehre‘) kann durch drei Merkmale (Titel in der Vorlage; jegliches Fehlen von Abschnitten und Initialen; Spatium im Umfang einer textfreien Spalte), Text 8 und 9 (‚Dietrichs Flucht‘ und ‚Rabenschlacht‘) durch ein Merkmal

(Spatium von einer textfreien Spalte) von dem Textblock 2 bis 7 unterschieden werden. Dieser erste Block ist deutlich vom ‚heldenepischen‘ Block zu trennen: die Texte 2 bis 7 wiesen abgesetzte Abschnitte und vier- bis dreizeilige Initialen aus, die Texte 10 bis 15 nichtabgesetzte Strophen bzw. Abschnitte und einzeilige Initialen, dazu Titel und Aventiurenüberschriften, die dem ersten Block fehlten. Die Annahme zweier größerer Sammelhandschriften kann dieses deutlich voneinander unterscheidbare Bild der äußeren Anlage erklären. Da die Texte 8 und 9 (‚Dietrichs Flucht‘ und ‚Rabenschlacht‘) thematisch den folgenden Texten zuzuordnen sind, sie im Äußeren jedoch dem ersten Textblock gleichen, möchte ich, wie im Falle von Text 1, eher eine ‚vorgeschaltete‘ Einzelvorlage annehmen.

Wie verhält es sich nun mit den übrigen Texten (Nr. 16 bis 25)? Daß sie aus einer anderen Vorlage entstammen, ist mit dem abrupten Wechsel zu abgesetzten Abschnitten und dreizeiligen Initialen deutlich sichtbar. Unter den auf den ‚Wolfdietrich‘ folgenden Texten läßt sich ein dritter Textblock erkennen. Er beginnt mit der ‚Getreuen Hausfrau‘ Herrands von Wildonie und endet mit dem ‚Pfaffen Amis‘. Merkmal der Zusammengehörigkeit ist hier zunächst ein inhaltliches: die vier Texte des Wildoniers werden auch in derselben Vorlage zusammengestellt gewesen sein. Ulrich von Liechtenstein wird im zweiten Text Herrands, im ‚Verkehrten Wirt‘ (‚Der betrogene Gatte‘) als Gewährsmann genannt; er folgt als Verfasser mit seinem ‚Frauenbuch‘ im Anschluß an die vier Texte des Wildoniers. Das zweite Merkmal ist, daß ab Nr. 19 (dem dritten von Herrand verfaßten Stück) jeder neue Text nicht auf einer neuen Spalte begonnen wurde, sondern unmittelbar im Anschluß an das Ende des vorhergehenden in derselben Spalte. Derart verbunden sind im ‚Ambraser Heldenbuch‘ nur der ‚Ortnit‘ und der ‚Wolfdietrich‘ (die Fortsetzung des ‚Ortnit‘). Wegen der Kürze der Texte des Wildoniers sind keine Abschnittsgrenzen festgelegt und folglich auch keine Initialen vorhanden. Lediglich die Prologe der ‚Getreuen Hausfrau‘ und des ‚Nackten Kaisers‘ sind durch eine große, gemalte Initiale von der Narratio abgehoben. In der ‚Katze‘ wird der Epilog durch eine zweizeilige Initiale abgesetzt. Das ‚Frauenbuch‘, der ‚Helmbrecht‘ und der ‚Pfaffe Amis‘ hingegen weisen abgesetzte Abschnitte auf, die durch zwei- und dreizeilige Initialen hervorgehoben werden (im ‚Amis‘ nur zweizeilige Initialen). Alle Texte dieser dritten Gruppe haben Titel, an denen nichts auszusetzen ist und für die von vornherein Platz ausgespart wurde.

Die Texte 24 (‚Titurel‘) und 25 (‚Priester Johann‘) werden nicht diesem dritten Block zuzuweisen sein, da sie a) keinen Titel aufweisen und b) jeweils auf einer neuen Seite beginnen. Auch Text 16 (‚Böse Frau‘) ist vom dritten Textblock durch eine freie Spalte deutlich gesondert; die durchgehend dreizeiligen Initialen entsprechen nicht dem Erscheinungsbild der folgenden Texte (meist zweizeilige, mit dreizeiligen abwechselnde Initialen).

Aus dem äußeren Erscheinungsbild lassen sich daher drei verschiedene Sammelvorlagen deutlich unterscheiden, zu denen sich thematisch passende Einzelvorlagen gesellten:

Sammelhandschrift I: Minnetheorie und -praxis (Hartmann von Aue und Verwandtes). Merkmale: abgesetzte Abschnitte, vier- und dreizeilige Initialen. Keine Titelgebung (Text 2 bis 7: ‚Moriz von Craun‘, ‚Iwein‘, ‚Klagebüchlein‘, ‚Zweites Büchlein‘, ‚Mantel‘ und ‚Erek‘).

Sammelhandschrift II: Heldenepik. Merkmale: nichtabgesetzte Abschnitte bzw. Strophen, einzeilige Initialen, vorhandene Titel und Aventiuren-überschriften (Text 10 bis 15: ‚Nibelungenlied‘, ‚Klage‘, ‚Kudrun‘, Biterolf‘, ‚Ortnit‘ und ‚Wolfdietrich‘).

Sammelhandschrift III: Vermischtes. Merkmale: Zusammengehörigkeit der Texte 17 bis 20 durch Verfasseridentität und -verwandtschaft; abgesetzte Abschnitte, meist zwei-, bisweilen dreizeilige Initialen, direkter Anschluß in derselben Textspalte (‚Die getreue Hausfrau‘, ‚Der betrogene Gatte‘, ‚Der nackte Kaiser‘, ‚Die Katze‘, ‚Frauenbuch‘, ‚Helmbrecht‘, ‚Pfaffe Amis‘).

Einzelvorlagen: Text 1, Strickers ‚Frauenehre‘, wurde, weil er thematisch zu den Minnetheorien (‚Klagebüchlein‘, ‚Zweites Büchlein‘) paßte, vorangestellt. Text 8 und 9, ‚Dietrichs Flucht‘ und ‚Rabenschlacht‘, passen thematisch zum Heldenepischen, auch sie wurden vorangestellt. Text 16, die ‚Böse Frau‘, wurde als Kontrapunkt der ‚Getreuen Hausfrau‘ vorangestellt. Text 24 und 25 wurden als Nachtrag ohne erkennbaren thematischen Zusammenhang zu den vorausgehenden Texten auf Wunsch Maximilians hinzugefügt.[326]

Aus den verfügbaren Quellen zur Entstehungsgeschichte der Handschrift ist nicht zu ersehen, wer Ried die Vorlagen beschafft hat — daß er sie selbst zusammengesucht haben könnte, darf man mit gutem Gewissen ausschließen: Ried zeigt an keiner Stelle auch nur das geringste Anzeichen für genauere Kenntnis der Stoffe. Die Hypothese WIERSCHINs, der vom Bauern zum Ritter aufgestiegene Florian Waldauf habe von 1504 bis 1508 als ‚literarischer Beirat‘ Rieds fungiert, dessen Aufgabe dann Liechtenstein übernommen habe, entbehrt jeglicher Begründung. Waldauf wird im Zusammenhang des ‚Heldenbuchprojektes‘ nicht ein einziges Mal genannt. Anders steht es mit Paul von Liechtenstein, dem ‚Finanzminister‘ des Kaisers; sein Name ist immer wieder mit dem Heldenbuchvorhaben verknüpft. Schon bei der ersten Erwähnung des geplanten ‚Heldenbuches‘ soll der ausersehene Schreiber zu Liechtenstein geschickt werden und bei ihm arbeiten. Er unterzeichnete neben Maximilian die ‚zweite‘ Auftragsvergabe an

---

326 Wierschin (1976), S. 563.

Hans Ried, gab Anweisungen über das ‚Riesenbuch‘, und, als Ried dem Sohn Pauls von Liechtenstein Schreibunterricht erteilte, arbeitete der Schreiber auf dessen Schloß ‚an der Etsch‘ weiter am Ambraser Heldenbuch. Wenn demnach von einem ‚Beirat‘ die Rede sein kann, dann hieß er Paul von Liechtenstein. Und ihm ist es wohl zuzutrauen, daß er − natürlich auf die Wünsche Maximilians eingehend − auch diesen Auftrag so selbständig wie alle anderen Aufträge Maximilians zu erledigen wußte, also keines weiteren Mitarbeiters (neben Ried) bedurfte.

Maximilian hat verschiedentlich Vertraute ins Land geschickt, um sie nach *antiquitatibus* fahnden zu lassen und seine Beauftragten waren nicht zurückhaltend in der Beschaffung. Seinen „vertrauten Freund und Hofbibliothekar", Johann Cuspinian, hatte er „die Klosterbibliotheken nach brauchbaren Handschriften durchsuchen lassen"[327] − worauf die verschiedensten Kloster-Kodices in den Besitz der Habsburger übergingen oder in den Bibliotheken der um Maximilian gescharten Gelehrten Platz fanden.

Aus solchen Visitationen können die Vorlagen des AH jedoch nicht stammen, aus einem einfachen Grund, der ebenso die Herkunft der Vorlagen aus der Bibliothek Maximilians ausschließt: was man besaß, mußte man nicht für seinen Eigenbedarf vervielfältigen, was man beschlagnahmen konnte, brauchte nicht abgeschrieben zu werden. Die Vorlagen müssen für Maximilian und seinen ‚Beauftragten‘ verfügbar, aber nicht erwerbbar gewesen sein. Klosterbibliotheken bereiteten ihm und seinen Vertrauten keine Schwierigkeiten. Gelehrtenbibliotheken konnten durch Gegendienste zur Abgabe des einen oder anderen Bandes bewegt werden, Adelsbibliotheken innenpolitischer Gegner bei militärischen Siegen mitgepfändet werden. Daher ist es einleuchtend, daß sich keine Vorlage des AH in den Bibliotheksverzeichnissen der Habsburger noch unter den erhaltenen Handschriften aus ihrem Besitz finden läßt: die Vorlagen sind nie im Besitz Maximilians gewesen, sie wurden entliehen.

Maximilian wollte die seltensten, meist nur noch in einem Exemplar erreichbaren Historien der alten Zeit, die er in den Bibliotheken der ihm verbundenen Adelshäuser wußte, sammeln und erhalten. Dieses Konzept ist natürlich nicht mehr das frühere, nämlich jene Werke zu vereinen, die zu Schloß Runkelstein als Vorbild der Wandmalereien gedient hatten.

Daß nur die ältesten erreichbaren Texte zur Vorlage akzeptiert wurden, dafür gibt die Handschrift selbst einen unübersehbaren Hinweis: für die der Vorlage fehlenden Aventiuren des Nibelungenliedes wurde bekanntlich Raum für spätere Nachträge freigelassen; der ‚Defekt‘ hätte sich − wenn nicht gewisse Bedenken bestünden − aus einer anderen Handschrift be-

---

[327] Czerny (1874), S. 27.

heben lassen können. Der ‚literarische Beirat' wußte aber nicht nur, daß die Nibelungen-Handschrift eine Textlücke hatte, sondern auch, wie umfangreich diese etwa gewesen ist; d. h. er kannte und verfügte über andere, jüngere Nibelungen-Handschriften. Der Raum wurde aber bewußt für eine Ergänzung freigehalten, die in der Qualität, dem Alter und der ‚Rezension' der Nibelungen-Handschrift O entsprach.

Die Vorlagen sind nur nach bestimmten, für die damalige Zeit streng zu nennenden Auswahlkriterien zur Abschrift zugelassen worden; sie mußten auf Pergament, in gut lesbarer, alter Schrift geschrieben gewesen sein und seltene Texte oder Textrezensionen geboten haben. Bei solch strengen Kriterien verbietet sich eine weitere Beschränkung durch gattungsspezifische oder inhaltliche Vorentscheidungen und Auswahl von selbst: volkssprachige Texte der alten Zeit, der ritterlich-höfischen Kultur des 12. und 13. Jahrhunderts, die in den Adelsbibliotheken Tirols (und der Steiermark?) noch zu entleihen waren, wurden an Maximilians Schreiber Hans Ried zur Abschrift gegeben. Daher finden sich neben Novellen (‚Moriz von Craun', ‚Helmbrecht') Fabeln (‚Die Katze' von Herrand), Ehemärlein (‚Die getreue Hausfrau', ‚Die böse Frau'), Minnetraktate (‚Büchlein', ‚Frauenbuch'), Schwänke (‚Mantel'), ritterlich höfische Epen (‚Erek' und ‚Iwein'), höfische Heldenepen (Nibelungenlied, ‚Kudrun') und Heldenlieder.

Es fällt schwer, hierin ein ‚Handschriften-Programm' verwirklicht zu sehen; weder der Gattung noch den Inhalten nach läßt sich eine Einheit konstruieren, und die ganze bemühte Suche der bisherigen Forschung nach einem roten Faden scheint mir vergeblicher als bei vielen anderen Mischhandschriften, denen ebenfalls kein thematischer Sinn zur Zusammenstellung zu entnehmen ist. Wir werden uns wohl damit abfinden müssen, daß das Ambraser ‚Helden'-Buch eher einem vielseitigen Antiquitäten-Laden gleicht als einer mit Liebe gehegten Spezial-Sammlung.[328]

Der ‚Helmbrecht' ist daher sicher nicht aus inhaltlichen Erwägungen Maximilians oder Pauls von Liechtenstein aufgenommen worden, sondern aus Zufall. Die oben erschlossene dritte Sammelhandschrift wurde wahrscheinlich deshalb abgeschrieben, weil in ihr der Name Ulrich von Liechtenstein zweimal begegnet: einmal als Gewährsmann und das andere Mal als Verfasser. Paul von Liechtenstein, auf dessen Burg Hans Ried seinen Kindern Schreibunterricht gab, bevor er die Texte der steiermärkischen Dichter kopierte, war vielleicht auf das Manuskript aufmerksam gemacht worden, weil sein Namensvetter darin genannt wurde. Paul von Liechten-

---

328 Glier (1971, S. 389 ff.) hat meines Wissens als einzige in dieser Richtung vorgedacht; sie äußert erstaunlich zutreffende Vermutungen, die zum Teil durch meine Ergebnisse bestätigt werden.

stein war zwar kein Verwandter Ulrichs von Liechtenstein, aber die Aufnahme dieses Dichters in das ‚Ambraser Heldenbuch' warf sicher auch einen Glanz auf das zu Maximilians Zeiten angesehene Geschlecht.[329] Daß die kleine Sammlung, die Ried zur Abschrift vorgelegt wurde, den ‚Helmbrecht' enthielt, wäre nicht weiter verwunderlich, wenn sie aus den Kreisen des steiermärkischen Adels stammte[330], denn dort konnte Ottokar offenbar ohne weiteres auf die Lehre von Helmbrechts Vater anspielen; das Publikum seiner ‚Reimchronik' mußte demnach vom ‚Helmbrecht' schon einmal gehört, die Erzählung vielleicht sogar gelesen haben.[331]

2.2.3 Ein Buch ohne Leser

Zwei Momente sind zu berücksichtigen, wenn die Entschlüsselung eines Sinnes im ‚Heldenbuch' — dem zweiten, nicht dem Runkelsteiner Projekt — noch gelingen soll. Zum einen orientierte sich Maximilian an geschichtlichen Traditionen und überkommenen, vielleicht schon verkommenden Werten und Vorstellungen der ‚Altvorderen'. Sie objektivieren sich unter anderem in der besonderen Neigung des Königs und Kaisers zu den *gar alten historien und geschichten* und seinen genealogischen Spielereien, für die er viele Gelehrte zu Rate zog und die ihm bereitwillig das Gewünschte lieferten. Zum anderen war er wie kein anderer bestrebt, der Nachwelt eine *gedachtnus* zu hinterlassen, welche das Vergessen mit allen Mitteln verhindern sollte. Das Grabmalprojekt, der ‚Theuerdank' und vielleicht auch das ‚Heldenbuch' suchen beide Interessen miteinander zu verschmelzen.

Vergangenes wird reaktiviert, dem Vergessen entrissen und diese Annäherung an die Geschichte, der Zusammenschluß der Persönlichkeit Maximilians mit der von ihm wieder entdeckten Tradition ist in die Form der *gedachtnus* für die Nachwelt gegossen. Maximilians Person ist die Vermittlungsinstanz, über die Vergangenes und Zukünftiges im Interesse einer vergänglichen Gegenwart zusammengeschlossen wird. Indem Maximilian

---

329 Vgl. Edith Mader: Paul von Liechtenstein, Marschall des Innsbrucker Regiments, im Dienste Kaiser Maximilians I in den Jahren 1490 bis 1513, Diss. [masch.] Graz 1973.

330 Für die Herkunft der Vorlage aus der Steiermark spricht die außerordentlich gute Überlieferung (die nur durch Rieds Mißverständnisse öfter gestört wird) der Texte Herrands und Ulrichs. Die Texte des Wildoniers scheinen nach Diktat niedergeschrieben zu sein, also ohne schriftliche Vorlage; dies ergeben einige Stellen, die als ‚Hörfehler' bzw. ‚Hörschreibe' zu erklären sind: in der ‚Getreuen Hausfrau': *diser man* statt *die si ir man* V. 268; in ‚Der verkehrte Wirt': *villihte* statt *wil lihte* V. 5; in der ‚Katze' *zarg* (= *ze arge*) V. 267; *enher* (= *ennenher*) V. 270; *zun* (= *ze eim*) V. 271.

331 Vgl. den Abschnitt 3.2 ‚Helmbrecht' in der Steiermark.

aber den vom Vergessen bedrohten Historien der alten Zeit zu ihrer Anerkennung verhilft, die sie in seiner Gegenwart schon verloren haben und auch nicht wiederfinden werden, definiert er sich und der von ihm geretteten Literatur ein neues, noch nicht vorhandenes zukünftiges Publikum. Das Ambraser Heldenbuch als Sammlung der beinahe unwiderruflich verlorenen volkssprachigen Literatur der ältesten Zeit hat demnach kein zeitgenössisches Publikum intendiert, es negiert geradezu den zeitgenössischen Leser. Es ist für die Zeit um 1500 eine Kuriosität, denn es verfolgt keine gegenwärtige Zwecksetzung, es war nicht als vorzeigbares Prachtexemplar gedacht (etwa in dem Sinne, daß Maximilian die ältesten und schönsten Historien besitze), es diente ausschließlich der Bewahrung der versammelten Texte vor dem Untergang und für die Nachwelt. Es ist eine Huldigung an die vergangenen Zeiten, aber noch mehr ein persönliches Vermächtnis Maximilians für spätere Generationen.

Die versammelten Texte — erst recht in der altertümelnden Präsentation — waren nichtssagend geworden. Wenn Maximilian sie dennoch abschreiben ließ und sich für sie interessierte, so ist dieses Verhalten atypisch und für Aussagen über das Publikum des Mittelalters irrelevant; die Anlage des ,Ambraser Heldenbuches' beweist im Gegenteil den endgültigen Abschied von einer vergangenen Literatur, die als traditionelle Lebenshilfe und auch vom Unterhaltungswert keinen gegenwärtigen Zweck mehr erfüllte.

Auch die Schreibgewohnheiten Rieds — geprägt von den Wünschen des Auftraggebers — verraten, daß sie nicht der Anverwandlung der Stoffe für die Gegenwart dienen sollten (man vergleiche etwa Linhart Schewbels ,Heldenbuch'), sondern möglichst unverändert das alte Erscheinungsbild erhalten wollen. Die Konzeption des Ambraser Heldenbuches vermittelt — gerade in der Behandlung und ,Auswahl' der Vorlagen — ein ausgesprochen modernes, nämlich ein antiquarisches Interesse.

Die Absichten Maximilians und seines Mitarbeiters Paul von Liechtenstein mußten mißverstanden werden, weil sie ihrer Zeit unangemessen waren. Das ,Ambraser Heldenbuch' war weder als Lesehandschrift geplant noch als Repräsentationsobjekt konzipiert. Der Schreibstoff Pergament diente dem Erhalt, der Langlebigkeit der Sammlung, Raum für Illustrationen war nicht vorgesehen (der spätere Illustrator mußte auf die Randleisten ausweichen), eine kunstvolle Schrift war gewählt worden, nicht weil sie den ästhetischen Vorstellungen besser genügte, sondern weil sie besser lesbar, zeitloser als die gebräuchliche Bastarda oder Kanzleikursive ausfiel. Zusammen mit dem Format, dem Umfang und dem aufwendigen Einband mußten die Erben Maximilians den Eindruck eines Prunkstückes gewonnen haben, freilich eines nutzlosen, nicht zweckerfüllenden Repräsentationsobjektes. Es wurde nicht in einer Bibliothek aufgestellt, sondern in der ,Kunst- und Wunderkammer' auf Schloß Ambras begraben und hatte an diesem Ort — Ironie des geschichtlichen Mißverständnisses der Erben — genaugenommen seinen Platz gefunden, um bis zu jener Zeit zu überleben, zu der das Publikum, das Maximilian ihm bestimmt hatte, geboren wurde: Maximilian hatte das Aufkommen des Germanisten-Standes vorausgesehen.

2.3 Die Ranshofener Bilderhandschrift des ,Helmbrecht'

Auf die Spuren einer Handschrift, die noch zu Anfang des 19. Jahrhunderts vorhanden gewesen sein muß, führt der Bericht des rührigen Erforschers der ,Heimat des Helmbrecht', FRIEDRICH KEINZ. In einem Nachtragsbericht (1865) zu seinen lokalen Erkundungen erwähnt er die Zusammenkunft seines Hauptinformanten, des Pfarrers Josef Saxeneder aus Überackern im Innviertel, mit einem alten Dienstboten und Bauern, der sich an ein handgeschriebenes Buch der Ranshofener Mönche erinnerte, welches ebendenselben Inhalt hatte wie der ,Helmbrecht'. Der Bericht, den KEINZ über die Befragung des Joseph Liedl gibt, soll hier ausführlich zitiert werden:

> Das Ranshofener Kloster der Chorherrn vom hl. Augustin besass in Gilgenberg einen Meierhof, (jetzt Meisterhof in der Ortschaft Meierhof) dessen Reichthum man mit der Redensart bezeichnete, dass dort das ganze Jahr gedroschen werde. Die Bauern der Umgegend dienten gerne einige Jahre auf diesem Hofe, weil sie dort die Feldarbeit gründlich erlernen konnten. So diente auf ihm viele Jahre auch ein noch jetzt lebender Bauer, Joseph Liedl, Leithenhauserbauer in Gilgenberg als Baumann (erster männlicher Dienstbote). Dieser erzählte dem Herrn Pfarrer Saxeneder bei einer eigens vor Zeugen veranstalteten Zusammenkunft: damals hätten sie auf dem Meisterhofe viele schöne Bücher von den Klostergeistlichen zu lesen bekommen, von denen ihm besonders eines, das sehr schön und mit Bildern verziert war, gefallen habe — das Buch ,,von dem Rauberhauptmann Helm, einem Gilgenberger". Von den Bildern konnte er sich namentlich noch das von Helm selbst gut vorstellen, wegen der grossen, eigenthümlichen Kopfbedeckung, mit der der Rauberhauptmann dargestellt war. Nach dieser Erzählung erst nahm der Herr Pfarrer das damals eben erschienene Buch zur Hand und las ihm einige Stellen daraus vor und sogleich erkannte der Alte das Ranshofener Buch und wusste so ziemlich den ganzen Inhalt desselben anzugeben. Dem alten Mann traten Thränen der Freude in die Augen, dass das Lieblingsbuch seiner Jugend wieder zu verdienten Ehren gekommen sei; nur, meinte er, sei jenes viel schöner gewesen, der vielen schönen Bilder wegen, und seufzte dazu: die jungen Leute verstehen von dem nichts mehr. — Der Mann zählt jetzt 86 Jahre, ist aber wegen seines ausserordentlich scharfen Gedächtnisses in der ganzen Gegend berühmt, so dass er häufig sogar vor Gericht, in schwierigen auf altem Herkommen fussenden Rechtsverhältnissen, als ,Gedenksmann' benützt wird. [. . .]

> Aus dem Ergebnis einer zweiten Besprechung, die Hr. Pfarrer S. auf mein Ansuchen veranstaltete, um eine möglichst genaue Beschreibung des Buches zu erhalten, dürften die folgenden Angaben besonders mittheilenswerth sein. Der alte Liedl hat das Buch selbst gelesen, er ist für einen Bauer noch jetzt ungewöhnlich geschickt im Lesen und Verstehen alter Schriften; wie er sagt und durch sein Beispiel beweist, wurde in den vom Kloster Ranshofen geleiteten Schulen ein besonderes Augenmerk auf das Lesen alter Documente verwendet. Nach seiner Erinnerung hatten die Klosterherren so schön geschriebene

Bücher, als wenn sie gedruckt wären, so dass man jetzt das Schreiben gar nicht mehr so lernt, weil es die Schullehrer selbst nimmer so können. Das Buch vom Rauberhauptmann Helm hält er für ein geschriebenes, mit gemalten Bildern – recht schönen, so „dass man accurat sehen konnte, wie der Kund aussah" – besonders auch mit sehr schönen Anfangsbuchstaben [Initialen]. Breiter als das neue war es wohl nicht (wegen der kurzen Verse) aber viel länger. Ob es Pergament war und wie es äusserlich aussah, konnte er sich nicht mehr erinnern.[332]

Wer je für die wissenschaftliche Bearbeitung eines zeitgeschichtlichen Themas Zeugenbefragungen durchgeführt hat, weiß, wie eigentümlich der Kern eines Geschehens bei den Informanten von späteren Eindrücken überlagert werden kann.[333] Dennoch hatte der Bauer wohl kaum Gelegenheit, vor dem ‚Ortstermin' Kenntnis von den neueren Veröffentlichungen des ‚Helmbrecht' zu erlangen und so darf man wohl den Angaben von KEINZ im großen und ganzen ihren Wert nicht absprechen.

Einige Aussagen des Bauern Liedl[334] lassen sich auf ihre Richtigkeit hin überprüfen: zur Pfarrkiche von Gilgenberg, die vor 1190 vom Stifte Ranshofen erbaut wurde, gehörte der Pfarrhof, „einst der Pfaffenhof im Maierhofe, jetzt der Meisterhof genannt"[335]. Vor 1830 betreute die Pfarre Georg Fischereder, der auch in Gilgenberg die achtzig bis neunzig Werktagsschüler unterrichtete.

Johann Georg Fischereder ist am 24. April 1765 zu Peterlehen in der Pfarre Hochburg am Weilhart als Kind einfacher Bauersleute geboren. Er besuchte das humanistische Gymnasium in Burghausen, studierte Philosophie in Passau und Theologie in Wien. Die Priesterweihe erhielt er am 14. August 1789 in Linz durch Jos. Anton Gall. 1789 wurde er Kaplan zu Geretsberg; die Gilgenberger Pfarre hatte er vom 27. Mai 1794 bis März 1842 inne. Sein Nachfolger im Amt, Wolfgang Mayrhofer, ist seit dem 18. März 1842 bezeugt. Gestorben ist Fischereder am 13. Mai 1843 im Alter von 80 Jahren. Sein letztes Jahr verbrachte er auf dem Meisterhof

---

332 [Friedrich Keinz:] Nachträge des Herrn Keinz zum Meier Helmbrecht, in: Sitzungsberichte der kgl. Bayerischen Akademie der Wissenschaften. Phil. phil. Classe, München 1865, S. 316 – 331, hier S. 318 – 320.

333 Bei meiner Arbeit über ‚Die Rätebewegung im Kreis Gießen 1918/19' (in: Mitteilungen des Oberhessischen Geschichtsvereins NF. 60 [1975], S. 41 – 91) war ich auf Zeugenbefragungen angewiesen; nicht selten wurden Ereignisse späterer Jahre (zum Beispiel Kapp-Putsch u. a.) in die Jahre 1918/19 zurückdatiert. Einige Informanten verfügten jedoch über eine erstaunlich genaue und zuverlässige Erinnerung.

334 Joseph Liedl starb im Alter von 80 Jahren (die Angabe bei Keinz ist falsch) am 9. März 1866 an Urämie. Er war Eigentümer der Leithenhauser Sölden, ein Gehöft, von dessen Ertrag allein keine Familie ernährt werden konnte (Totenbuch der Gemeinde Gilgenberg im Weilhart und Materialien des Pfarrarchivs).

335 Pillwein, Innkreis, S. 208; vgl. auch S. 206.

113

(Meierhof). In der Pfarrchronik zu Gilgenberg wird eine Anekdote erzählt, in der der eben erwähnte Zeuge Saxeneders, Joseph Liedl, und der Pfarrer Fischereder eine Rolle spielen.[336]

Dieser zu Liedls Dienstbotenzeit tätige Pfarrer besaß laut PILLWEINs Topographie vom Jahre 1830

> eine aus allen Fächern nicht unbeträchtliche Büchersammlung, einst zur Pfarrbibliothek bestimmt [. . .] Es finden sich mehrere Inkunabeln darunter: ein gut erhaltenes Exemplar von Theuerdank, ein Joannes de Monteville von 1481 mit Holzschnitten, ein Donat, ein zierliches Pergament-Manuskript aus der Signoria Venetiana mit Migniatur-Mahlereyen von 1319 etc.[337]

In der Angabe, daß die Erzählung „von dem Rauberhauptmann Helm, einem Gilgenberger" gehandelt habe, mußte KEINZ natürlich den Beweis für die Realität des Vorfalls sehen, welchen Wernher lediglich in Verse gekleidet hatte. Die Existenz des von MUFFAT und KEINZ aufgefundenen ‚Helmbrechtshofes' in der Gemeinde Gilgenberg kann aber ebenso schon früher zu der Verankerung des literarischen Geschehens im damaligen Rezeptionsgebiet — als lokale Tradition — geführt haben. Wer von der Quelle zu Wanghausen am Inn sprach, der konnte nicht weit davon wohnen, und wo der Gilgenberger der einzige ‚Helmbrechtshof' im Weilhartgebiet war, mußte dann auch der ‚Rauberhauptmann Helm' von ihm stammen, wenn er der Sohn eines Bauern namens Helmbrecht gewesen ist.

KEINZ berichtet an anderer Stelle, daß der „alte Lenz", der Bauer Georg Hartl, dessen Familie seit dem 16. Jahrhundert den Helmbrechtshof besaß,

> im kreise seiner jugendgenossen bei neckereien oft als helmerdieb, helmelrauber verspottet worden [ist]. sein vater hätte ihn darüber auf seine klage mit dem troste beruhigt: „lass' gehn die buben; ist mir auch nicht besser gegangen; ist schon auf dem haus!"[338]

Die lokale Tradition könnte auf einer sekundären Ansiedlung des literarischen Geschehens aufgrund der Namensgleichheit des Helden mit einem Hofnamen und der Nähe zu dem genannten Wanghausen beruhen. Woher aber sollten die Bauern Kenntnis vom ‚Helmbrecht' erlangt haben? Die Existenz der ‚Helmbrecht'-Handschrift bei den Ranshofener Chorherren, die die Bauern im Lesen und Schreiben unterrichtet haben, könnte diese Kenntnis erklären. Die Namensform *Helm* wird aufgrund der Kurzform

---

336 Pfarrarchiv Gilgenberg: fragmentarische Pfarrchronik und eigenhändiges Schreiben Fischereders an das erzbischöfliche Consistorium in Salzburg vom 20. August 1811; Totenbuch der Gemeinde Gilgenberg.

337 Pillwein, Innkreis, S. 169; Hervorhebung von mir, U. S.

338 Keinz (1894), S. 261.

Helml (für *Helmbrecht, Helmolt*) entstanden sein. Ich nehme nicht an, daß der vom Bauern Liedl gesehene und gelesene ‚Helmbrecht‘ eine modernisierte Fassung[339] der Erzählung Wernhers gewesen ist. Eher wird in seiner Erinnerung aus dem ‚Bandenmitglied‘ Helmbrecht der Hauptmann geworden sein und aus der Kurzform *Helml* der Name *Helm*.

Interessant sind die Angaben über die Handschrift selbst. Es muß sich um eine sorgfältige und mit Miniaturen geschmückte, kleinformatige Handschrift im sogenannten Libellformat gehandelt haben; beachtenswert ist auch die Information, daß die Verse abgesetzt, nicht fortlaufend geschrieben wurden. Um eine Kursivhandschrift oder Bastarda kann es sich nicht gehandelt haben, sonst hätte sie der Bauer wohl kaum mit den Worten „als wenn sie gedruckt wären" beschrieben. Wenn es sich nicht um die Geschichte vom „Rauberhauptmann Helm" mit seiner „großen, eigentümlichen Kopfbedeckung" handeln würde, so wäre zu vermuten, daß der Bauer eher das Gebetbuch eines der Augustinerchorherren des Stiftes Ranshofen vor Augen hatte.

Weltliche Literatur in den Händen von Klostergeistlichen, gerade solchen, die dem Adel entstammen, ist nichts Außergewöhnliches; besonders dort, wo auch Laien ihren Lebensabend fromm beschließen wollten, wird es des öfteren vorgekommen sein, daß sie ihnen liebgewordene Bücher mit ins Kloster nahmen. Ein Freundsberger brachte wahrscheinlich seinen ‚Titurel‘ mit in das Kloster Mariathal zu Voldep, der Ende des 15. Jahrhunderts in der Buchbinderei des Klosters für den Einband einer ‚Melusine‘ und eines ‚Partonopier‘ — ebenfalls nicht gerade ausgesprochen fromme Texte — verwendet wurde.[340] Auf solche und ähnliche Weise sind sicher viele Fragmentfunde in Klosterbibliotheken oder ehemaligen Klosterhandschriften zu erklären. Wenn der Besitzer, der den Band ins Kloster eingebracht hatte, starb, fiel das Buch an die Gemeinschaft und konnte bisweilen unter besonders strikten Bibliothekaren nur störend im Gesamtbild der Bestände wirken.

Wenn die Angaben Saxeneders stimmen — und ich sehe keinen Grund, ihnen zu mißtrauen —, wäre eine Abschrift des ‚Helmbrecht‘ von einem Chorherren oder Laienbruder mit ins Kloster Ranshofen gebracht worden und nach seinem Tod — wohl wegen der kostbaren Ausstattung — ausnahmsweise einmal nicht zu Makulatur verarbeitet worden. Bei der Auf-

---

[339] So interpretiert Keinz (1865), S. 320, die Angaben seines Informanten: „eine wenn auch in Titel und Sprache modernisierte Abschrift des älteren Helmbrecht".
[340] Berlin, Staatsbibliothek Preußischer Kulturbesitz mgf. 1064. Auf dem letzten Blatt des JT aus dem 13. Jahrhundert, in der freigebliebenen Spalte, ist deutlich ein großes F vom Rubrikator gemalt, das zum Text keinerlei Bezug hat. Das Dominikaner-Kloster Mariathal bei Voldep (Tirol) wurde im Jahre 1267 von Ulrich von Freundsberg gestiftet (Schneider [1958], S. 9, A. 1).

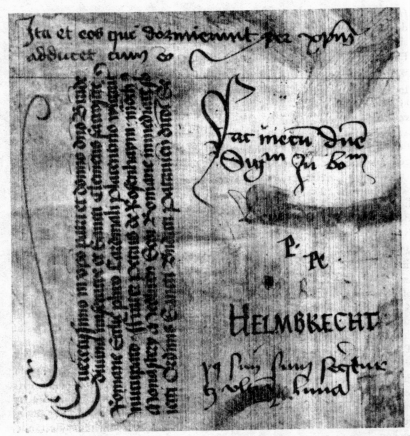

Abb. 13: Spiegelnotizen des Petrus Kranator in Mondsee (Österreichische National-Bibliothek, Wien, Cod. Vindob. 3613)

hebung des Klosters im Jahre 1811 sind einige Schätze vor dem Staats-zugriff ‚gerettet' worden, wie zum Beispiel ein kostbares Evangeliar, das später ins British Museum gelangte. Daß der Pfarrherr Fischereder Be-stände der Gilgenberger Filiale des Klosters Ranshofen übernommen hatte, haben wir oben erfahren, doch kann die Handschrift auch andere Wege genommen haben. PILLWEIN berichtete 1830: „Der edle Sinn des Dechants Hauser zu Ranshofen für Wissenschaft und Kunst bewahrte einen grossen

Theil der Bibliothek seines vorigen Stiftes"[341] – nämlich in seiner privaten Büchersammlung. Bestätigt wird die Angabe, daß einige der Kostbarkeiten – zu denen sicher auch die Ranshofener Bilderhandschrift des ‚Helmbrecht' zählte – dem Staatseingriff entzogen wurden, durch PRITZ. Auch er berichtet, daß der ehemalige Chorherr Pankraz Hauser einen Teil der Ranshofener Handschriften in seiner Pfarrbibliothek zurückbehalten hatte.[342]

Die ‚Helmbrecht'-Handschrift im Kloster Ranshofen oder in einer seiner Außenstellen würde die eigentümliche lokale Tradition erklären helfen, die vor der wissenschaftlichen Wiederentdeckung des Textes bestand und von KEINZ erkundet (und wiederbelebt) wurde. Damit wäre ein zweites Mal belegt, daß im Kloster der Augustiner-Chorherren weltliche Literatur rezipiert wurde. KLEINSCHMIDT[343] hat daran erinnert, daß um die Mitte des 13. Jahrhunderts ein Ranshofener Chorherr den Prolog von Wolframs ‚Willehalm' übersetzt und eine Handschrift desselben sich demnach – zumindest in Ausleihe – einst im Kloster befunden hat.[344]

---

[341] Pillwein, Innkreis, S. 168.

[342] Franz Xaver Pritz: Geschichte des aufgelassenen Stiftes der regulierten Chorherren des heiligen Augustin zu Ranshofen in Oberösterreich, in: Archiv für Kunde österreichischer Geschichtsquellen 17 (1857), S. 327 – 435, hier S. 428 f. Pankraz Hauser ist 1759 in Gilgenberg geboren, erhielt die Priesterweihe 1785 und starb am 21. 5. 1831 als Pfarrer zu Ranshofen (Pfarrarchiv Gilgenberg).

[343] Erich Kleinschmidt: Die lateinische Fassung von Wolframs ‚Willehalm'-Prolog und ihr Überlieferungswert, in: ZfdA. 103 (1974), 95 – 114.

[344] In dem nicht weit entfernten Kloster Mondsee ist der ‚Helmbrecht' möglicherweise ebenfalls, Ende des 15. Jahrhunderts, vorhanden gewesen. Der Codex Vindobonensis 3613, eine lateinische Sammelhandschrift mit Texten über Moral und Kanonistik, weist von der Hand des *petrus kranator* (latinisiertes Kastner) *Inn mansee*, eines möglichen Vorbesitzers der 1444 geschriebenen Handschrift, im hinteren Spiegel den kalligraphischen Eintrag „HELMBRECHT" auf. Die Federprobe mag von einer jüngstvergangenen Leseerfahrung inspiriert sein (s. Abb. 13).

3. Die literarische Nachwirkung

Eine Geschichte mittelalterlicher literarischer Nachwirkung ist bis heute nicht geschrieben und auch Reflexionen über dieses Thema sind selten zu Papier gebracht worden.[345] Dabei besteht ein erklecklicher Prozentsatz der autorbezogenen Sekundärliteratur aus Schriften, Aufsätzen und Miszellen, die über nichts anderes berichten. In den Titeln begegnen Umschreibungen für die literarische Nachwirkung (meinerseits eine Umschreibung für einen noch zu findenden Begriff), die belegen, daß man sich wohl selten die Mühe gemacht hat, einmal den Gesamtkomplex des angeschnittenen Themas mit zu bedenken. Da ist die Rede von Reminiszenzen, von Entlehnungen, Nachahmung, Abhängigkeit, Anspielung, Nachfolge und Benutzung, dann von Einfluß, Nachwirkung, Nachleben und Einwirkung, es finden sich Titel wie ,X als Schüler' / ,in der stilistischen Nachfolge von' / ,als Quelle für Y' und ähnliches. Die Wortwahl ist in einigen Fällen vorbelastet; wenn von Nachahmung und Abhängigkeit gesprochen wird, muß der Gegenbegriff die Selbständigkeit sein (die dem Nachahmer mangelt). Auch die ,Benutzung' setzt oft voraus, daß der Dichter wohl nicht in der Lage war, seinen Stoff selbständig in Szene zu setzen.

Die Publikationen des 19. Jahrhunderts gaben sich meist schon mit der Bekanntmachung einer aufgefundenen literarischen Rezeption oder ,Quelle' zufrieden. Daß eine ,Einwirkung' oder eine ,Aufnahme' stattgefunden hat, wurde dargelegt, manchmal auch umständlich bewiesen, und damit hat es in den meisten Fällen sein Bewenden gehabt. Die einzige große Ausnahme war es, wenn der Dichter A den Dichter B zitierte, um sich von ihm abzuheben: bei der literarischen Kritik – ebenfalls ein Phänomen der literarischen Rezeption – mußte stets auch danach gefragt werden, warum und mit welcher Absicht sie auf die Ansichten eines anderen Dichters rekurrierte. Damit soll nicht behauptet werden, daß sich die Forschung dem Sinn und Zweck literarischer Nachwirkungen im Einzelfall nicht doch ab und an mit größerer Sorgfalt gewidmet hat. Aus dem Bereich der ,Helmbrecht'-Literatur ist beispielsweise auf RUHs Beitrag über ,Helm-

---

345 Für die moderne Literatur hat sich Peter Horst Neumann der Problematik angenommen (Das Eigene und das Fremde. Über die Wünschbarkeit einer Theorie des Zitierens, in: Akzente 27 [1980], S. 292 – 305); er forderte in seinem Essay, dessen Gedanken auch für eine Theorie der mittelalterlichen literarischen Nachwirkung überlegenswert sind, u. a. eine „Typologie der Zitierformen"(S. 295).

brecht und Gregorius' hinzuweisen[346], aber solche Aufsätze gehen vielfach in der Masse der 'beigebrachten Parallelen' und Zitathäufungen anderer Publikationen unter.

Erst die letzten Jahre haben in dieser Hinsicht einen erfreulichen Fortschritt gebracht: der Begriff der 'literarischen Rezeption' in den Titeln und Vorworten neuerer Publikationen belegt, daß sich ein Untersuchungsgegenstand herauskristallisiert, der sich nicht in öder Faktensammelei, Parallelstellen-Kompendien und Zusammenstellungen darüber erschöpft, welche Dichter von einem bestimmten Autor im Verlaufe des Mittelalters Kenntnis verraten. CHRISTELROSE RISCHER analysierte die Bearbeitungen mittelhochdeutscher Epen durch Füetrer, um „durch Beobachtungen am Text festzustellen, in welcher Weise die Erfahrungsgeschichte des antizipierten Publikums an die Geschichte der Literatur angeschlossen wird"[347]. In den Bearbeitungen artikuliere sich ein spezifisches Rezeptionsinteresse, das es herauszuarbeiten gelte. Parallel dazu untersuchte sie den Zeitgenossen Füetrers, Jacob Püterich; die Gestaltung seines 'Ehrenbriefes', in der Titurel-Strophe abgefaßt, zeigt eine Fülle von Adaptionen, Zitaten aus der und Berufungen auf die klassische Literatur Wolframs und anderer Dichtergrößen. „In dem großen rhetorischen Aufwand, in der Art und Häufigkeit der verwendeten Zitate, in der Adaption vorgegebener literarischer Muster manifestiert sich der Anspruch des 'Ehrenbriefes' auf Teilhabe an dem fiktiven Bereich der Literatur."[348]

BURGHART WACHINGER behandelte in seiner Studie zur Rezeption Gottfrieds von Straßburg im 13. Jahrhundert vier exemplarische Fälle literarischer Rezeption[349], die Fortsetzung des Tristan durch Ulrich von Türheim, die Adaption im 'Willehalm' des Rudolf von Ems, die Berufung und Herstellung einer literarischen Tradition in Konrads von Würzburg 'Herzmäre' (den Liebenden nützlich und hilfreich) und die parodistisch wirkende Zitatmontage in 'Aristoteles und Phyllis'. WACHINGER stellt eine Reihe von literarischen Rezeptionstypen vor, die zur Auslotung des Phänomens 'literarische Nachwirkung' von Bedeutung sind. Die Aufgaben literarischer Anspielungen im publikumsbezogenen Kontext werden an-

---

[346] Kurt Ruh: Helmbrecht und Gregorius, in: Beitr. 85 (Tüb. 1963), S. 102 – 106.

[347] Christelrose Rischer: Literarische Rezeption und kulturelles Selbstverständnis in der deutschen Literatur der 'Ritterrenaissance' des 15. Jahrhunderts. Untersuchungen zu Ulrich Füetrers 'Buch der Abenteuer' und dem 'Ehrenbrief' des Jacob Püterich von Reichertshausen (Studien zur Politik und Geschichte der Literatur 29), Stuttgart / Berlin / Köln / Mainz 1973, hier S. 14.

[348] Rischer, S. 85.

[349] Burghart Wachinger: Zur Rezeption Gottfrieds von Straßburg im 13. Jahrhundert, in: Deutsche Literatur des späten Mittelalters. Hamburger Colloquium 1973, hrsg. von Wolfgang Harms und L. Peter Johnson, Berlin 1975, S. 56 – 82.

gedeutet: es sei anzunehmen, „daß der Autor mit einem Publikum rechnete, das die einmontierten Passagen und Zitate aus Gottfrieds ‚Tristan‘ erkannte [. . .]“[350]. Durch das Wiedererkennen habe die Erzählung „noch einen zusätzlichen parodistischen Reiz" gewonnen.[351]

WALTER HAUG hat gezeigt, daß die Adaptionen und Bearbeitungen des ‚Willehalm‘-Prologs durch Rudolf von Ems eine „deutliche Verschiebung der Perspektive [. . .] erkennen" lassen[352], die, so ist zu folgern, dem Publikum eine Abkehr von den von Wolfram niedergelegten Theoremen nahelegt. Schließlich hat ERICH KLEINSCHMIDT eine wohldurchdachte Darstellung und Charakterisierung der literarischen ‚Willehalm‘-Rezeption gegeben.[353] Von Interesse sind hier die Voraussetzungen, die dem mittelalterlichen Publikum zugemutet wurden oder besser, die es aufgrund seiner literarischen Vorbildung mitbrachte: „Für die traditionsbestimmte Epik des 13. Jhs. ist eine Erwartungshaltung beim Publikum vorauszusetzen, die literarische Zitierung akzeptierte, wahrscheinlich sogar verlangte."[354]

Es empfiehlt sich, vor der Untersuchung literarischer Rezeption in einem Einzelfall sich der Möglichkeiten und Typen des literarischen Beziehens zu vergewissern; einerseits um einordnen zu können, wie rezipiert wird und welche Weisen des Bezugnehmens fehlen, andererseits um enger publikumsbezogene Anspielungen von sonstigen, nicht unbedingt von den Zuhörern / Lesern erkennbaren Adaptionen unterscheiden zu können.

Ein allgemeiner Oberbegriff muß noch gefunden werden: ‚literarische Nachwirkung‘ betont die eine Seite, ‚literarische Rezeption‘ die andere; sinnvoller wäre es, über e i n e n Begriff zu verfügen, der den Bezug sowohl auf den rezipierenden als auch den wirkenden Aspekt beinhaltet.

Die folgende, nur grob skizzierte Einteilung erhebt keinen Anspruch auf die vollständige Auslotung der literarischen Nachwirkung und dient in erster Linie der Selbstvergewisserung. Ich unterscheide drei Hauptgruppen, die Berufungen, die Zitate und die Adaptionen:

---

[350] Wachinger, S. 79.

[351] Ebenda.

[352] Walter Haug: Wolframs ‚Willehalm‘-Prolog im Lichte seiner Bearbeitung durch Rudolf von Ems, in: Kritische Bewahrung. Beiträge zur deutschen Philologie. Festschrift für Werner Schröder, hrsg. von Ernst-Joachim Schmidt, Berlin 1974, S. 298 bis 327, hier S. 312. Vgl. auch Walter Haug: Rudolfs ‚Willehalm‘ und Gottfrieds ‚Tristan‘. Kontrafaktur als Kritik, in: Deutsche Literatur des späten Mittelalters (S. Anm. 349), 1975, S. 83 — 98.

[353] Erich Kleinschmidt: Literarische Rezeption und Geschichte. Zur Wirkungsgeschichte von Wolframs Willehalm im Spätmittelalter, in: DVjs. 48 (1974), S. 585 bis 649.

[354] Kleinschmidt, S. 587 (A. 6); vgl. auch S. 606, 626 und 628.

Berufung
Berufung auf den Dichter
Berufung auf eine literarische Figur

Zitat
einverständiges Zitat
kritisches Zitat
verfremdendes Zitat (Kontextwechsel, Parodie)
tradierendes Zitat (Nachfolge, Unterstellungs-Zitat)
Personal-Zitat

Adaption
stilistische Adaption
Adaption von vorgeprägten Redewendungen, Bildern, Begriffen und
Ideen
Kontrafakturen einzelner Szenen, Handlungsschemata, Abschnitte
Bearbeitung
Erweiterung

Berufungen liegen nur dann vor, wenn sich der rezipierende Autor auf
einen Dichterkollegen oder eine seiner Figuren bezieht. In der Regel handelt es sich um die Anrufung von realen oder fiktiven Personen als Autorität in bestimmten Sachfragen der Lebensführung, der moralischen oder
religiösen Anschauungen oder auch ästhetischer, stilistischer Fragen.

Unter das Zitat fasse ich die Aufnahme mehr oder minder wörtlicher oder
inhaltlich entsprechender Passagen, auf die im Kontext Bezug genommen
wird. Jedes Zitat hat eine bestimmte Aussagefähigkeit, die durch diesen
Kontext bestätigt, kritisiert oder relativiert wird.[355] Einverständige und
tradierende Zitate lassen eine Übernahme inhaltlicher Positionen des
Zitierten erkennen, mit dem tradierenden Zitat stellt sich der Rezipient
zugleich in die verpflichtende Nachfolge gleichgerichteter Interessen
seines Vorgängers. Das kritische Zitat dient der Auseinandersetzung mit
vorformulierten Positionen und wird ausdrücklich in einen korrigierenden
Diskurs eingebettet. Verfremdendes und Personal-Zitat erinnern zwar an
den Kontext des zitierten Werkes, stellen durch den Umgebungswechsel
aber einen Bruch her. In dem neuen Kontext, in den sie eingearbeitet
werden, eignen sich diese Formen des Zitats bestens für parodistische
Effekte, d. h. die Unangemessenheit der herbeizitierten Elemente ist oft
beabsichtigt. Freilich gibt es auch Personalzitate, die die Wertungen, mit
denen die zitierten Personen ins Inventar einer anderen Dichtung über-

---

[355] Wie notwendig eine begrifflich klare Typologie der literarischen Rezeptions-
formen ist, zeigt ein Versuch Bert Nagels, mögliche Adaptionen Hartmanns ein-
zuordnen (Hartmann ‚zitiert' Reinmar. Iwein 1– 30 und MF 150/10 – 18, in:
Euph. 63 [1969], S. 6 – 39).

nommen werden, voraussetzen und ihren schon festgelegten Charakter ins Spiel bringen (vgl. den Truchseß Keie im Artus-Roman).

Adaptionen nenne ich die Übernahme autorspezifischer Gestaltungsmittel (Stil, Redewendungen, Bilder), die Kontrafakturen (von einzelnen Szenen bis zur Übernahme eines Handlungsschemas), die sowohl neutral – als willkommene Vorgaben – als auch signifikant eingesetzt werden können. Auch verbessernde Bearbeitungen (vgl. Rolandslied – Strickers ‚Karl‘; Strickers ‚Daniel‘ – ‚Pleiers ‚Garel‘) und Erweiterungen (Vorgeschichten, Fortsetzungen) sind (umfassende) Adaptionen.

Für die Erfassung der publikumsbezogenen Seite der literarischen Nachwirkung empfiehlt sich die zusätzliche Verwendung des Begriffs der literarischen Anspielung, der die erkenn- und verstehbaren Berufungen, Zitate und Adaptionen umfaßt und die neutralen Adaptionen ausschließt. Über die literarischen Anspielungen hat FECHTER in seiner Arbeit über das Publikum der mittelhochdeutschen Dichtung knapp, aber in ausreichender Deutlichkeit wichtige Beobachtungen festgehalten:

> Da verlangt doch Ulrich von Eschenbach mit einer Selbstverständlichkeit, die uns heute überrascht, von den Hörern und Lesern seiner Alexandreis genauen Bescheid im Parzival seines von ihm so verehrten Namensvetters Wolfram [. . .]. Sie müssen nicht nur die Mohrenkönigin Belakane, Gahmurets heimliche Abfahrt und Feirefiz kennen, sondern auch wissen, wie Gahmuret vor Kanvoleiz als Sieger thronte und *im bôt die krône und ir süezer minne Herzeloide die künneginne*, und daß der Abschied des jungen Parzival der Mutter das Herz brach. Sie müssen die Anspielung auf Ithers herrliches Roß und seinen noch ungefügen Reiter Parzival verstehen und im Bild sein, wenn von Gawan und Orgeluse und dem Kranz vom Baum des Gramoflanz an der Sabins die Rede ist. Und dabei wird nirgends das Werk zitiert oder gar die Stelle genannt, wo das zu finden sei. Wer Ulrichs von Eschenbach Alexandreis völlig verstehen wollte, mußte den Parzival eben nicht nur gelesen haben, sondern beherrschen. [. . .] Diese ganze Erscheinung konnte nur möglich werden, wenn das mittelalterliche Publikum ein Mindestmaß von Literaturkenntnissen besaß, über das es jederzeit verfügte.[356]

---

[356] Fechter, Publikum, S. 75/76. Vgl. auch Friedrich Panzer: Vom mittelalterlichen Zitieren (SB der Heidelberger Akademie der Wissenschaften, phil.-hist. Kl. 1950.2), Heidelberg 1950: Die Parzivalverse 420, 26 ff. seien „für sich vollkommen unverständlich [. . .]. Sie setzen durchaus die Erzählung von Rumoltes Rat im [Nibelungenlied-] C*-Texte voraus: nur wer die kannte, konnte den Sinn und Witz von Wolframs Worten wirklich verstehen" (S. 11). Erstaunlich an den Beispielen, die Panzer behandelt, ist, daß schon oberflächliche Ähnlichkeiten das Erinnerungsvermögen des Publikums mobilisieren. Das ungenaue, läßliche, aber dennoch erkennbare Zitat im Mittelalter führt Panzer auf den dem Mittelalter fehlenden Begriff für Identität zurück: *gelîch* bedeute sowohl ‚ähnlich‘ als auch ‚identisch‘ (S. 36).

Von der Seite des Publikums ist eine geübte Hörerpraxis oder Belesenheit vorauszusetzen, die in einigen Fällen genaueste Kenntnisse von Szenen, Figuren, Handlungsabläufen, ja sogar des Wortlauts mancher Passagen vorangegangener Literatur verlangt. Andererseits ist vom Dichter, der den Bildungsstand seines Publikums berücksichtigen mußte, zu erwarten, daß er nur dann zu Berufungen oder Zitaten greift, wenn er auf Mitarbeit rechnen kann; seine Zuhörer / Leser müssen das unausgesprochen zu verstehen Gegebene im Verweis selbständig ermitteln. Berufung und Zitat sind daher grundsätzlich auf Erkennbarkeit hin angelegt, was bei den Adaptionen nicht immer der Fall sein muß. Sie können, besonders wenn es sich um Kontrafakturen handelt, einen versteckten Sinn transportieren, der auch vom Publikum entschlüsselbar ist. Daß bei Bearbeitungen und Erweiterungen das adaptierte Werk auch dem Publikum vor Augen steht, ist selbstverständlich. Aber stilistische Adaptionen und die Verwendung von vorgeprägten Elementen kann auch lediglich der Arbeitsökonomie des Dichters dienen. Redewendungen, Bilder und Begriffe sind willkommene ‚Fertigteile', die die Neuproduktion literarischer Texte erleichtern, weil ein Quantum Gedankenarbeit zur Formulierung bestimmter Aussagen eingespart werden kann. Sie haben oft kaum andere Funktion als die Verwendung des ungeheuren Vorrats an nicht autorspezifischen formelhaften Wendungen, die von allen Textproduzenten bereitwillig aufgegriffen werden. Solche Adaptionen lassen sich daher nur schwer von nicht autorspezifischen, ‚freien' Fertigteilen unterscheiden, was im Einzelfall die Feststellung einer bestimmten literarischen Nachwirkung erschwert, wenn Berufung und Zitat nicht unterstützend herangezogen werden können.

3.1 ‚Seifried Helbling' und die Nachwirkung des ‚Helmbrecht' in Niederösterreich

Der bislang unbekannte Verfasser der fünfzehn Gedichte, die unter dem Namen ‚Seifried Helbling' kursieren[357], hat in Niederösterreich gegen Ende des 13. Jahrhunderts gelebt und geschrieben. Ein enges Verhältnis des wohl ritterbürtigen Mannes[358] zum Landherrengeschlecht der Kuenringer spricht aus drei Gedichten der Sammlung; besonders Leutolt von Kuenring wird einmal in höchsten Tönen gelobt. Möglicherweise hatte der Verfasser des ‚Seifried Helbling' (im folgenden SH abgekürzt) eine kirchliche Ausbildung genossen, denn reichhaltige Bibelkenntnisse, gelegentliche lateinische Sequenzen und die Kenntnis einer Anzahl von literarischen Werken lassen darauf schließen, daß er lesen und schreiben konnte; vielleicht ist er aber auch Schreiber in den Diensten eines niederösterreichischen Landherren gewesen.

SEEMÜLLER hatte in seinen ‚Studien zum kleinen Lucidarius' gemeint, „daß die unläugbare Verwandschaft zwischen den Satieren und dem Meier Helmbrecht sich aus der Gleichheit der Stoffe erkläre"[359]. Auch RUDLOFF äußerte sich fünf Jahre davor ähnlich:

> Die vielfachen Berührungspunkte in Wernhers und Helblings Schilderungen lassen sich durch Bekanntschaft des einen mit dem anderen nicht erklären [. . .] wohl aber läßt sich vermuthen, dass die trotz der Zeitdifferenz so ähnlich geschilderten Culturverhältnisse in sehr naher localer Beziehung zu denken sind.[360]

Angeregt durch die Rezensionen der erfahrenen Gelehrten MARTIN und SCHRÖDER[361], änderte SEEMÜLLER jedoch seine Einschätzung. Sein

---

357 Überliefert sind die Gedichte vollständig nur in einer Handschrift vom Ende des 16. Jahrhunderts (Wien, Cod. Vindob. 2887) und in einem kaum mehr lesbaren Bruchstück aus dem ersten Jahrzehnt des 14. Jahrhunderts, welches in Niederösterreich geschrieben wurde (Wien, Cod. Vindob. Ser. nova 324). Vgl. Ulrich Seelbach: Rezension zu Ursula Liebertz-Grün: Seifried Helbling 1981, in: Daphnis 14 (1985), S. 133 – 139, hier S. 137 ff. Der Österreichischen Nationalbibliothek danke ich für die Anfertigung von Kopien beider Handschriften. Zitiert wird nach der Ausgabe von Joseph Seemüller: Seifried Helbling, Halle 1886, abgekürzt SH.

358 Im Gegensatz zu Ursula Liebertz-Grün (Seifried Helbling. Satiren kontra Habsburg, München 1981) halte ich daran fest, daß der Dichter die Figur des älteren Ritters nicht allzufern von seinem eigenen Status angesiedelt hat.

359 Seemüller, SH, S. XXXII. Vgl. Josef Seemüller: Studien zum kleinen Lucidarius (‚Seifried Helbling'), in: Sitzungsberichte der phil.-hist. Classe der kaiserlichen Academie der Wissenschaften Bd. 102, Wien 1883, S. 567 – 674, hier S. 639.

360 A. Rudloff: Untersuchungen zu Meier Helmbrecht von Wernher dem Gartenäre, Diss. Rostock 1878, S. 41.

361 E. Martin, in: GGA. 1883, S. 897 – 901; Edward Schröder, in: AfdA. 10 (1884), S. 56 – 58.

Resultat eines erneuten Vergleichs war, „dass man Kenntnis des Helmbrecht nothwendig voraussetzen muß"[362], und so zählt es noch heute zum Bestand ‚gesicherten' Wissens über den ‚Helmbrecht' und seine Nachwirkung.

Die folgende Untersuchung überprüft zunächst die bisher behaupteten Parallelen und befragt sie auf ihre Glaubwürdigkeit und Aussagekraft. Da es sich in fast allen Fällen um Adaptionen handelt, ist es sehr schwer nachzuweisen, daß die aufgefundenen Parallelen vom Verfasser des ‚Seifried Helbling' mit Absicht als literarische Anspielungen eingesetzt wurden. Alles Zweifelhafte muß daher unberücksichtigt bleiben.

MARTIN fand in den Satiren „die deutlichsten Reminiscenzen" an Werners ‚Helmbrecht'[363]:

Im Gedicht hat der junge *vêdeman* (ein Edelknappe) einen Knecht namens *Wolvesdarm* (I, 372). So wird einer der neun *gesellen* Helmbrechts genannt (‚Helmbrecht' V. 1221). Man kann dies als personales Zitat werten: freilich ist verwunderlich, daß sich unter den 49 ‚sprechenden' Eigennamen[364], die der SH bietet, nur diese eine Namensgleichung finden sollte. Hinzu käme nach SEEMÜLLER *Müschenrigel* (SH XIII, 163), der *Müschenkelch* (‚Helmbrecht' V. 1191) entspricht.

Österreichische Adlige reden sich mit *kumpân* (SH I, 290) an. So werden auch Helmbrechts *gesellen* bezeichnet (‚Helmbrecht' V. 1215). Doch bietet LEXER I, Sp. 1671 eine Anzahl von Vergleichsstellen, die zeigen, daß auch andere literarische Vorbilder — falls man literarischen Einfluß voraussetzen müßte — für die Wortwahl in Frage kommen.

Als bäuerische Beschäftigung findet sich *ruoben graben* SH I, 646 und ‚Helmbrecht' V. 1361. Die metonymische Verwendung von *ruoben graben* — im ‚Helmbrecht' wird die Tätigkeit hingegen ganz handfest verstanden — findet sich schon bei Neidhart.[365] Wenn für die Bezeichnung der bäuerlichen Tätigkeit als solcher darüber hinaus anderweitige Belege fehlen, so ist dies nicht eben verwunderlich, denn Bauern gehören eben nicht

---

[362] Seemüller, SH, S. XXXII. Skepsis besteht jedoch gegenüber der Nachwirkung schon im frühest datierten Gedicht XIV; vgl. Kurt Ruh: Wernher der Gartenaere. Helmbrecht, hrsg. von Friedrich Panzer, 9., neubearbeitete Auflage besorgt von K. R. (ATB. 11), Tübingen 1974, S. XVI.

[363] Martin (1883), S. 899.

[364] Vgl. das Register bei Seemüller, SH, Stichwort ‚Appellativische Eigennamen', S. 381.

[365] Neidhart, WL 5 (Haupt, 41, 33 ff.); in der letzten Zeile der zweiten Strophe (II, 10: *witen garten tuot si rüeben laere*) verrät der Dichter, daß seine *unwandelbaere* Angebetete (5, II, 9) eine Bauerntochter ist. Auf sie wird in WL 6, I, 9 f. (Haupt, 43, 23 f.) angespielt mit den Worten: *diu naehste in mînem garten rüeben grüebe, diu tanze ûf mîner slâ.*

häufig zum Figureninventar feudaler Literatur. Ebenso verhält es sich mit der Nennung von *eide* und *phluoc* (SH I, 697 und ‚Helmbrecht' V. 515), die nun einmal die grundlegenden bäuerlichen Arbeitsgeräte sind. Ein Indiz für die Bekanntschaft ist hieran nicht zu gewinnen.

ûf geriden (SH I, 635) und *ûfriden* (‚Helmbrecht' V. 428) sind lediglich als Belege für dialektalen Wortgebrauch bei beiden Autoren anzusehen. Im ‚Helmbrecht' ist der Ausdruck substantiviert und metonymisch verwendet[366]; wenn dies auch im SH der Fall gewesen wäre, hätte man dies als Parallele verzeichnen müssen.

Auch zum Hinweis auf *glêt* (SH II, 473 und ‚Helmbrecht' V. 1847) ist wohl angesichts der Belege bei LEXER I, 1033 kein weiteres Wort vonnöten. Es sei lediglich bemerkt, daß bei einem Überfall auf einen Bauern, dem alles genommen werden soll, selbstverständlich auch dessen Vorratskammer oder -hütte aufgebrochen werden wird.

Bemerkenswert ist indessen die „Theilung der Zehnzahl in 7 + 3" (SH I, 745 f. und ‚Helmbrecht' V. 401 f.); in beiden Fällen handelt es sich um *phunt* (Geldes). Die Parallele ist bemerkenswert, zumal wenige Verse davor die Zahl 30 genannt ist (SH I, 701: *drîzec phunt*; ‚Helmbrecht' V. 390: *drîzec stürzen*).

Der Phraseologismus *als daz in der sunne vert* als Umschreibung des Staubes (SH XV, 247 und ‚Helmbrecht' V. 1937) stammt aus ‚Parzival' 198, 20, worauf schon KEINZ[367] hinwies. Nach PFANNMÜLLER[368] kommt derselbe Ausdruck auch bei Ulrich von Liechtenstein, ‚Frauendienst' 48, 22 und bei Albrecht, ‚Jüngerer Titurel' Str. 4 vor.

EDWARD SCHRÖDER, der ebenfalls SEEMÜLLERs Studien rezensierte, machte auf die im ‚Helmbrecht' vorgebildeten „raub- und requisitionslisten" aufmerksam[369], die weniger kunstvoll, jedoch detaillierter als bei Wernher die Gründlichkeit der Raubgesellen zeigen. Nun sind detaillierte Beschreibungen und Aufzählungen, sei es der Kleidung, der Aussattung eines Festmahls, einer Hochzeit oder eines ritterlichen Aufzuges aus der zeitgenössischen Epik zahlreich beizubringen. Das Aufzählen von Raubgut ist allerdings — und hier ist SCHRÖDER recht zu geben — vor dem ‚Helmbrecht' (V. 670 ff.) und dem SH (I, 656 ff.) nicht üblich. Auch in der Chronistik ist es meines Wissens erst Ottokar, der von diesem ‚Kunstgriff'

---

[366] *an dem ûfrîden* bedeutet etwa ‚bei deinem Aufwinden, Emporstreben'; im SH wurde mit den Bauern *ûfgeriden*, ‚abgerechnet', ihnen wurde übel mitgespielt.

[367] Keinz, Heimat, 2. Aufl., S. 91.

[368] Ludwig Pfannmüller: Meier-Helmbrecht-Studien, in: Beitr. 43 (1918), S. 252 bis 257 und 549 — 551, hier S. 256.

[369] Schröder (1884), S. 57.

Gebrauch macht und Listen der geraubten Gegenstände aufstellt. Eine Anregung durch den ‚Helmbrecht' ist daher nicht auszuschließen, auch wenn sich die wörtlichen Übereinstimmungen der Passagen auf *rint, mandel, roc* und *pheit* beschränken (SH I, 658, 670; ‚Helmbrecht' V. 670, 673, 677).

SCHRÖDER verweist ferner auf die Wirtshausszene der ersten Gedichts (SH I, 337 ff.):

> besonders schlagend aber scheint mir ein zug die verwandschaft zu beweisen: die strauchhähne sind gegen jedermann roh und ausfahrend [wo steht das? U. S.], nur mit der frau wirtin stehen sie auf gutem fusse: *vil süeze litgebinne* schmeichelt Helmbrecht V 1002 [nicht Helmbrecht, sondern die *herren* des neuen *hovesite,* U. S.] *liebiu litgebinne* hören wir den jungen renommisten I 349 (es sind zufällig auch die einzigen belege für das wort bei Lexer).

Wenn in feudalen Epen und Mären der Schauplatz nicht das Wirtshaus, sondern eher der Hof oder das Schlachtfeld ist, so wird der Mangel an Fundstellen für *litgebinne* erklärlich (die entsprechenden Lemmata *schenkinne* und *wirtin* in der hier vergleichbaren Bedeutung sind ebenfalls spärlich belegt). Zudem dürfen aus dem Fehlen von Belegstellen bei LEXER nicht immer so weitreichende Schlüsse gezogen werden; der Verfasser des mittelhochdeutschen Wörterbuches konnte Strickers Gedicht *Von der litgebinne* noch nicht einarbeiten, da es erst 1904 gedruckt wurde.[370] Gerade der ‚Helmbrecht' und die Geschichte des SH bieten eine Fülle umgangssprachlicher und in Wörterbüchern selten belegter Ausdrücke des ‚alltäglichen Lebens', die nicht ‚hoffähig' sind und somit auch selten in die Literatur vor ihrer Zeit Eingang gefunden haben, was Heinrich der Teichner bestätigen kann:

> waz man dautscher [=diutscher] puech phlag
> dw [diu] stent nur von ritter tat.
> man vint nyndert an chainer stat
> von chainem leithauser [Weinstubengast] geschriben
> waz er frumchait hab getriben.[371]

Zur ganzen Szene selbst bemerkt SEEMÜLLER:

> Die Schilderung des Wirtshaushelden gehört in die satir. Ergüsse, die das Schlemmen der Rittermäßigen im Gegensatz zur einstigen ritterlichen Bethäti-

---

[370] Stricker, Nr. 136 (Der Gast und die Wirtin), Moelleken, Bd. 4, S. 293 – 301. Die Überschrift in den Handschriften B und I lautet *Von der leitgebin.* Im Gedicht selbst ist das Wort noch zweimal (Vers 28 und 131) belegt.

[371] Heinrich der Teichner, Nr. 377, Vers 20 ff. Im Glossar der Ausgabe wird *lithusaere* falsch erklärt; es ist im Gegensatz zum *leitgeben* (Wirt) der (Stamm-)Gast einer Taverne gemeint.

gung auffassen; ausdrücklich so Helmbr[echt] 990 ff, Stricker, Klage 263 ff, Ulrich v[on] L[iechtenstein], Fr[auen]b[uch] 635, 5 ff.[372]

Hier muß auch der ‚Weinschwelg' genannt werden, der diese Gegenüberstellung zum selbständigen Thema macht[373], und im ‚Jüngling' des Konrad von Haslau[374] ist *lîthûsgên* (475) und Weintrinken (453 ff.) die gegenwärtige Beschäftigung der Edelknappen.

Allerdings ist anderenorts die Umwandlung des Frauendienstes in ‚Höflichkeit' gegenüber der Schenkin nicht belegt. Nur im ‚Helmbrecht' ist die Anrede der *lîtgebinne* ausdrücklich als Pervertierung des höfischen Minnedienstes beschrieben, und nur im SH wird die Schenkin als ‚Herrin' angeredet: *frou, tragt in die liute wîn!* (I,345).

Der ‚böhmische gruss' (SCHRÖDER, S. 57) wurde gleich zweimal für die Datierung des ‚Helmbrecht' herangezogen. Sein Vorkommen im ‚Helmbrecht' ist nach SCHRÖDER nicht vor der böhmischen Herrschaft in Österreich (die er irrtümlich auf 1246 datiert) denkbar und ergibt somit den *terminus post quem*. PANZER wiederum setzte den *terminus ante quem* mit 1282/1283 fest, unter Verweis auf die ‚Helmbrecht'-Rezeption im XIV. Gedicht des ‚Seifried Helbing'.[375] Der böhmische Gruß *tobroytra* SH XIV, Vers 23 muß nicht aus dem ‚Helmbrecht' übernommen worden sein. Erstens kennt der Verfasser selbst genügend tschechische Phrasen (*Kurvysyne!* V. 28, *vitey pan, poppomûz* V. 30), die im ‚Helmbrecht' nicht vorgebildet sind; daher ist ihm auch die selbständige Einarbeitung des ‚Guten-Morgen'-Grußes zuzutrauen — er wohnte ja nahe der böhmischen Grenze. Zweitens ist die Gewohnheit, die der Verfasser des SH den Landsleuten ankreidet, sicher nicht erst mit Wernhers ‚Helmbrecht' aufgekommen, sondern wirklich verbreitet gewesen: die Übernahme fremder Landessitten ist ein immer wiederkehrendes Thema im SH (in Gedicht I, II, III u. ö.). Schließlich grüßten die Österreicher *tobroytra des morgens* und nicht wie Helmbrecht (aus Unverstand) in der Abendstunde.[376]

Dasselbe könnte zum ‚Flämeln' bemerkt werden; der Ausdruck selbst belegt, daß der ‚Helmbrecht' seinerseits mit einem Winterlied Neidharts

---

372 Seemüller, SH, S. 305, A. zu Vers 356 ff.

373 Ausgabe Hanns Fischer (Hrsg.): Der Stricker. Verserzählungen II. Mit einem Anhang: Der Weinschwelg (ATB. 68), Tübingen 1967, S. 42 − 58.

374 Herausgegeben von [Moriz] Haupt, in: ZfdA. 8 (1851), S. 550 − 587.

375 Panzer, Helmbrecht, 1. Aufl., S. XIV.

376 Interessant ist die Verwendung desselben Grußes im mitteldeutschen ‚Innsbrucker Osterspiel', Vers. 722 und 724, von einem zwielichtigen Knecht mit dem sprechenden Namen Lasterbalk im Munde geführt. Sein Kumpan Rubin hat vor, ein Ritter zu werden, wozu er eines Knechtes, eben Lasterbalks, bedarf, der ihm das Schwert nachtragen und seine *rittirs huben* aufsetzen soll (V. 748).

korrespondiert, wo einer der Dörper *mit siner rede* [. . .] *vlaemet.*[377] Die sächsischen Sprachfloskeln im SH verraten keinerlei Abhängigkeit vom ‚Helmbrecht' (V. 717, 764 ff.): *wat wolt gi, salik kumpân* (SH I, 290) und *er sol reden ,wit', ,wat', ,wet'* (SH VIII, 101).

Zu diesen Beobachtungen MARTINs und SCHRÖDERs hat SEEMÜLLER noch eine Reihe von Parallelen in den Anmerkungen seiner Ausgabe vermerkt. Leider ist nicht immer ersichtlich, ob die Verweise auf den ‚Helmbrecht' lediglich zur Erklärung des Textes dienen oder ob sie als Beweise für die Bekanntschaft mit der Erzählung Wernhers gelten sollen.[378]

Der Dichter des SH beklagt sich: *wir* [die Österreicher] *füeren mit den Walhen / lîderîne malhen.* (SH XV, 51 f.). Der Meier fragt seinen Sohn Helmbrecht wegen des französischen *dê ûs sal,* womit er begrüßt wurde:

> oder sît ir von Walhen,
> ir müezet iuwer malhen
> mit iu hân gefüeret. (Helmbrecht V. 787 ff.).

Die Verbindung der *Walhen* (Franzosen oder Italiener) mit der *malhe* (einer Reisetasche) kennt auch Ottokar:

> die Unger im sanden nâch
> ir boten hin ze Walhen;
> daz er in wîten malhen
> braecht und in bulgen swaere
> vil Veneziaere[379]

Doch könnte auch diese Stelle dem ‚Helmbrecht' als Vorbild geschuldet sein. Älter als der ‚Helmbrecht' ist jedenfalls eine Strophe Tannhäusers vom Jahre 1246:

> Daz ich ze herren niht enwart
> daz müeze got erbarmen!
> des git man mir des goldes niht,
> daz man da füert von Walhen.
> Die herren teilentz under sich;
> so kapfen wir, die armen.
> wir sehen jaemerliche dar,
> so fült man in die malhen.[380]

---

[377] Neidhart, WL, 27, VII, 12 (Haupt, 82, 2).

[378] Als rein erklärend betrachte ich die Hinweise auf ‚Helmbrecht' in den Anmerkungen zu I, 174 ff.; I, 232 f. (*mezzer mit zwei schaln = gnîpe*); I, 503; I, 635 und II, 72.

[379] Ottokars ‚Reimchronik', V. 79353 ff. Vgl. V. 78174 f.

[380] In der Ausgabe von Johannes Siebert: Der Dichter Tannhäuser. Leben — Gedichte — Sage, Halle 1934, Nr. XIV, 1 — 4 (S. 122).

Dies läßt vermuten, daß die obligate *malhe* als Erkennungszeichen für Franzosen gegolten haben mag; zumindest die Stellen aus dem ‚Helmbrecht' und dem SH setzen diese eigentümliche Verbindung als dem Publikum verständlich voraus.[381]

Im Gedicht I des SH, Vers 180 ff. heißt es über einen Kandidaten für die Wahl des *rehten* Österreichers, er trage ein *spaldenier*:

> ez ist sîn aller bester gelt
> sô er rîtet über velt
> bî der naht und in dem nebel
> hert îsen unde grebel
> örter zuo den slozzen
> füert er unverdrozzen
> in dem einen ermel wol;
> in dem andern ligen sol
> ein geizfuoz und ein schaere
> der ich wol enbaere
> hinden an mîns stalles want.

Es handelt sich demnach um einen Mann, der heimlich (bei Nacht und Nebel, an der Rückwand des Stalles, er reitet nicht über die Wege, sondern über das Feld) Vieh zu stehlen beabsichtigt. „Gleiches Geschäft betreibt Helmbrechts Geselle Wolvesdrüzzel", meint SEEMÜLLER im Kommentar zu dieser Stelle (S. 303). Über Wolvesdrüzzel heißt es im ‚Helmbrecht' V. 1203 ff.:

> ûf tuot er âne slüzzel
> alliu slôz und îsenhalt
> in einem jâr hân ich gezalt
> hundert îsenhalt grôz
> daz ie das slôz dannen schôz
> als er von verren gie dar zuo.
> ros, ohsen unde manec kuo
> diu ungezalt sint beliben,
> diu er ûz höven hât getriben,
> daz ie daz slôz von sîner stat
> schôz, swenne er dar zuo trat.

---

381 Vgl. auch die Erzählung *Von zwain studenten* (GA III, S. 737 – 747); hier sorgen sich zwei Jünglinge auf dem Wege an die Pariser Universität um den Unterhalt:

> Fürent ir nit in der malhen
> Ir werdnt doch den Walhn
> Ain vil vnmerer gast
> Si achtend nit vm ein bast
> Wer on silber zŭ in vert (Vers 83 ff.)

Wolvesdrüzzel betreibt das gemeinsame ‚Geschäft' — Viehdiebstahl oder -raub — im Unterschied zu dem Gesellen aus dem SH nicht als nächtlichen Diebstahl, sondern als offenen Raub bzw. als Plünderung. Zudem besitzt er offenbar kein Einbruchswerkzeug (im SH hingegen werden detaillierte Angaben gemacht); er öffnet die Schlösser mit scheinbar ‚übernatürlicher' Gewalt, was doch wohl so zu interpretieren ist, daß die Geschädigten aufgrund einer zuvor erfolgten massiven Drohung oder Einschüchterung ihren Besitz ‚freiwillig' preisgeben.

Die Schilderung des *vêdemannes* SH I, 309 ff. bezieht sich laut SEE-MÜLLER

> auf einen jungen Emporkömmling, niederer Abkunft, vielleicht bäuerlicher, der in die Dienste eines Herren getreten ist, in vielen Beziehungen der Figur des Helmbrecht ähnlich (S. 306).

Die Stelle wurde weiter oben wegen der Wirtshausszenen und der *lîtgebinne* schon einmal angeschnitten. Die Charakterisierung SEEMÜLLERs stimmt nicht ganz: es handelt sich um einen lehensfähigen Knappen, der ähnlich der Ritter-Gestalt aus den Liedern Neidharts vielleicht verbauer ist, für dessen niedere Abkunft der Autor jedoch keinen Hinweis liefert. Die nicht standesgemäße Kleidung ist nicht Zeichen für niederen Stand, sondern für das unstandesmäße Verhalten des (Edel-)Knappen. Daran, daß er wie Helmbrecht (V. 149) ein *ketenwambîs* trägt (SH I, 311), kann ich nichts Außergewöhnliches feststellen, da ein Kettenhemd zur gängigen Ausrüstung eines Berittenen gehörte. Auch der Vers I, 368 *ich braechz ê mînem vater ab* ist wohl kaum als Parallele aufrechtzuerhalten, denn Helmbrecht hat bis zuletzt das Gut seines Vaters vor seinen Gesellen geschützt (V. 1271) und kündigt lediglich den Schutz auf (V. 1267), was nicht gleichbedeutend ist mit persönlicher Beraubung oder Schädigung des Vaters.[382]

Über Knappen, die sich bei einem Herren verdingen, der ihnen als Lohn nur das durch Plünderung und Raub selbst zusammengeraffte Gut zusteht, heißt es SH II, 89 ff.:

> daz gêt mir stôzund umb die brust:
> ez ist geheizen Dienst umb sust

---

382 Der Vergleich von Gedicht I, 391 ff. mit ‚Helmbrecht' 760 ff. (Abschirren und Verpflegen des Pferdes) dürfte wohl nur erläuternd gemeint sein. Zu SH XV, 47 ff. schreibt Seemüller, SH, S. 340: „Die Frage wie es komme, dass die ritterliche ‚Freude' verloren, legt sich auch der Teichner [. . .] vor; vgl. Dietr[ichs] Fl[ucht] 7500 ff., Warnung (Zs[fdA.] I, 489; Z. 1672 ff.). Die Schilderung 47 — 64 erinnert durch die Gegenüberstellung der *niuwen site*, auch durch Z. 47 an Helmbr. 913 ff." — Zu ergänzen: ebenso erinnert die Stelle an Strickers ‚Klage' (Nr. 158), den Prolog des ‚Pfaffen Amis' etc.; als Indiz läßt sich diese Parallele nicht werten.

und gehoert gewaltege herren an.
Dienst umb sust ist ein man
der wol twingen kan daz geu.

SEEMÜLLER bemerkte hierzu: „Man ist durch die Zeile, wie durch *geutwinger* II, 2169 an Helmbrechts Namen *Slintezgeu* 1237 erinnert" (S. 317). Dies ist sicher richtig, jedoch kein Beweis für die Kenntnis des ‚Helmbrecht'; der Fall Helmbrecht — Aufnahme bei einem oft Fehde führenden Burgherren, Entlohnung durch Raub — ist zwar von der Sache her identisch, doch schreibt der SH-Verfasser nicht *der wol slinden kan daz geu.* Beide Formulierungen, die zuvor besprochene und die folgende:

> zehant sprach diu Mâze:
> ‚ich wil von hinn min strâze.
> der geutwinger ist ze vil
> in diesem lant, von hinn ich wil.' (SH II, 1267 ff.)

dürften in Anlehnung an Strickers Erzählung ‚Die Gäuhühner' entstanden sein, dessen Kenntnis die Dichter des SH auch anderweitig (vgl. *geuhuon* VIII, 858) verrät:

> [daz göu] hat sich so gerochen,
> daz sis noch alle enkolten,
> die daz göu twingen wolten. [383]

Lassen wir die von MARTIN, SCHRÖDER und SEEMÜLLER beobachteten Parallelen noch einmal Revue passieren, so können die folgenden als Indizien akzeptiert werden:

- Der Name *Wolvesdarm* SH I, 372, und im ‚Helmbrecht' V. 1221 — Personalzitat?
- Die Namen *Müschenrigel* SH XIII, 163 und *Müschenkelch* ‚Helmbrecht' V. 1191 — Adaption.
- Die Teilung der zehn in sieben und drei *phunt* SH I, 745, ‚Helmbrecht' V. 401 f. — Adaption.
- Die detaillierte Auflistung des Raubgutes SH I, 656 ff. und ‚Helmbrecht' V. 670 ff. — Adaption.

Die Überprüfung dürfte gezeigt haben, daß die bisherige Sicherheit in der Annahme einer Nachwirkung des ‚Helmbrecht' auf den ‚Seifried Helbling' nicht eben zureichend begründet ist.

Wenn ich dennoch zu dem Schluß gekommen bin, eine Nachwirkung anzunehmen, so deshalb, weil es über die eben genannten Parallelen hinaus eine Reihe bisher unbeachtet gebliebener, vergleichbarer Stellen gibt, die man als stilistische Adaptionen begreifen kann. Alle diese im folgenden ge-

---

[383] Stricker, Nr. 36, ‚Die Gäuhühner', V. 82 ff.

nannten Parallelen basieren nicht auf inhaltlicher Gleichheit, sondern ausschließlich in der Vergleichbarkeit der stilistischen Mittel und der Wortwahl. Sie können daher keine Auskünfte über die Kenntnis des ‚Helmbrecht' beim Publikum des ‚Seifried Helbling' geben.

Aus dem siebten Gedicht kann angeführt werden:

und swer des niht entaet	diu sint nu in dem banne
der waer in dem banne	und sint wîbe unde manne
von wîben und von manne	ze genôze alsô maere
	als ein hahaere.
(SH VII, 80 ff.)	(‚Helmbrecht' V. 1015 f.)

Im vierten Gedicht des SH wird einer der Verschwörer von Trebensee mit einem Übernamen ‚geehrt':

er heizet margrâf Lehsenbreht
wirt im diu margrâfschaft, des namen
endarf der helt sich ninder schamen (SH IV, 160 ff.)

Eine parallele Konstruktion liegt im ‚Helmbrecht' V. 1235 ff. vor:

Vater mîn, daz ist mîn name,
des ich mich nimmer geschame
ich bin genant Slintezgeu (= Helmbreht).

Im selben Gedicht ist ein weiterer Bezug auf die Vorstellung der Gesellen durch Helmbrecht zu erkennen:

der ritter sprach: ‚got lône dir	Er sprach: ‚sun, die dû dâ nennest
daz dû die fürsten alle vier	swie wol du si erkennest
mir sô güetlichen nennest	[. . .]
wie reht dû sie erkennest	
(SH IV, 249 ff.)	(‚Helmbrecht' V. 1258 f.)

Die Wortwahl ist an sich nicht beweisend, aber die Entsprechungen sind doch recht verblüffend, zumal sie nicht vereinzelt auftreten. Zu vergleichen ist ferner:

er heizt in ûf sliezen	des lât mich geniezen
(: geniezen)	heizt mir daz tor ûf sliezen
sîniu schrîn, sîniu gadem	[. . .]
	beide gadem unde schrîn
	sol dir allez offen sîn.
(SH I, 611 ff.)	(‚Helmbrecht V. 833 ff.)

Daß überdies der *hûsfrouwe* nicht einmal ein *zwirnsvadem* (SH I, 613 ff.) gelassen wird, hat zwar seine Entsprechung zu ‚Helmbrecht' V. 1199 ff., doch geht die Formulierung wohl auf eine sprichwörtliche Redensart zurück, die sich ähnlich auch bei Berthold von Regensburg und in Ottokars ‚Reimchronik' findet.[384]

Im zweiten Gedicht läßt der Verfasser sich über die fahrenden Berufssänger im Lande aus, von denen es seiner Meinung nach zu viele gebe. Hier könnte die anaphorische Namensgebung vom ‚Helmbrecht' beeinflußt sein:

Miltengruoz, Miltenfriunt und *Miltendienst*

(SH II, Vers 1337, 1345 und 1349) gegenüber

Wolvesguome, Wolvesdrüzzel und *Wolvesdarm.*

(‚Helmbrecht' V. 1195, 1203 und 1221).

Gestützt wir die Annahme durch die folgende Parallele:

> der ander heizet Miltenrât,
> bitens wirt er nimmer sat (SH II, 1341 f.)

> der ist geheizen Wolvesdarm
> [...]
> diupheit tuot im sô wol
> der enwirt er nimmer sat. (‚Helmbrecht' V. 1221 ff.)

Wenn auch die Beziehung des SH zum ‚Helmbrecht' nicht mit einem einzelnen, unumstößlichen Zitat bewiesen werden kann, so dürfte die Anzahl der auch vereinzelt doch zumindest auffälligen Stellen zugunsten derselben sprechen. Der Verfasser des SH mag den ‚Helmbrecht' gekannt haben, aber er setzt die Kenntnis bei seinem Publikum nicht voraus, denn als Anspielung ist keine der Stellen eindeutig wiederzuerkennen.

Dennoch ist die Möglichkeit nicht von der Hand zu weisen, daß auch einige Personen aus dem Zuhörerkreis — ebenso wie der Verfasser des SH — die Erzählung kannten. Die deutlich auf Abgrenzung gegenüber den Habsburgern bedachte Tendenz des ‚Seifreid Helbling' verweist bei der Suche nach dem Publikum auf die Burgen der — zumindest zeitweise oppositionell gesinnten — niederösterreichischen Landherren[385], der

---

384 Berthold von Regensburg, Predigt XLIX (Bd. 2, S. 132, Zeile 35): *Dir blîbe niendert vadem an dînem lîbe.* Ottokars ‚Reimchronik', Vers 14838 f.: *zwâre sô belib in niht/ an dem lîbe ein garn. — Nie vadem, dehein vadem* als bildliche Umschreibung für ‚nichts' ist auch aus Wirnts von Gravenberg ‚Wigalois' und der ‚Heidin' zu belegen. Vgl. Ignaz V[inzenz] Zingerle: Über die bildliche Verstärkung der Negation bei mittelhochdeutschen Dichtern. Ein Beitrag zur deutschen Grammatik, in: Sitzungsberichte der kaiserlichen Akademie der Wissenschaften. Phil.-hist. Classe 39 (Wien 1862), S. 414 – 477, hier S. 454 f.
385 Vgl. hierzu die Arbeit von Liebertz-Grün (1981). Zumindest was den größeren Teil der Gedichte angeht, sind sie kaum etwas anderes als gelungene Polemiken gegen die real oder angeblich von den Habsburgern verursachten, geförderten oder gedulde-

134

Kuenringer, Hakenberger u. a. Die Inhaber dieser kleineren ,Höfe' aus dem landsässigen Dynasten- und Ministerialenadel hatten selbstverständlich weiterreichende politische und persönliche Beziehungen auch außerhalb ihres Landes, zum Beispiel zu den Bayernherzögen, die den Aufstieg der Habsburger mit Mißtrauen verfolgten und mit den opponierenden Adelsgeschlechtern der Länder Österreich und Steiermark verbündet waren.

Spuren dieser länderübergreifenden Interessengemeinschaft finden sich in einer literarischen Handschrift, einem der frühesten Zeugnisse für Handschriftenbesitz unterhalb der sozialen Rangstufen von Fürsten und Dynasten, die im Auftrag eines mächtigen niederösterreichischen Landherren angefertigt wurde: wohl am ehesten für Otto von Hakenberg und Rabensberg. Diese aufwendige Sammelhandschrift[386] mit dem ,Iwein', dem ,Pfaffen Amis', einer Sammlung von Neidhart-Liedern, ,Dietrichs Flucht' und der ,Rabenschlacht' enthält Eintragungen, die — seien sie als Widmungen, Lesereinträge oder ,Federproben' gemeint — Aufschluß über die Verbindungen der die Handschrift eignenden Familie geben kann. Der erste Eintrag lautet:

> Ego Otto de Hakenberch et de Rabenspurch d[. . .] consanguineo suo Alberonj de Chvnring[387]

Die Hakenberger und die Kuenringer „beteiligten sich aktiv an Erhebungen des österreichischen Adels gegen das erstarkende Habsburger Landesfürstentum"[388].

Während der erste Eintrag noch eine Schenkung dokumentieren könnte — als Briefanfang ist die Nennung des eigenen Namens ungewöhnlich, als urkundliche Bezeugung einer Übertragung von Besitz jedoch geläufig[389] —, sind die übrigen Eintragungen offensichtlich Briefeingängen nachempfunden:

---

ten Zustände im Land Österreich. Daraus zu folgern, daß der Dichter nicht mehr im eigenen Interesse spricht, sondern ausschließlich als Sprachrohr der Kuenringer und gleichgesinnter einheimischer Landherren fungiert, halte ich für eine weit über das Ziel hinausschießende Hypothese. Der Dichter muß doch, bloß weil er auch unter dem einheimischen Landherren-Adel Zuhörer und Leser fand, nicht zum *muotelsingaere* herabgewürdigt werden.

[386] Berlin mgf. 1062. Zur Handschrift vgl. die ausgezeichnete Darstellung bei Becker (1977), S. 57 — 61. In einigen Punkten weiche ich von den dort wiedergegebenen Lesungen ab.

[387] mgf. 1062, Bl. 137 f.

[388] Becker (1977), S. 58.

[389] Vgl. die Urkunde über den Verkauf eines Lehens an Otto den Jungen von Haslau (Corpus II, Nr. 849, Wien 22. November 1286, S. 199 f.): *Ich. Otte. von Hakenberch! hern! Otten! svn. von hakenberch vergih an disem brieve* [. . .] oder die Urkunde vom 8. März 1294 (Corpus IV, S. 448): *Ich Otte von Hakenberg* [. . .]; in dieser Urkunde wird auch Leutold von Kuenring erwähnt.

135

comes Palatinus Reni dux ba^iuwa

[...]

honorabili viro dmō h. de schaunberch

[...]

h. de praytenweitde provincialis znoymensis

Der Schaunberger Heinrich, nach 1316 Reichsgraf (daher muß der Eintrag aus der Zeit davor stammen, er wird hier nur ‚ehrbarer Herr' genannt) zu Neuhaus, Waxenburg, Bruck, Julbach und Aschach[390], stammt aus der Familie, die dem Ausbau der Habsburger Landesherrschaft am längsten Widerstand entgegengesetzt hat und die zu den oppositionellen Landherrengeschlechtern sicher ein besseres Verhältnis hatte als zu dem Landesherrn.

Über Heinrich von Praetenweit (Breitenwied) ist wenig bekannt. Er siegelte 1285 als Zeuge[391] und wird in der Handschrift *provincialis*, Landrichter in der Stadt Znaim genannt. Als Beamter des böhmischen Königs und Nachbar der Kuenringer und Hakenberger war auch er ein potentieller Verbündeter gegen die Habsburger in Österreich.

Zuletzt der bayrische Herzog: der Eintrag paßt sowohl auf den antihabsburgisch eingestellten oberbayrischen Rudolf I. als auch auf die niederbayrischen Herzöge, die Söhne Heinrichs XIII.; vor allem Otto III. wäre hier zu nennen.[392] Die Wittelsbacher hatten in

König Albrecht I. einen rücksichtslosen politischen Gegner [...]. Um die Jahrhundertwende zeigte sich, deutlich klarer werdend, die Tendenz der niederbayrischen Wittelsbacher, den Habsburgern mindestens eines ihrer Herzogtümer wieder abzujagen, besonders unter Otto III., dem Sohn [...] Heinrichs XIII., der die politische Antipathie gegen die Habsburger wie ein Vermächtnis übernahm und sie als eines der rührigsten Mitglieder der 1291/92 gegen Herzog Albrecht I. von Österreich gerichteten Opposition zeit seines Lebens kultivierte.[393]

Zu Heinrich XIII. und seinen Nachkommen mußten die Kuenringer besonderes Vertrauen gehabt haben, denn Heinrich bot dem von König Rudolf

390 Siebmacher, Niederösterreich 2, S. 39.

391 Siebmacher, Niederösterreich 1, S. 358.

392 Auch die niederbayrischen Herzöge Ott und Stephan verwenden 1303 ganz selbstverständlich den Titel *Pfallentzgrauen ze Rhein* (Hund, Bd. 1, S. 212; vgl. die im ‚Corpus' abgedruckten deutschen Urkunden, s. Register: Bayern).

393 Günther Hödl: Bayern, Österreich und die Steiermark in der Zeit der frühen Wittelsbacher, in: Wittelsbach und Bayern I/1. Die Zeit der frühen Herzöge. Von Otto I. zu Ludwig dem Bayern. Beiträge zur Bayerischen Geschichte und Kunst 1180 — 1350, hrsg. von Hubert Glaser, München / Zürich 1980, S. 295 — 306, hier S. 295.

als Hochverräter zum Tode verurteilten Heinrich von Kuenring an seinem. Hof Zuflucht.[394] Leutolt von Kuenring-Dürnstein hatte bis 1295/96 die Gerichtsherrschaften Spitz und Wolfstein in der Wachau vom bayrischen Herzog zu Lehen.[395]

In dieser Handschrift, die aus den Kreisen stammt, die der Verfasser des ‚Seifried Helbling' zu seinem Publikum zählen konnte, begegnet eine Lesart der ‚Rabenschlacht', die mir die Rezeption des ‚Helmbrecht' vorauszusetzen scheint. In der Rabenschlachtstrophe reimen die zweite und vierte Zeile, die erste und dritte in den allermeisten, aber nicht in allen Fällen. Die Handschriften zeigen die Tendenz der sich als Bearbeiter verstehenden Abschreiber, auch die ungleichen Paare aufeinander abzustimmen. Die Strophe 934 ist ein solcher Fall mit noch nicht ausgeglichener erster und dritter Zeile[396]:

> Nu sag an, herre Witige,
> wie werten sich diu kint [Etzels Söhne]
> die von dînen schulden
> ûf der heide erslagen sint.

Lediglich die ‚Riedegger Handschrift' — aus dem Besitz der Hakenberger oder eines anderen Landherrengeschlechtes — bietet eine Ergänzung, indem sie hinter *schulden* noch das Wort *unsitige* setzt. Nun bemerkte der Herausgeber des Textes, ERNST MARTIN, ganz richtig, daß *unsitige* als Adverb grammatisch verdächtig und das Wort selbst überflüssig ist, zudem es den Vers um eine Hebung überlädt und die Metrik so empfindlich stört.[397] Der Zusatz ist aller Wahrscheinlichkeit nach das Produkt des Schreibers, denn die eng verwandte Handschrift W, die sonst alle Änderungen mit ihr teilt, folgt an dieser Stelle dem Wortlaut der übrigen Handschriften. Nun findet sich aber in der gesamten Heldenepik der Reim *Witige : unsitige* nicht ein einziges Mal; nur im ‚Helmbrecht', worin die ‚Rabenschlacht' als Haubenbild (Vers 72 bis 81) erscheint, ist der Reim — ein oder zwei Jahrzehnte vor Entstehung der Riedegger Handschrift — vorgebildet:

---

[394] Thomas Cramer: Lohengrin. Edition und Untersuchungen, München 1971, hier S. 178 f.

[395] Liebertz-Grün (1981), S. 28.

[396] In der ‚Rabenschlacht' findet sich eine weitere Strophe, in der *Witege* sich nicht auf das Wort der dritten Zeile reimt:

> Weizgot her Witege
> ir kumet sô hin niht
> ir müezet hiute gelten
> die ungetriuwen geschiht (Str. 388, 1 — 4).

[397] Ernst Martin (Hrsg.): Alpharts Tod. Dietrichs Flucht. Rabenschlacht (Deutsches Heldenbuch 2), Berlin 1866 (Rabenschlacht S. 217 — 326), hier S. XXXVI.

> [. . .] von frouwen Helchen kinden
> wie die wîlen vor Raben
> den lîp in sturme verlorn haben
> dô si sluoc her Witege,
> der küen und der unsitege,
> und Diethern von Berne.

Zu Recht fragt daher MARTIN: „Sollte dies Reimwort entnommen sein aus ‚Helmbrecht' [. . .]?"[398] So abwegig ist der Gedanke nicht, wenn wir bedenken, daß in den Kreisen der niederösterreichischen Landherren offenbar ein reges Literaturinteresse bestand, das nicht an den landesfürstlichen Hof gebunden war, sondern unabhängig davon existierte. Ferner sind persönliche Bindungen aus politischen Gründen auch stets für andere Interessen zu nutzen; literarische Werke können am Rande der offiziellen Begegnungen ausgetauscht oder weiterempfohlen werden. Da aber der Schreiber der ‚Riedegger Handschrift' und der Verfasser des ‚Seifried Helbling' unabhängig von ihren Auftraggebern die Erzählung kennengelernt haben mögen, ist eine Bekanntheit des ‚Helmbrecht' beim niederösterreichischen Landherrenstand nicht zu beweisen.

---

[398] Ebenda.

3.2 ‚Helmbrecht' in der Steiermark

Otacher, wie der Verfasser der sogenannten ‚Österreichischen Reimchronik'[399] sich Vers 18186 von ‚Frau Minne' anreden läßt, teilt in seinem Werk wenig über persönliche Verhältnisse mit, so daß man auf die stets willkommene Notlösung zurückgriff und ihm den Status eines bürgerlichen Fahrenden zusprach.[400] Dank SEEMÜLLERs Nachweisungen[401] ist jedoch bekannt, daß er aus der nordwestlichen Steiermark stammen mußte und Dienstmann Ottos II. von Liechtenstein, dem Sohn des bekannten Minnesängers, Autobiographen und Politikers Ulrich von Liechtenstein, war. Der um 1260 bis 1265 geborene Chronist erzählt etwa sechzig Jahre Reichs-, Fürsten- und österreichische Landesgeschichte. Er muß für seine fast 100 000 Verse umfassende Chronik umfangreiche Quellenstudien betrieben und über ein enormes Gedächtnis verfügt haben. Vieles kannte er aus eigener Anschauung, daneben hatte er eine Reihe von Gewährsmännern aus der Umgebung der steirischen Landherren. Er hat wohl eine gewisse Zeit seines Lebens als ritterlicher ‚Fahrender' verbracht, wie sein Lehrer und Nachbar Konrad von Rotenberg[402], der trotz Meistertitel kein ‚Bürgerlicher', sondern Angehöriger des niederen Adels war. Otacher hat keine geistliche Bildung genossen, aber er konnte lateinische Quellen lesen und war bibelfest. Er kannte die wichtigeren höfischen Dichter, etwa Hartmann von Aue, Wolfram von Eschenbach und Frauenlob, die er nennt; weiter ist ihm von SEEMÜLLER die Bekanntschaft mit Freidank, dem Cato, Konrad Fleck, dem Stricker (‚Karl' und ‚Pfaffe Amis'), Walther von der Vogelweide und mit der Heldendichtung zugesprochen worden. Besonders beeinflußt wurde er von Wolfram, Konrad von Würzburg und von Hartmanns ‚Iwein', den er in den ersten 10 000 Versen unablässig zitiert.[403]

---

[399] Joseph Seemüller (Hrsg.): Ottokars österreichische Reimchronik. Nach den Abschriften Franz Lichtensteins (Monumenta Germaniae Historica, Abt. A, Scriptores, Reihe B: Deutsche Chroniken Bd. V/1 und V/2), Zürich 1890 — Reprint: Dublin / Zürich 1974.

[400] Theodor Jacobi: De Ottocari Chronico Austriaco, Vratislavae [Breslau] 1839, S. 12 f. — Überhaupt scheint mir der Topos des ‚bürgerlichen Fahrenden', der besser gar nicht oder mit größerer Vorsicht gebraucht werden sollte, eine Verlegenheitslösung zu sein.

[401] Seemüller, Reimchronik, Einleitung, besonders S. LXXXVIII — CXXXV.

[402] Genannt in Vers 324. Er war am Hofe Manfreds in Sizilien. Nur durch das Zeugnis Ottokars wissen wir von dem Dichter. Gustav Hackl hat die Burg Rotenberg (*Rotinberc*) in unmittelbarer Nachbarschaft der Geuler aufgefunden, sie liegt im Tal zwischen den ehemaligen Burgen Stretwich und Gaal (Gustav Hackl: Steierische Essays XXV: Die Burg Strettwig, in: Obersteirische Volkszeitung Nr. 21 vom 20. Februar, Leoben 1945, S. 2 und 4).

[403] Vgl. hierzu Anna Krüger: Stilgeschichtliche Untersuchungen zu Ottokars österreichischer Reimchronik (Palaestra 215), Leipzig 1938, S. 97.

Otacher steht in jeder Zeile seiner Chronik auf Seiten Rudolfs und Albrechts von Habsburg, nicht einmal ihre Haltung im steirischen Adelsaufstand von 1292 veranlaßt ihn zur Kritik am Landesfürsten.[404] Sämtliche ‚Untaten‘ des von ihm gehaßten Abtes Heinrich von Admont — einem ausgesprochenen Günstling Albrechts — werden nicht dem Fürsten, sondern dem Abt allein zur Last gelegt. Otachers rechtliche Überzeugungen sind vom österreichischen Landrecht geprägt, doch über das Landeswohl stellt er die Reichs- und Fürstentreue, sie drücken sich ferner aus in seinen fast übertrieben zu nennenden Ansichten von Lehenstreue, gerechter Fehde und Einhaltung einmal abgeschlossener Verträge und Vergleiche.

Es ist einer Schülerin SEEMÜLLERs, MAJA LOEHR, zu verdanken, daß das Dunkel um die Person und die Lebensverhältnisse des Chronisten weiter aufgehellt werden konnte.[405] Durch eingehende Archivstudien in der Nordsteiermark fand sie heraus, daß es unter den Lehensmännern Ottos von Liechtenstein nur zwei Träger des Namens Ottokar (Otacher) gab. Ottokar von Saurau, der bald nach 1303 gestorben ist, kann nicht der Verfasser der Reimchronik sein, da diese erst in den Jahren 1306 bis 1320 geschrieben wurde. Der andere ist Otacher ouz der Geul, ein Nachfahre der landesfürstlichen *milites* von Stretwich. Otacher war nicht weniger als sechsmal Gewährsmann in wichtigen persönlichen Dokumenten Ottos von Liechtenstein.

Die Stretwicher saßen ursprünglich auf Burg Strettwich[406] bei Judenburg und nannten sich nach den bischöflich-seckauischen Lehen *ouz der Geul*, etwa zwei Generationen vor Otachers Lebzeiten; zeitweise führten sie beide Namen parallel. Die Geuler waren die größten Lehensträger des Bistums Seckau im Murtal. Ein langjähriger Streit um diese bischöfliche Lehen wurde schließlich von König Rudolf gegen Wernhart von Seckau zugunsten Otachers Vater entschieden. Der Reimchronist notiert den Tod Bischof Wernharts dementsprechend kühl (V. 23307) — verständlich, wenn der Lehensherr jahrelang Gegner seines Geschlechtes war. Die Geuler kämpften 1292 wahrscheinlich an der Seite der Herzoglichen gegen die aufständischen steirischen Landherren, besonders hebt Otacher das Aufgebot in seiner engeren Heimat bei Knittelfeld hervor.

Auf die Rezeption des ‚Helmbrecht‘ in Otachers Reimchronik hatte schon MORIZ HAUPT[407] aufmerksam gemacht, seither wurde diese Stelle meist

---

404 Vgl. auch Werner Kindig: Judenburg im Spiegel der steirischen Reimchronik Ottokars a[us] d[er] Geul, Judenburg 1970, hier S. 30.

405 Maja Loehr: Der steirische Reimchronist: her Otacher ouz der Geul, in: Mitteilungen des österreichischen Instituts für Geschichtsforschung 51 (1937), S. 89 bis 130.

406 Hackl (1945) fand die Reste der Burg Stretwich im heutigen Dorf Strettwig.

407 Kleine Bemerkungen 2: Zu Meier Helmbrecht, in: ZfdA. 3 (1843), S. 279.

ohne Interpretation mal kürzer, mal umfangreicher zitiert. Es ist sicher von einigem Nutzen, die betreffende Passage im Zusammenhang zu lesen. Im Verlauf der Fehde zwischen dem König von Ungarn und Herzog Albrecht im Jahre 1289 stellen die Kriegsleute des Grafen Yban von Güssing den Österreichern einen Hinterhalt, in den der damalige Landeshauptmann, Abt Heinrich von Admont, mit seinen Truppen gerät. Er brachte eine Gruppe von bäuerlichen Knechten aus dem Ennstal mit, die nun von den Ungarn überrascht werden. Statt den Berittenen im Streit zu helfen, bleiben sie — aus Feigheit meint Otacher — zurück und führen so die Niederlage herbei. Der Reimchronist verdammt den Abt als ‚Hüttengeier‘, der den zahlreichen Schäden, die er dem Lande Steiermark zugefügt haben soll, einen weiteren hinzufügte, indem er Bauernsöhne, die doch besser ihre Salzsäcke zuschnüren sollten als sich ritterlich zu wappnen, den von Geburt edelen Knappen gleichstellen wollte (V. 26163 ff.). Otacher erzählt, daß mancher Bauernsohn, wenn er den Knappendienst ausgeschlagen hätte, seinen Vater noch eine Zeitlang ernährt haben könnte (V. 26187 ff.). Er verflucht unter Einschluß des Abtes von Admont diejenigen, die aus ‚Ackerläufern‘, die zum Pflug gehörten, ‚Helmkappen‘ machen wollen; es gebe genug Edelknappen (V. 26193 ff.). Nachdem der Hinterhalt offenbar wird, sehnt sich ein Noppenberger Bauernsohn nach Hause zu seinem Vater, um ihm beim Käsemachen zu helfen (V. 26261 ff.). Nach der Niederlage zeigt man mit den Fingern auf die ‚feigen‘ Bauernsöhne und einer von ihnen spricht zu sich selber:

> mac ich mich hie niht gerechen
> an disen herren frechen,
> die daz dunket missetân,
> daz die Unger ein man
> mit iren langen berten fliuhet
> unde solhez volc schiuhet,
> daz sô griulîchen zannet
> swann ez sînen bogen spannet,
> got lâz si hie saelic sîn!
> wil von Admunt der herre mîn,
> daz ich im diene mêre,
> sîn frum und sîn êre
> wil ich gern volbringen
> swenn er ze lantteidingen[408]

---

[408] Der Bauer ist allenfalls bereit, Gerichtsfolge zu leisten, etwa beim Abbruch unrechtmäßig erbauter Burgen zu helfen, wie es die Landfriedensgesetzgebung vorsieht. Vgl. hierzu Gerhard Schindele: ‚Helmbrecht‘. Bäuerlicher Aufstieg und landesherrliche Gewalt, in: Literatur im Feudalismus. Mit Beiträgen von Wolfgang Beutin [u. a.], hrsg. von Dieter Richter (Literaturwissenschaft und Sozialwissenschaften 5), Stuttgart 1975, S. 131 — 211, hier S. 154 ff.

hinze Gretze wil varn;
solhen dienst wil ich sparn
dâ man der liute spottet nâch'.

sô maniger, der da sprach
umbe disen grôzen spot:

‚gesent mich unser herre got
hin heim in daz Enstal
der liehten bluomen mach ich val
mit mînem segensîsen
sô vil, daz mich muoz prîsen
der vater und diu muoter mîn.
ich gerich mich an irm liehten schîn
noch hiwer ûf dem Grimei.
mit der Unger geschrei
wil ich sîn unbeworren
hinz Unger in die storren
lâz im ein ander wesen gâch
unde in daz stûdach.
dem abte dien ich gern;
mac aber er mir enpern,
für Trieben kum ich nimmer mêre.
Helmbrehtes vater lêre
wil ich gerne volgen
und der kneppischeit sîn erbolgen'.

(Reimchronik V. 26382 ff.)

Führwahr, daß ich mich nicht rächen kann an diesen kühnen Herren [den
österreichischen Rittern], die glauben, daß es Unrecht sei, daß ein Mann vor
den Ungarn mit ihren langen Bärten flieht und solches Volk scheut, das so
gräßlich dreinblickt, wann immer es seinen Bogen spannt, dazu laßt Gott sie
hier selig werden! Will der von Admont, mein [Grund-]Herr, daß ich ihm weiter diene, will ich seinen Nutzen und sein Ansehen gern voranbringen, wann
immer er zum Landteiding nach Grätz ziehen will. Aber solchen Dienst will ich
vermeiden, wo man danach verspottet wird."

So mancher war, der dort wegen des großen Spottes meinte: „Sendet mich unser Herrgott wieder heim ins Ennstal, werde ich mit meiner Sense der hellen
Blumen so viele köpfen, daß mein Vater und meine Mutter mich loben müssen.
Ich räche mich an ihrem hellen Schein noch heuer auf dem Grimming. Mit
dem Geschrei der Ungarn will ich unbehelligt bleiben. Nach Ungarn hinein in
die Baumstümpfe und in das Gesträuch laß ich ihm einen anderen [zu folgen]
willig sein. Dem Abt diene ich gerne, kann er aber auf mich verzichten, komme
ich niemals mehr über [den Ort] Trieben [bei Rottenmann und Noppenburg]
hinaus. Der Lehre von Helmbrechts Vater will ich gerne folgen und dem
Knappendasein feindlich gegenüberstehen.

Die Lehre von Helmbrechts Vater wird hier von Bauernsöhnen, die aus Schaden klug geworden sind, übernommen; sie begreifen (im Sinne des Autors), im Gegensatz zum jungen Helmbrecht, daß Bauernsöhne in die bäuerliche Produktion gehören und nicht zum Knappen taugen. Freilich darf das nicht so verstanden werden, daß die damals am Kriegszug beteiligten Bauern den ‚Helmbrecht' selbst kannten. Es schien aber Ottokar sinnvoll, sich in seiner geschichtlichen Rekonstruktion zur Verstärkung der ‚Lehre' auf den alten Helmbrecht zu berufen, da die Erzählung Wernhers den Aufstieg eines Bauernsohnes zum Knappen und dessen Scheitern vorführt. Auch dem Kreis seiner Zuhörer (oder bei einem so umfangreichen Werk wohl eher Leser) muß mindestens zum Teil diese Grundaussage des ‚Helmbrecht' geläufig gewesen sein, da nicht berichtet wird, welche Lehre von Helmbrechts Vater gegeben wurde.

Im Unterschied zu dem sehr zurückhaltenden Wernher[409] greift der Chronist den Herren der Bauernknappen, den Abt von Admont, recht nachdrücklich als Verursacher des Schadens an. Die Bauern selbst bleiben relativ ungeschoren, da ihnen Feigheit im ritterlichen Kampf wohl angeboren scheint; von einem ‚bäuerlichen' Standesethos oder dem Lob des Bauernstandes weiß er nichts. Das Standesethos des alten Helmbrecht ist zwar von einem adligen Autor für ein adliges Publikum formuliert, aber es bedeutet dennoch eine neue Sichtweise der sozialen Realität, gerade weil sich ein Adliger in die Vorstellungswelt eines Bauern hineinversetzt denken kann. Festzuhalten bleibt, daß Ottokar, gemeinsam mit Wernher, sich gegen Knappen bäuerlicher Herkunft wehrt und daß beide am liebsten den Bauern beim Pflug (bzw. beim Käsemachen und Grasschneiden) sehen. Ottokar beruft sich auf die ‚Autorität' des alten Helmbrecht, um den vom Bauern zum Landeshauptmann aufgestiegenen Abt Heinrich von Admont zu treffen. Seine Leser, wenigstens einige unter ihnen, die in literarisch interessierten Kreisen um die Liechtensteiner in der Steiermark und unter den Anhängern König Albrechts bzw. Friedrichs von Habsburg zu suchen sind, müssen den Inhalt des ‚Helmbrecht' gekannt haben, um diese Stelle zu verstehen.

Zu fragen bleibt, ob Ottokar auch anderenorts auf den ‚Helmbrecht' anspielt — etwa in Redewendungen, die charakteristisch genug sind, um von seinem Publikum wiedererkannt zu werden. Es gibt zwar eine Reihe von Parallelen bei Wernher und Ottokar, auch Reimwortgleichungen, Redewendungen sprichwörtlicher Art, aber alles ist eben vor der Entstehung der ‚Reimchronik' nicht nur allein im ‚Helmbrecht' zu finden, und gemeinsame

---

[409] Der Herr des jungen Helmbrecht, der ihn in den Knappendienst aufnimmt, wird nur einmal erwähnt und nicht näher charakterisiert. Zur Funktion dieses ‚Schweigens' vgl. Schindele (1975), S. 148 f.

Überzeugungen und Ansichten sind kein Beweis für literarische Bezüge. Auch die sonst nur im ‚Helmbrecht' belegte Redewendung *nû zuo des der neve sî!* (‚Helmbrecht' V. 426; ‚Herbei, wer sich als Angehöriger dieses Menschen zu erkennen geben will!'), die in der ‚Reimchronik' V. 4666, 61668 und 72361 zu finden ist, dürfte als Zitat für Ottokars Publikum wohl kaum erkennbar sein; wenn es eine Entsippungsformel sein sollte, würde sich die Suche nach literarischen Vorbildern überhaupt erübrigen.

Es bleibt, neben der Berufung auf die Lehre des Meier Helmbrecht und der genannten Redewendung nur eine Stelle übrig, die von Wernhers Erzählung adaptiert sein könnte. Ottokar schildert eine Plünderung, die mit dem Bericht von Helmbrechts Raubzügen gemeinsam hat, daß das Raubgut minutiös aufgezählt wird. Im Krieg zwischen Venedig und Aquileja fliehen die Venezianer und lassen ihr Lager vor Triest im Stich. Die Schildknechte denken nicht an das ihren Herren zustehende Gut, sondern verteilen alles unter sich:

> rouben man si sach
> ros und îsengewant,
> swie daz waere genant,
> silbergeschirre unde vaz
> ouch verteilte man den knappen daz,
> daz dhein schiltkneht haben solt,
> phenninc, silber unde golt,
> tuoch und allez daz gewant,
> daz man unverschrâten vant,
> [...]
> [...] si heten sô vil
> ze rouben und ze nemen dâ
> daz si enwesten wâ
> bestaten und behalten.
> man sach si dâ walten
> matraz und gulter guot,
> dâ was roc, gugel und huot,
> garnasch, belz und suckenî,
> ouch wâren si niht frî
> lîlachen und pluomît,
> mantel, deckelachen wît,
> gefurrieret durchlanc,
> ruckelachen, umbehanc,
> kotzen, tebich, stuollachen.
> vor freuden solden lachen
> noch al die schiltknehte,
> wen si hôrten rehte,
> ditze maere lesen,
> wie wol in dort ist gewesen. (Reimchronik V. 34951 ff.)

Nur in der genauen Aufzählung ist eine Parallele zu ‚Helmbrecht' zu sehen, denn die Schildknechte berauben im Verlauf kriegerischer Auseinandersetzungen nur den Gegner, und das, was sie zusammenraffen, besteht lediglich aus der Hinterlassenschaft des Feindes. Helmbrecht hingegen plündert mit Vorliebe Unbeteiligte aus, vom Landrecht als Fehdeunfähige bezeichnete, wie man an seinem Raubgut ablesen kann.

In den fast 100 000 Versen der Reimchronik gibt es demnach keine Stelle — außer der einen, wo sich ein Bauernsohn auf die Lehre des Meiers beruft — die als eindeutige Rezeption des ‚Helmbrecht' gelten könnte.

HORST WENZEL veröffentlichte 1977 einen Aufsatz über Ottokar und den ‚Helmbrecht'[410], dessen Aussage ungefähr die folgende ist: Wernher der Gartenaere schreibt seinen ‚Helmbrecht' gegen Albrecht von Habsburg, gegen den Ausbau der Landesherrschaft und aus der Sicht eines Österreichers. Zur Begründung wählt WENZEL den Weg über Ottokars Rezeption des ‚Helmbrecht'. Ottokar selbst wird als Sprachrohr einer Gruppe von steirischen Landherren, die in Opposition zu den Habsburgern standen, aufgefaßt:

> Festzuhalten bleibt, daß Ottokar mit den bedeutendsten Gestalten des politischen Lebens in Berührung stand und daß er den Herren von Liechtenstein besonders eng verbunden war. Die Äußerungen müssen in diesem [?] größeren Kontext gesehen werden, denn der öffentliche Charakter mittelalterlicher Literatur läßt uns erwarten, daß auch seine Chronik die gültigen [?] Ansichten der auftraggebenden Bezugsgruppe repräsentiert.[411]

Es ist bemerkenswert, daß die Gruppe der ‚bedeutendsten Gestalten', mit denen Ottokar in ‚Berührung' stand, zum Auftraggeber wird, dessen Ansichten er propagiert. WENZEL verfügt über keinerlei Daten, die ihm eine solche Schlußfolgerung erlaubten. Erlaubt wäre, in diesen Kreisen Anreger zu seinem Geschichtswerk und zum Teil auch sein Publikum zu suchen. Deswegen vertritt er noch lange nicht alle Standpunkte dieser Gruppe. Wie sonst wäre es möglich, daß er in den Berichten über den steirischen Adelsaufstand 1292 auf Seiten Albrechts steht, die meisten Landherren kritisiert, daß sie die Fehde nicht angesagt haben, und Albrecht über Gebühr lobt, daß er den Steirern trotz alledem ihre alten Rechte bestätigt — und das als Sieger? Bezüglich der ‚Helmbrecht'-Berufung (Vers 26417 ff.) behauptet WENZEL:

---

410 Horst Wenzel: ‚Helmbrecht' wider Habsburg. Das Märe von Wernher dem Gärtner in der Auffassung der Zeitgenossen, in: Euph. 71 (1977), S. 230 – 249.
411 Wenzel, S. 233. Hervorhebung von mir, U. S.

Im Zusammenhang seiner Polemik nimmt der Chronist ausdrücklich Bezug auf Helmbrechts ‚ritterliche Karriere' und auf die Lehren von Helmbrechts Vater.[412]

Von der Karriere des jungen Helmbrecht, ja von ihm selbst ist in der Reimchronik nirgends die Rede. Ottokar setzt beim Publikum indirekt das Wissen voraus — und dies ist sehr wichtig für die Interpretation der Stelle —, daß der Bauernsohn Helmbrecht sich als Schildknecht (nicht als Ritter) verdingt hatte und damit gescheitert war.

Weitere Parallelen, die WENZEL zwischen dem ‚Helmbrecht' und der ‚Reimchronik' zieht, beruhen meines Erachtens auf inhaltlichen Übereinstimmungen, doch er vermeint, Stellen „in beinah wörtlicher Entsprechung"[413] gefunden zu haben. Die extensive Auslegung des doch eher dürftig zu nennenden Vergleichsmaterials ist notwendig, damit er zu den folgenden Thesen gelangen kann. Weil der Chronist sich mit seinem (höhergestellten) Publikum in der Ablehnung des Abtes von Admont eins wisse, gehe es „Ottokar also nicht so sehr um den Schutz des eigenen niederadeligen Status vor Funktionslosigkeit (so SCHINDELE)"[414]. Abgesehen davon, ob SCHINDELEs Urteil zutrifft oder nicht, der Schluß ist nicht gerechtfertigt, daß Ottokar, weil er dasselbe Feindbild entwickelt wie sein Publikum, auf die Vertretung seiner eigenen Standesinteressen verzichtet. Der Sachverhalt könnte meines Erachtens folgendermaßen beschrieben werden: der niederadelige, in gesicherten Verhältnissen lebende Chronist, dessen Vorfahren und Brüder Ritterdienst leisteten, sah die Position seines Standes von Männern wie dem Admonter Abt bedroht. Dem höheren Adel (den Landherren) führt er eindringlich vor Augen, daß mit bäuerlichen Knappen die Qualität des Heeres gemindert wird. Hierin und in der Bedrohung auch des höheren Adels durch bäuerliche Aufsteiger wie Heinrich von Admont, der Landschreiber und Landeshauptmann — wie Otto von Liechtenstein — war, liegt die partielle Interessenidentität von niederem und höherem Adel in der Abwehr bäuerlicher Kriegsknechte.[415]

---

412 Ebenda. Hervorhebung von mir, U. S.

413 Wenzel, S. 235. Beispielsweise meint Wenzel eine ganz unverkennbare Parallele zum ‚Helmbrecht' darin zu finden, daß Ottokar meint, die Bauern seien ihrem Einsatz nach der *hofsit* nicht gewachsen, sie sollten besser Salzsäcke schnüren (S. 234; die Bauern waren im Rahmen von Frondiensten zum Transport des Salzes über die Pässe verpflichtet). Die beinahe „wörtliche Entsprechung" ist auf ‚Helmbrecht' V. 291 ff. und Ottokar V. 26195 ff. bezogen. Sie reduziert sich auf das Reimband *phluoc : genuoc.*

414 Wenzel, S. 237, bezogen auf Schindele (1975), S. 134.

415 Es darf jedoch nicht vergessen werden, daß zwischen einer niederadeligen Familie wie den Geulern und Edelknappen, die nicht mehr als eine Hufe Land mit einem Bauern zu Lehen hatten oder sogar noch schlechter gestellt waren, ein großer Abstand lag.

3.3 Rüdiger von Hünkhoven

Der ‚Schlegel' Rüdigers von Hünkhoven[416] erzählt die Geschichte eines patrizischen Kaufmannes, der noch vor seinem Lebensende sein ganzes Gut den drei Söhnen und zwei Töchtern in der Hoffnung verschreibt, von ihnen selbstverständlich versorgt und in Ehren gehalten zu werden. Doch wird er von einem Kind zum anderen weitergeschickt, bald vernachlässigt, schlecht eingekleidet und gespeist. Er trifft einen früheren Freund, der ihm mit Hilfe einer List zum früheren Wohlstand verhilft. In einer Kiste mit fünf Schlössern soll sich eine Rücklage befinden. In der Hoffnung, an diesem letzten Besitz des Vaters ebenfalls partizipieren zu können, überbieten sich die Kinder an Freundlichkeit. Als dieser stirbt, ein ehrenvolles Begräbnis erhält und die Nachkommen die Kiste gemeinschaftlich öffnen, finden sie einen Dreschflegel mit einem Zettel folgender Weisheit: wer seinen Kindern bei Lebzeiten sein Gut übertrage, den solle man mit diesem Schlegel das Hirn einschlagen. Betreten verlassen die Kinder den Ort. Die Lehre des Märe wird im Prolog formuliert.

> Daz diu jugent nâch Gotes lêre
> Vater unde muoter êre
> Und daz daz alter sich behüete
> Vor der jugent ungüete. (Vers 8 ff.)

Das Märe vom ‚Schlegel' und der ‚Helmbrecht' handeln beide von Generationskonflikten und umspielen das Vierte Gebot; der alte, erfahrene Freund des Kaufmanns wird wie der alte Meier Helmbrecht als *getriuwe und gewaere* (V. 490) bezeichnet. Schließlich erscheint unvermittelt in Vers 601 ein **Helmbrecht** als Knecht des älteren Sohnes:

> Er ruofte sînem knehte
> dem snellen Helmbrehte
> Daz er im braehte den silberkopf. (Vers 600 ff.)

Diese Figur hat ihre Entsprechung im Knecht des zweiten Sohnes:

> Er ruofte dem knehte **Irnvriden**
> Und gebôt im bî der widen
> Daz er im braeht
> Sîn gewant [. . .] (Vers 860 ff.)

und der Magd des jüngsten Sohnes:

> Er ruofte sîner meide **Prangen**
> ‚Brinc mir ab der stangen
> Mîn gewant, roc unde mandel!' (Vers 980 ff.)

---

[416] Ludwig Pfannmüller (Hrsg.): Mittelhochdeutsche Novellen II. Rittertreue. Schlegel, unveränderter Neudruck [der Ausgabe Bonn 1912] (Kleine Texte für Vorlesungen und Übungen 95), Berlin 1933, S. 27 – 63.

Die Namengebung verfolgt offenbar einen versteckten Nebensinn, das zeigen nicht nur die parallelen Konstruktionen, sondern auch die Sprache der Namen selbst: *Irnvriden* läßt sich als *ir-den-vriden* auflösen und *Prange* ist eine Prahlerin (*brangen* = prahlen, sich zieren). Im Kontext bedeutet dies, daß auch *Helmbreht* beim Publikum bestimmte Konnotationen auslösen mußte. Etymologisch ist der Name (,Helmglanz') jedoch unverdächtig, er ‚spricht' nicht aufgrund seiner Morpheme. Der einzige Helmbrecht, den Rüdigers von Hünkhoven Publikum aus der Literatur kennen konnte und dessen Nennung ähnliche Assoziationen auslösen mußte wie *Irnvriden* und *Prange*, war jener aus der Erzählung Wernhers des Gärtners. Offenbar dienen die drei parallel konstruierten Nebenrollen der Belustigung des Publikums auf Kosten der Dienstboten, deren Komplizenschaft mit den Söhnen möglicherweise markiert wird. Vielleicht sollten auch Knechte und Mägde generell als unbeherrscht und von sich eingenommen abgefertigt werden.

Es gibt einige Anhaltspunkte, die dafür sprechen, daß der Autor Rüdiger von Hünkhoven und sein patrizisches Publikum den ‚Helmbrecht' kennengelernt haben konnten. Ein Autograph Hünkhovens hat sich erhalten; es handelt sich um eine nicht datierte Urkunde vom Ende des 13. Jahrhunderts, in der Pernolt Nözel drei Äcker an Rüdeger den Preumeister und seine Söhne verleiht. Als Zeugen fungieren Regensburger Bürger, die Herren Haertwich der alte Weintinger und sein gleichnamiger Sohn, Ernst Nözel, Rüdger uf der Pridige und drei weitere, denen der Titel Herr nicht zugestanden wird, unter ihnen als letzter der Schreiber der Urkunde.[417] Haertwich der Weimtinger und Pernolt der Nötzel finden sich nun in einer Urkunde von 1290, in der die achtzig einflußreichsten Männer (aus 47 Familien) von Regensburg auftreten.[418] Auch der Besitzer eines Schwabenspiegels, der von seinem Schreiber Ernst dem Hunchovaer kopiert wurde[419], der Ritter Rüdeger bi der Kapelle, erscheint darin unter den Ratsmitgliedern von Regensburg. Rüdiger von Hünkhoven war daher aller Wahrscheinlichkeit nach ein Schreiber aus Regensburg, vielleicht in den Diensten eines der dort genannten patrizischen Geschlechter der Stadt.

Mit Regensburg läßt sich Wernher der Gartenaere ebenfalls in Verbindung bringen. Sein Gönner, Heinrich XIII., ließ, als

die Schwäche seines Körpers täglich zunahm, und ihn im Grauen des Todes wegen mancher an der Geistlichkeit und an den Kirchen geübten Gewalt-

---

417 Otto Lippstreu: Der Schlegel, ein mittelhochdeutsches Gedicht des Rüedger Hünchovaer, Diss. Halle — Wittenberg, Halle 1894, S. 26 ff.

418 Corpus, Nr. 1209 (1290 Februar 17), S. 477 f. Ebenfalls bei Lippstreu (1894), S. 28 f.

419 Lippstreu (1894), S. 30.

thätigkeit eine ängstliche Reue ergriff, [. . .] den Bischof Heinrich und den Bruder Wernher, den Gardian der Minoriten, einen schriftgelehrten Mann, von Regensburg holen, und machte ihnen den Auftrag, großes Gut an Klöster und Kirchen zu geben, und denselben damit alles wieder zu erstatten und zu ersetzen, was er ihnen widerrechtlich entzogen und abgenommen habe.[420]

In Regensburg selbst gab es ein ratsfähiges Geschlecht namens Gartenaere, aus dem der 1321 als ‚Herr' bezeichnete Marquart der Gartnaer[421] ebenfalls in der Regensburger Urkunde von 1290 zu finden ist. Und schließlich erscheint Chunrad von Haldenberch, dessen Burg von Wernher dem Gartenaere im ‚Helmbrecht' genannt wird, als Zeuge in einer Urkunde Herzog Ludwigs an der Seite von Heinrich dem Ower von Regensburg[422], der wiederum in der Urkunde von 1290 zu finden ist. Die nur wenig verzweigten Querverbindungen beider Autoren und ihres jeweiligen Publikums lassen es als möglich erscheinen, daß Rüdiger von Hünkhoven mit der Bekanntheit der Figur Helmbrecht — zumindest bei ‚Eingeweihten' — rechnen konnte, die Erzählung demnach Ende des 13. Jahrhunderts in den Kreisen des Regensburger Stadtadels rezipiert wurde.

---

[420] Carl Theodor Gemeiner: Regensburgische Chronik, unveränderter Nachdruck der Originalausgabe. Mit einer Einleitung, einem Quellenverzeichnis und einem Register neu hrsg. von Heinz Angermeier, 2 Bde., München 1971, hier Bd. I, S. 427 f.

[421] Regensburger Urkundenbuch, 1. Bd.: Urkunden der Stadt bis zum Jahre 1350 (Monumenta Boica LIII, NF. VII), München 1912, hier Nr. 413, S. 233 f. (1321 Juli 12). Er gehörte 1314 zum großen Rat der Stadt Regensburg, zu den ‚Genannten' (Nr. 295, S. 156, 1314 Juli 24).

[422] Die Grafen von Murach überlassen Herzog Ludwig von Bayern ihre Burg Murach. Regensburg 11. Juni 1272. Quellen und Erörterungen zur Bayerischen und Deutschen Geschichte, hrsg. auf Befehl und Kosten seiner Majestät des Königs Maximilian II, Bd. 5, München 1857, Nr. 103, S. 254.

3.4 Das Spiel ‚Streit zwischen Herbst und Mai‘

In seiner Ausgabe des Spiels ‚Streit zwischen Herbst und Mai‘[423] konjizierte SINGER für eine Reihe von Namen, die in dem einzigen Textzeugen, einer Sammelhandschrift der Kantonsbibliothek Chur[424], ihm zu Recht sehr befremdlich erschienen, Lesungen, die darauf schließen lassen, daß der ‚Helmbrecht‘ für einige Figuren des Spiels Pate gestanden hat. Der Herausgeber konnte mit einigem Grund die Qualität der Überlieferung in Zweifel ziehen, da sie ohne Rücksicht auf den Reim und auch im Versinnern laufend baren Unsinn bietet.[425] Aus handschriftlichem *gůttelin* (Z. 47), das auf *sint* reimt, erschloß SINGER den Namen Gotelint, ebenso stellte er aus *schlisgo^e* (Z. 92) Helmbrechts Übernamen Slintezgöu her. SINGER meinte, daß „der Name Gotelint und der des einen oder andern Herbstritters“ aus dem ‚Helmbrecht‘ stamme.[426]

Mit den herausgeberischen Eingriffen, die meines Erachtens in den genannten Fällen vollauf berechtigt sind, erschließt sich der Spieltext auch an anderen Stellen als vom ‚Helmbrecht‘ beeinflußtes Stück Literatur. Der Inhalt des Spiels ist folgender: Dem alten Mai entführt der junge Herbst die Tochter Gotelint; diese muß bei ihrem Vater Hunger leiden, denn er kann ihr *weder flaisch no^vch brot* (Z. 20) bieten, und sie muß sich mit grünem Kraut begnügen (Z. 21). Der Herbst jedoch bietet ihr Wein, Würste und Wecken (Z. 165), und sie läßt sich daher nicht ungerne entführen. Je zwölf Ritter von Mai und Herbst treten für ihre Herren in die Schranken, doch letztlich muß der alte Mai resigniert mitansehen, wie der Herbst seine Tochter gewinnt.

Die Parallele zur Gotelint-Episode drängt sich förmlich auf. Dem alten rechtschaffenen Meier entspricht der Mai, der nur eine einfache Kost zu bieten hat. Gotelint spricht im ‚Helmbrecht‘ von *mînes vater armuot* (V. 1589), Wernher weist darauf hin, daß *krût* die Alltagsmahlzeit am Meierstische war (Helmbrecht V. 1604). Der Herbst bietet Gotelint eine Fülle von Speisen und Getränken und Lemberslint, der Entführer in der Erzählung Wernhers, verspricht ihr ein Leben frei von Armut und viele Dinge, die das Herz einer Frau erfreuen, vor allem Eßbares (*sô schrîet mir*

---

423 S[amuel] Singer: Ein Streit zwischen Herbst und Mai, in: Schweizerisches Archiv für Volkskunde 23 (1920/21), S. 112 − 116 (kritischer Text). − S[amuel] Singer: Mittelhochdeutsches Lesebuch. Texte des vierzehnten Jahrhunderts unter Mitarbeit von Marga Bauer und Gertrud Sattler hrsg., Bern 1945, hier S. 62 − 67 (Text der Handschrift und kritische Herstellung im Paralleldruck).

424 Jetzt im Staatsarchiv Graubünden in Chur.

425 Zitiert wird nach der Zeilenzählung der Edition von Friederike Christ-Kutter (Hrsg.): Frühe Schweizerspiele (Altdeutsche Übungstexte 19), Bern 1963, S. 5 − 19 (Text der Handschrift mit Lesarten der Eingriffe Singers).

426 Singer (1920/21), S. 116. Vgl. Singer (1945), S. 82 und 100.

mîn phanne, sô ist gelesen mir der wîn Helmbrecht V. 1398). Helmbrecht, der selbst den Brautwerber für Lemberslint spielt, wird hier durch den Knappen „Bit-ich-baz" ersetzt (Z. 5). Die *stolzen degen* des Herbstes, die ihm bei der Eroberung Gotelints beistehen, führen sprechende Übernamen wie die *cumpâne* Lemberslints und Helmbrechts; sie heißen *vul win* (Z. 69), *giudel* (= Vergeuder, Z. 72), *schlaprion* (einer der Schläge austeilt, Z. 76), *hu^enerschlunt* (Z. 80), *Schlintenkru^og* (Z. 84), *numer vol* (Z. 98), *fulsack* (Z. 96), *schluckendarm* (Z. 100), *gensfraus* (Z. 104), *druckus* (Z. 108) und *schlisgo^e* alias *Slintezgöu* (Z. 92).

Ebenso wie die Namen im ‚Helmbrecht' stammen die der Ritter des Herbstes aus dem Sinnbereich der Avaritia (*frâzheit*). *Hüenerslunt* konnotiert aus dem ‚Helmbrecht' die Namen Lemberslint[427] und Küefrâz, *Slindenkruoc* und *schlisgo^e* lassen Slintezgeu als Vorbild vermuten. Über den Kumpan Wolvesdarm heißt es, daß er *roubes . . . nimmer vol* werde (Helmbrecht V. 1223) und er wird daher einen ähnlichen Charakter besessen haben wie der Herbstritter *Nimmervol*. Auf *fulsack* (Füll-den-Sack) werden die ‚Helmbrecht'-Verse 661 ff. zutreffen, die auf den räuberischen Titelhelden gemünzt sind: *swaz ein ander ligen liez/ in sînen sac erz allez stiez* (Helmbrecht V. 661 f.). *Schluckendarm* verdichtet die Namen Slickenwider und Wolvesdarm; *gensfraus* bescheidet sich mit Kleinvieh im Gegensatz zu Küefrâz und *druck us* steht in der Nachfolge von Helmbrechts Bauernschinderei: *dem ich daz ouge ûz drucke* (Helmbrecht V. 1243).

Die Zahl der Parallelen ist bei einem so kurzen Text (178 Zeilen) überwältigend; ich bin daher geneigt, die von SINGER behauptete Beeinflussung durch den ‚Helmbrecht' ohne Einschränkung anzuerkennen.

Wo dieser Vorläufer eines Fastnacht- oder Singespiels entstanden sein mag, ist kaum zu beantworten, die Reime sind ohne Aussagekraft, Anspielungen auf zeitgenössische Umstände oder Lokalitäten fehlen. Die Graubündner Abschrift verrät offensichtliche Schwierigkeiten mit der Entzifferung der Vorlage, daher vermute ich, daß das Spiel nicht im alemannischen Sprachraum entstanden ist, sondern in den örtlich angrenzenden oberdeutschen Gebieten.

Aber auch wenn die krause sprachliche Form der Überlieferung einem unfähigen Abschreiber zuzurechnen wäre, der seinen Landsmann mißverstanden hätte, läßt sich eine Beeinflussung durch den in Niederbayern entstandenen ‚Helmbrecht' denken. Wie in den vorausgegangenen Kapiteln gezeigt wurde, ist die Erzählung Wernhers früh in die habsburgisch regier-

---

[427] Die Namen der *cumpâne* im ‚Helmbrecht' werden samt den Eigenschaften und Taten ihrer Träger V. 1185 – 1237 aufgezählt.

ten Ländern, in Niederösterreich und in der Steiermark rezipiert worden. Durch den Erwerb der österreichischen Länder sind aber auch die habsburgischen Stammlande in Schwaben und in der Schweiz politisch, gesellschaftlich und kulturell näher an das ursprüngliche Rezeptionsgebiet des ‚Helmbrecht' gerückt. Die eindrucksvolle Neidhart-Nachwirkung (Göeli u. a.), die frühe Aufnahme der steiermärkischen Liederdichter Ulrich von Liechtenstein und Herrand von Wildonie in die Liederhandschrift aus dem Manessekreis ist sicher der politisch-kulturellen Verflechtung der Länder seit der Habsburgerherrschaft über Österreich und die Steiermark zu verdanken. Ob der ‚Helmbrecht' selbst in der Schweiz rezipiert wurde oder ob er in der ‚Verpackung' des Spieles ein verstecktes und wohl unerkennbares Dasein fristete, diese Frage kann wohl kaum genauer beantwortet werden, bevor nicht weitere Zeugnisse für eine genuin helvetische Rezeption des ‚Helmbrecht' aufgefunden werden.

3.5 Der Meier Helmbrecht als Autorität in Bollstatters Spruchsammlung

In der Handschriftenabteilung der British Library befindet sich unter den Addenda eine Handschrift (Add. 16581) aus den Jahren 1468/69, die zwei der interessantesten mittelalterlichen Spruchsammlungen enthält.[428] Innerhalb der Dicta-Sammlungen – eine Vierzeiler-Sammlung von 129 Sprüchen Bl. 133^r bis 149^r und 206 Zweizeilern Bl. 156^r bis 172^v – werden die Weisheiten Gott, den Propheten, biblischen Gestalten, antiken Philosophen, Schriftstellern und Lehrmeistern, Kirchenvätern, Persönlichkeiten der Geschichte und Autoren des Mittelalters in den Mund gelegt, ein bekanntes Bild, das auch andere ‚Autoritäten‘-Reihen bieten.[429] Verblüffend ist jedoch die hohe Zahl von zeitgenössischen Persönlichkeiten, zum großen Teil aus dem lokalen Bekanntenkreis des Sammlers, wie die Ortsangaben verraten, und – noch ungewöhnlicher – das Vorkommen von Gestalten aus der mittelhochdeutschen Literatur. Der Schreiber und Kompilator der Spruchreihen, Konrad Bollstatter[430] alias Molitor, wurde wahrscheinlich „in den zwanziger Jahren des 15. Jh. in Öttingen als Sohn des gräflich öttingischen Schreibers und Notars Konrad Müller"[431] geboren. Zunächst war er selbst Schreiber im Dienst der Öttinger Grafen. Zwischenzeitlich in Höchstädt an der Donau und Hohenrechberg nachweisbar, siedelte er 1466 nach Augsburg über, wo er bis zu seinem Tod im Jahre 1482 lebte. Allein vierzehn deutsche Handschriften sind aus seiner Schreibertätigkeit erhalten; nebenher versuchte er sich auch als Dichter. Seine Literaturkenntnisse erwarb er sich u. a. im Dienst der Grafen von Öttingen, die in ihrer Bibliothek Werke der höfischen und der Helden-Epik, aber auch Liedersammlungen aufbewahrten. In den erhaltenen Bücherverzeichnissen der Grafen[432] finden sich ein ‚Jüngerer Titurel‘, Neidharts Lieder, Frauenlob, der ‚Herzog Ernst‘ u. a. m. Der Vater Konrad Bollstatters hatte um 1436 für den „jungen Herrn" von Öttingen die ‚Krone‘ Heinrichs von dem Türlin, Wirnts von Grafenberg ‚Wigalois‘, Wolframs ‚Willehalm‘ und ‚Parzival‘, den ‚Rennewart‘ Ulrichs von Türheim

[428] Die Handschrift ist beschrieben und teilweise abgedruckt bei Robert Priebsch: Deutsche Handschriften in England, Bd. 2: Das British Museum, Erlangen 1901, S. 147 – 158. Vgl. zum folgenden Kurt Gärtner: Bollstatters Spruchsammlung, in: VL², Bd. 1, Sp. 933 – 935.

[429] Vgl. Arne Holtorf / Kurt Gärtner: Autoritäten (gereimt), in: VL², Bd. 1, Sp. 557 – 560.

[430] Zu Konrad Bollstatters Leben und seiner Tätigkeit als Schreiber von Handschriften vgl. Karin Schneider: Konrad Bollstatters, in: VL², Bd. 1, Sp. 931 – 933, und dies.: Ein Losbuch Konrad Bollstatters. Aus CGM 312 der Bayerischen Staatsbibliothek München. Kommentiert, Wiesbaden 1973, S. 14 – 47.

[431] Schneider (1978), Sp. 931.

[432] MBK. III,1, S. 157 – 161.

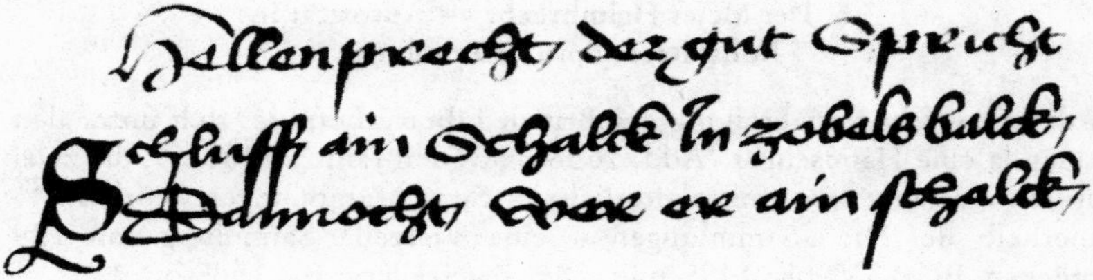
Hellenprecht der gut Spricht
Schuff ain schalck In zobels balck
Dannocht wær er ain schalck

Abb. 14: Bollstattters Spruchsamlung, Bl. 166^{r} (British Library, London, Addenda 16981)

und ein *kunig Artus buch* (vielleicht Strickers ‚Daniel vom blühenden Tal') in Verwahrung. Wie die Grafen ihre Bücher verliehen, so werden sie selbst auch Literatur ausgeliehen haben, wodurch die Zahl der Werke, die der bei ihnen tätige Schreiber kennenlernen konnte, sich erhöhte.

In den Spruchsammlungen, die Bollstatter 1468 und 1469 in Augsburg schrieb, tauchen dann neben vielen anderen ‚Autoritäten' „nahezu alle bekannten Dichter des Hoch- und Spätmittelalters"[433] auf. Er bietet Sprüche Wolframs von Eschenbach, Walthers von der Vogelweide, Suchensinns, Oswalds von Wolkenstein, des Teichners etc. Es begegnen aber auch literarische Gestalten, so *Wigamur* (Bl. 167^{v}), *Gamuret* (Bl. 167^{v}), *Morolff* (Bl. 168^{v}), *Eraclius der mayster* (Bl. 166^{r}), *Her ybwein* (Bl. 167^{r}), *Clyngsor der mayster* (Bl. 140^{v}), *Lantzilett der ritter* (Bl. 167^{v}), *Wilhelm von Orantz* (Bl. 167^{v}), *Daniel vom plüenden tal* (Bl. 167^{v}), *fraw ysott die kunigin* (Bl. 167^{r}), *der pfaff ameys* (Bl. 157^{b}) und *Wygolays vom rad* (Bl. 167^{v}). Die Sprüche selbst stammen hingegen in den seltensten Fällen aus den Werken selbst, sie sind zumeist aus dem ‚Freidank', der deutschen Fassung der ‚Documenta Artistotelis ad Alexandrum Magnum', dem ‚Cato' oder dem ‚Magezoge' entnommen.[434] Als eine dieser Autoritäten begegnet nun auch *Hellenprecht der gůt* auf Bl. 166^{r} (vgl. Abb. 14). Aus welcher ‚Fraktion' der weisen Lehrer er stammen könnte, soll im folgenden geklärt werden. Im Grunde stellt sich nur die Alternative: literarische Figur oder Zeitgenosse des Sammlers, denn aus der Antike oder Bibel ist kein *Hellenprecht* bekannt und einen Dichter oder Kirchenvater des Namens werden wir ebenso vergeblich suchen.

Während sich die literarischen Gestalten um Blatt 167 der Handschrift herum konzentrieren, finden sich die Namen von Zeitgenossen Bollstatters vor allem am Ende beider Sammlungen gehäuft wieder (Bl. 146 und 147,

433 Schneider (1973), S. 44.

434 Gärtner (1978), Sp. 933.

Bl. 170 – 172), aber eben nicht ausschließlich. Wäre dem so, könnten wir unbedenklich *Hellenprecht der guoten* zu den literarischen Gestalten der Blätter 166ʳ bis 167ᵛ stellen. Wir müssen demnach untersuchen, welche Namensformen den Zeitgenossen zugeordnet sind und ob sich unter diesen ähnliche Fälle finden lassen. Der Einfachheit halber sehe ich alle Namen, die nicht mit gewohnten ‚Autoritäten' oder bekannten Gestalten übereinstimmen, als Zeitgenossen oder Bekannte Bollstatters an. Weitaus die meisten Namen dieser Gruppe folgen dem Muster:

Vorname + von + Ortsname

mit oder ohne zugesetzten Titel, zum Beispiel *Seyfried von wilburgstetten* (Bl. 170ʳ), *Ott von Rinderpach* (Bl. 159ᵛ), *Johannis von Stauffen* (Bl. 159ʳ), oder *Grave Herman von Arberg* (Bl. 141ᵛ), *Grave Fridrich von Ötingen* (Bl. 160ᵛ), *Her petter von Durwang* (Bl. 172ʳ), *Maister Hainrich von Stainheim* (Bl. 170ʳ) etc. Eine weitere Form ist die normale Kombination von Vor- und Zuname, beispielsweise *Seyfried Segringer* (Bl. 146ʳ), *Ulrich Kaltenpach* (Bl. 146ʳ), zuweilen mit einem Titel oder einer Berufsbezeichnung: *Öhin Bendel der maler* (Bl. 149ʳ). Auch der einfache Familien- (oder Orts-)Name, zum Beispiel *Stumpffberger* (Bl. 148ᵛ) und *Haydecker* (Bl. 148ᵛ) und der Vorname (*Weygant* Bl. 163ᵛ) ist vertreten. Weiter begegnet eine Reihe von merkwürdigen Leuten, etwa *Holtzapffel der Singer* (Bl. 143ᵛ), *Affenschmaltz der Synger* (Bl. 143ᵛ), *Moreller der Zauberer* (Bl. 158ʳ), *Heggelbach der aubenturer* (Bl. 158ʳ) und *Quatterloch der herolt* (Bl. 158ʳ). Ihnen stehen in der Komik *Johannes der Timpentamper* (Bl. 171ʳ), *der Růfftamppler* (Bl. 147ᵛ) und *der Schnoppffytzer* (Bl. 148ᵛ) in nichts nach. Zum Teil dürften sich unter den Namen Bekannte Bollstatters verbergen; er selbst gibt sich einmal den Scherznamen *Konrad Lappleder aus Deiningen*.

Bollstatter nennt seine Zeitgenossen entweder bei ihrem üblichen Namen oder weist ihnen scherzhafte Übernamen zu. Ein einziges Mal begegnete ein schlichter Vorname (*Weygant* Bl. 163ᵛ), jedoch ohne nachgestelltes adjektivisches Attribut (wie bei *Hellenprecht dem guoten*). Nur *Magogg der rot Jud* (Bl. 142ᵛ), eine biblische Gestalt (1. Mose 10, 2), wäre allenfalls noch vergleichbar. Es gibt demnach unter den Zeitgenossen und Bekannten des Sammlers keine Person, deren Namensnennung dem Schema *Hellenprecht der gůt*:

Vorname + der + adjektivisches Attribut

folgt.

In welcher Nachbarschaft steht nun der Spruch von Helmbrecht dem Guten? Die sechs Zweizeiler auf Bl. 166ʳ sind zwei Propheten (*Natton* = Nathan, vgl. 2 Könige 7, 4; 12, 1 und *Ysay der alte* = Jesaja), einer biblischen Gestalt (*Joseph von armatya*), einem lateinischen Schriftsteller (*Magrobius der maister*, Verfasser der ‚Saturnalia') und — neben Helmbrecht — einer literarischen Figur, dem *Eraclius* Ottes (aber auch aus der ‚Kaiserchronik' bekannt) zugesellt. Eine biblische oder antike Gestalt kann der *Hellenprecht* nicht sein, daher ist er wohl wie *Eraclius* und die auf Blatt 167ʳᵛ folgenden *Tristram, Lantzilett* etc. als literarische Gestalt anzusehen. Diesem ‚guten Helmbrecht' wird der Freidank-Spruch 49, 19[435] in den Mund gelegt:

Hellenprecht, der gût Spricht

Schluff ain Schalck In zobels balck
Dannocht were er ain schalck.

[Würde ein Betrüger in einen Zobelpelz schlüpfen (der den Honoratioren der Gesellschaft und dem hohen Adel vorbehalten ist), bliebe er dennoch derselbe.]

Schon in Ottokars ‚Reimchronik' begegnete der alte Helmbrecht als berufene Autorität — hier kann ebenfalls nur der Vater Helmbrecht gemeint sein. Der Abschnitt bei Freidank, aus dem der Spruch entnommen wurde, paßt im übrigen gut zum ‚Helmbrecht', er bietet Weisheiten über Knechte im Herrendienst. Auf den jungen Helmbrecht gemünzt, wäre der Freidank-Spruch sogar sinnvoll: auch Helmbrecht maßt sich in den Augen des Adels Kleider an, die ihm nicht zustehen, und seine Handlungen decken jede Bedeutungsnuance des Wortes *schalc* ab. Hugo von Trimberg wendet im ‚Renner' (Vers 7106) denselben Spruch auf Diebe an (vgl. ‚Helmbrecht' V. 1818, *diep Helmbreht*).

Bollstatter kann den ‚Helmbrecht' auf dem Schloß der Grafen von Öttingen kennengelernt haben. Im Bücherverzeichnis des Grafen Ludwig oder des Grafen Wilhelm ist er zwar nicht erwähnt, aber als Anhang zu einer Epenhandschrift wäre die Erzählung auch nicht unbedingt ins Verzeichnis aufgenommen worden. Der auf Wallerstein von Bollstatter geschriebene ‚Willehalm von Orlens' enthält beispielsweise als ‚Nachschlag' noch die Mären ‚Der Borte', ‚Die Graserin' und den ‚Schüler von Paris'. Auf Bl. 225ᵛ notierte Bollstatter, daß er den ‚Schüler von Paris' schon einmal, im Jahre 1446 auf Burg Wallerstein abgeschrieben habe.[436] Wenn der ‚Helmbrecht' demnach in der gleichen Überlieferungsform wie in der Meurlschen Handschrift (s. oben) existierte, kann er sich sehr wohl in einer der verlorenen Handschriften befunden haben. Doch mag Bollstatter die Erzählung

---

[435] In der Ausgabe Bezzenbergers lautet der Spruch 49, 19: *Slüffe ein schalc in zobeles balc/ waer er immer drinne, erst doch ein schalc* (Lesart γ: *dannoch waer er drinne ein schalc*). Vgl. den Artikel von R. Priebsch: Hellenbrecht der Gute, in: VL¹, Bd. 2, Sp. 388.
[436] Heidelberg Cpg. 4. Vgl. Fischer (1968), S. 135.

ebenso in einer entliehenen Handschrift gelesen haben. Auf jeden Fall ist der Fund nicht so ungewöhnlich, wenn wir bedenken, daß der Augsburger Bürger Konrad Bollstatter zuvor in den Diensten der mit den bayerischen Herzögen eng verbundenen, literaturliebenden Öttinger Grafen gestanden hat.

3.6 Anhang: ‚Helmbrecht'-Rezeption im Schwank von der Bösen Frau und in den Epen des Pleiers?

Im Schwank von der Bösen Frau (abgekürzt BF) berichtet der Ich-Erzähler, ein gebildeter Mann in bäuerlichem (!) Milieu, wie er beständig unter der Verfolgung und der Züchtigung seiner Angetrauten zu leiden hat. EDWARD SCHRÖDER sah in seiner textkritischen Untersuchung „unleugbare Beziehungen" zum ‚Helmbrecht' gegeben, die freilich „nicht so weit gehn, daß man die beiden Gedichte in ein ganz bestimmtes Verhältnis setzen könnte, aber doch deutlich genug sind, um sie dem gleichen, eng begrenzten Zeitabschnitt zuzuweisen [. . .]"[437]. In seiner Ausgabe des Textes meinte SCHRÖDER hingegen schon, daß der Verfasser der BF den „um 1250 entstandene[n] ‚Helmbrecht' [. . .] w a h r s c h e i n l i c h gekannt hat"[438]. In der dritten Auflage ist es endlich zur Gewißheit geworden: die BF sei „jünger als der um 1250 entstandene ‚Helmbrecht', den der Verf. g e k a n n t hat"[439]. Die späteren Herausgeber der BF, KARL HELM („der dem Verfasser g e w i s s b e k a n n t e Meier Helmbrecht"[440]) und ERNST A. EBBINGHAUS („Da der Verfasser w o h l Die Mære von dem Helmbrecht k a n n t e"[441]), übernahmen SCHRÖDERs Hypothese; freilich ist bei ihnen, wie man sieht, die Gewißheit wieder im Abnehmen begriffen. ROSENFELD kehrte wieder zum Topos vom ‚gleichen literarischen Milieu' zurück und sah die BF nur noch „v i e l l e i c h t" vom ‚Helmbrecht' beeinflußt.[442]

Schauen wir uns SCHRÖDERs Belege an[443]: zunächst stellt er die Häufung beständiger Beteuerungen der Wahrheit des Erzählten und der Anrede des Publikums in beiden Texten fest. Zwei dieser Äußerungen in der ‚Bösen Frau' gleichen Formulierungen Wernhers:

> welt ir nû hoeren mêre (BF, V. 495)
> welt ir nû hoeren mê (Helmbrecht V. 57)

> ez ist wâr daz ich iu sage (BF, V. 366)
> ez ist wâr daz ich iu lise (Helmbrecht V. 74)

---

437 Edward Schröder: Zur Kritik des mittelhochdeutschen Gedichtes ‚Von dem übeln Weibe', in: GGN. 1913, S. 88 – 101, hier S. 98.

438 Edward Schröder (Hrsg.): Zwei altdeutsche Schwänke. Die böse Frau. Der Weinschwelg, Leipzig 1913, hier S. 12. Hervorhebung von mir, U. S.

439 Dasselbe, 3. Aufl. 1935, hier S. 13. Hervorhebung von mir, U. S.

440 Karl Helm: Von dem übeln wîbe (ATB. 46), Tübingen 1955, S. 4. Hervorhebung von mir, U. S.

441 Ernst A. Ebbinghaus: Das buoch von dem übeln wîbe, 2., neubearbeitete Aufl. (ATB 46), Tübingen 1968, S. VIII. Hervorhebung von mir, U. S.

442 H[ans] Fr[iedrich] Rosenfeld: Von dem übeln Weibe I, in: VL¹, Bd. 4, Sp. 867 bis 869, hier S. 868.

443 Weder Schröder noch andere haben weitere Gründe für eine Abhängigkeit der ‚Bösen Frau' vom ‚Helmbrecht' nachgeliefert.

Die Häufung von Wahrheitsbeteuerungen und Publikumsanreden ist kein sicheres Kriterium der Abhängigkeit der Texte voneinander: der Pleier macht von ihnen im ‚Garel‘ und ‚Meleranz‘ (s. unten) ebenso häufigen Gebrauch wie Ulrich von Liechtenstein im ‚Frauendienst‘[444] oder andere nachklassische Autoren. Die eine der beiden[445] Redewendungen muß zudem als Beleg gestrichen werden, denn sie findet sich auch anderenorts:

daz ich iu sage, daz ist wâr (Eckenliet, 1,2)
ez ist wâr, daz ich iu sage (Heinz der Kelner, ‚Konni‘, V. 1)

Wenn die literarische Beziehung aufgrund der genannten Belege erst einmal akzeptiert sei, könne man — so SCHRÖDER — auch an anderen Stellen Entlehnungen sehen. Der Ausdruck *muotes raeze* (BF, V. 154; Helmbrecht V. 408) findet sich jedoch auch im ‚Lohengrin‘ V. 4387. Von geringerer Aussagekraft ist die folgende Parallele:

swie man in [den Märtyrer] briet oder sôt (BF, V. 126)
swie manz [die Speise] briet oder sôt (Helmbrecht V. 1549)

Hier wäre der ‚Iwein‘ zu vergleichen:

sîn salze was diu hungersnôt
diuz im briet oder sôt (‚Iwein‘, V. 126).

Weitere Belege für die Zusammenstellung von *brâten* und *sieden* sind bei BENECKE / MÜLLER / ZARNCKE (II.2, S. 361) verzeichnet.

Zu vergleichen bleibt schließlich die Formulierung der Begrüßungsszenen:

diu swester im engegen lief
mit den armen si in umbeswief (Helmbrecht V. 719 f.)

gegen mir si balde lief,
mit den armen si mich umbeswief (BF, V. 449 f.)

Für den zweiten Teil des Verspaars lassen sich folgende Vergleichstellen anführen[446] :

er umbeswief si mit den armen (Kaiserchronik V. 11440)
umbeswiefen mit den armen (Konrad Fleck, ‚Flore‘ V. 7438)

Aber auch Parallelen zur gesamten Konstruktion verraten eine Beliebtheit dieser Formel für die Wiedergabe einer freudigen Begrüßung:

[444] Ulrich von Liechtenstein, Frauendienst: *Ir sult für wâr gelouben daz* 126,1; *Waz welt ir, daz ich mêre sage* 142,1; *geloubet daz* 145, 1; *Ir sült gelouben mir für wâr* 147, 1 etc.
[445] Zur ersten Publikumsanrede ließe sich vergleichen *welt ir nu hoeren wie diu sprach* ‚Parzival‘ 76, 22.
[446] Vgl. auch ‚Laurin‘ V. 1086 und Ottes ‚Eraclius‘ V. 299.

sinen uater er an lief
mit den armen er in umbeswief (Milstädter Genesis 101, 30)

Diu juncfrouwe ze hant lief,
Mit den armen sie in umbeswief.
(Heinrich von dem Türlin, ‚Krone' V. 18865 f.)

Damit soll die Parallelensuche hier ein Ende haben; mit der ans Publikum
gerichteten Frage (*Welt ir nû hoeren mê(re)*) allein läßt sich keine Ab-
hängigkeitsthese begründen. Wir täten daher besser daran, diese Annahme
unter den ‚erledigten Akten' abzuheften, als sie immer wieder von neuem
beiläufig, vielleicht skeptisch, aber ungeprüft zu zitieren.

Ebenfalls nur beiläufig wird erwähnt, daß der Dichter des ‚Meleranz', der
sich selbst ‚Pleiaere' nennt, den ‚Helmbrecht' gekannt habe.[447] Dieser
späte, niederadlige Artusepen-Verfasser schrieb zwischen 1260 und 1280
drei umfangreiche Werke, den schon erwähnten ‚Meleranz', den ‚Garel
vom blüenden Tal' und ‚Tandareis und Flordibel'.[448] FRIEDRICH PANZER
sah an zwei Stellen des ‚Meleranz' den ‚Helmbrecht' wahrscheinlich vorausgesetzt. Die Ähnlichkeit der Stellen einmal zugestanden, habe nur der
Pleier die betreffenden Gedanken bzw. Formulierungen entlehnen können.
PANZER begründete dies mit der „schier einzigartigen Unselbständigkeit
dieses Mannes"[449]. Doch ist die Frage, wer nun von wem abschrieb, wohl
nicht beantwortbar, wenn man sie nur aufgrund der mehr oder weniger
großen Unselbständigkeit der miteinander verglichenen Dichter zu entscheiden sucht, denn Wernhers ‚Helmbrecht' soll — und ist dies nicht ein
Zeichen von großer Unselbständigkeit? — die Kenntnis folgender Autoren
und Werke verraten: ‚Buch der Rügen', ‚Courtois d'Arras', Dietrich-Epen,
Freidank, Gottfried von Straßburg, Hartmanns ‚Gregorius', ‚Erec' und
‚Iwein', Heinrichs von dem Türlin ‚Krone', Veldekes ‚Eneit', ‚Herzog
Ernst', ‚Kudrun', ‚Moriz von Craûn', Neidhart, ‚Rolandslied', ‚Ruodlieb',
Strickers ‚Gäuhühner', der ‚Jüngere Titurel', Walther von der Vogelweide,
‚Winsbecke', Wolfram von Eschenbach etc.[450] Der größte Teil der genann-

---

447 Zum Beispiel Schindele (1975), S. 173: „die auf Österreich beschränkte literarische Wirkung des Werks, vertreten durch Pleiers Meleranz, den Seifried Helbling
und Ottokars Österreichische Reimchronik, wobei nur der letztere explizit auf den
Helmbrecht Bezug nimmt".

448 Meleranz von dem Pleier, hrsg. von Karl Bartsch, Stuttgart 1861. M. Walz
(Hrsg.): Garel von dem blüenden Tal. Ein höfischer Roman aus dem Artussagenkreis
vom Pleier. Mit Fresken des Garelsaales auf Runkelstein, Freiburg i. Br. 1892.
Ferdinand Khull (Hrsg.): Tandareis und Flordibel. Ein höfischer Roman von dem
Pleier, Graz 1885.

449 Panzer, Helmbrecht (1902), S. XVI.

450 Vgl. den Abschnitt IX (Literarische Beziehungen 1, Vorbilder und Zeitgenossen)
meiner Bibliographie (1981), S. 41 — 43.

ten Werke soll für diese oder jene Szene, für größere Partien, ja für das Gesamtkonzept Pate gestanden haben. Es ist bei der Belesenheit Wernhers dann wohl auch denkbar, daß er einen nachklassischen Artusroman auswertete.

Doch schauen wir uns die vergleichbaren Stellen an, ob sie eine Abhängigkeit ausreichend begründen können: In den Versen 106 ff. des ‚Meleranz‘ sagt der Pleier:

> lebet noch her Hartmann
> von Ouwe, der kunde baz
> getihten, daz lâz ich ân haz
> und von Eschenbach her Wolfram:
> gên sîner künste bin ich lam.

Der Dichter folgt hier einer breiten Tradition der Verstorbenenklage bzw. der Nennung eines Vorbildes in der Form eines Bescheidenheitstopos.[451] Der gleiche Gedanke, freilich mit anderen Worten, ist im ‚Helmbrecht‘ V. 217 ff. ausgedrückt:

> her Nîthart, und solde er leben,
> dem het got den sin gegeben,
> der kunde ez iu gesingen baz
> danne ich gesagen.

Auf den ersten Blick überzeugt die These einer wie immer gearteten Abhängigkeit. Die Unterschiedlichkeit der Wortwahl (*gesingen / getihten*) ist leicht zu erklären. Doch sei die Stelle eines Dichters herangezogen, den sowohl Wernher als auch der Pleier kannte:

> ôwê daz sô fruo erstarp
> von Veldeke der wîse man
> der kunde se baz gelobet hân
>
> (‚Parzival‘, Str. 404, 28 ff.)

Eine ähnliche Formulierung findet sich auch im ‚Willehalm‘ Wolframs von Eschenbach (Str. 76, 24 ff.). Es ist gut möglich, daß beide Autoren unabhängig voneinander die Stelle im ‚Parzival‘ zum Vorbild nahmen.

Die zweite von PANZER zum Vergleich vorgeschlagene Stelle soll auf die Haubenschilderung im ‚Helmbrecht‘ bezogen sein. Auf einem Teil der Haube war die Eroberung Trojas dargestellt:

---

[451] Bruno Boesch: Die Kunstanschauung in der mittelhochdeutschen Dichtung von der Blütezeit bis zum Meistergesang, Diss. Bern 1936, S. 245 ff., führt u. a. solche Bescheidenheitstopoi des Pseudo-Marner, aus der ‚Minneburg‘ und des von Glier auf. Zu vergleichen wäre auch die Formulierung des Marners: *Lebt von der Vogelweide/ noch mîn meister her Walther* . . . (XIV, 18).

Wie Troye wart besezzen,
dô Pârîs der vermezzen
dem künege von Kriechen nam sîn wîp,
diu im was liep alsam sîn lîp,
und wie man Troye gewan
und Ênêas von danne entran
ûf daz mer in den kielen,
und wie die türne vielen
und manec steinmûre. (Helmbrecht V. 45 ff.)

Der Pleier berichtet von einem reichen *umbehanc*, der mit Gold bestickt sei und die Troja-Geschichte darauf bildlich wiedergebe:

wie Pârîs unde Elenâ
einander minten, ouch stuont dâ
wie [man] Troien sît gewan
und wie Eneâs dan entran
und wie im al sîn dinc ergie
daz stuont wol genât hie. (,Meleranz' V. 584)

Verglichen mit anderen Troja-Schilderungen ist die Übereinstimmung beider Stellen ziemlich weitgehend, doch lassen sich Bauteile der Verse aus Veldekes ,Eneas' zusammenstellen. Turnus möchte nicht erleben, daß Eneas,

Ein elende man
Der uz Troye entran,

ihn vertreibt (V. 4427 f.). Zu vergleichen sind die Formulierungen V. 4214 *der von Troye entran* und V. 1233 *daz man Troye also gewan*.

Den ,Meleranz' und den ,Garel' habe ich gründlich auf Parallelen durchgesehen und eine ganze Reihe von Redewendungen gefunden, die ebenfalls im ,Helmbrecht' stehen, allesamt aber auch bei zeitgenössischen und früheren Dichterkollegen nachzuweisen sind.[452] Unter den zahlreichen

---

452 Damit dies nicht eine unbewiesene Behauptung bleibt, führe ich die Vergleichstellen hier auf:
nû folge mîner lêre (: *êre*), ,Helmbrecht' V. 287 f.; ,Meleranz' V. 1437 f., 3505 f., 12226 – 12236, ,Garel' V. 578 und 11223 f. Vgl. Herzog Ernst B Vers 3320; ,Gregorius' V. 1451; Neidhart SL 6, III, 3 f.
der abent und den morgen (: *sorgen*), ,Helmbrecht' V. 1111; ,Meleranz' V. 2415 und 7299. Vgl. ,Exodus' V. 1095; Konrad von Würzburg ,Trojanischer Krieg' V. 6609 und 7988; Tannhäuser XIII, 21; Ulrich von Liechtenstein, Frauenbuch V. 11 f.; Hartmann von Aue, Klagebüchlein V. 691.
Die Rede von einer *nôt*, die dem Betroffenen so zusetzt, daß ihm *der tôt lieber* wäre: ,Helmbrecht' V. 1699, ,Meleranz' V. 2613 f. und 4576 f. Vgl. Neidhart, WL 33, I, 12 f.; Buch der Rügen V. 1520 f.; Stricker, Der Gevatterin Rat (= Nr. 145), V. 49 ff.; Stricker, Der Minnesänger (= Nr. 146), V. 141.
holdez herze tragen: ,Helmbrecht' V. 232; ,Meleranz' V. 7143, 12633. Die Formulierung steht schon bei den Sängern aus Minnesangs Frühling. Vgl. Marianne von Lieres

Wahrheitsbeteuerungen und Publikumsanreden[453], die beide Verfasser ausgiebig verwenden, gibt es zwei wörtliche Entsprechungen:

> ich wil des mit wârheit jehen
>
> (‚Meleranz‘ V. 8083; ‚Helmbrecht‘ V. 208)

und

> daz maer iuch niht betriuget (: erziuget)
>
> (‚Garel‘ V. 3465, 19438, 21124; ‚Helmbrecht‘ V. 30).

Aber auch hieraus kann eine Abhängigkeit nicht sicher begründet werden: *mit wârheit jehen* ist eine gebräuchliche Formel[454] und für die zweite Formulierung gibt es eine direkte Parallele aus dem ‚Willehalm‘ Wolframs von Eschenbach (426, 14):

> diz maere uns niht betriuget (: erziuget).

Man muß demnach, wie schon im Falle der ‚Bösen Frau‘, mit dem Urteil schließen, daß eine Abhängigkeit des Pleiers von Wernhers ‚Helmbrecht‘ zwar denkbar, aber mangels aussagekräftiger Parallelen nicht nachzuweisen oder glaubhaft zu machen ist.

Dieser Schluß ist um so bedauerlicher, als sich eine zeitliche und örtliche Nähe der Rezipientenkreise beider Autoren nachweisen läßt. Bekanntlich

und Wilkau: Sprachformeln in der mittelhochdeutschen Lyrik bis zu Walther von der Vogelweide (MTU. 9), München 1965, S. 207. Dazu: Ulrich von Liechtenstein, ‚Frauenbuch‘ 249, 18; Neidhart, WL 17, II, 9; ‚Tristan‘ V. 19041 und 19071.

got lôn iu: ‚Helmbrecht‘ V. 1492, ‚Meleranz‘ V. 7856 und 11834. Vgl. ‚Parzival‘ 228, 21; Wirnt von Gravenberg, ‚Wigalois‘ V. 5593 und 8996; Heinz der Kellner, ‚Konni‘ V. 75; Nibelungenlied Str. 1635, 1.

wîze lînwat kleine: ‚Helmbrecht‘ V. 153; ‚Meleranz‘ V. 7856 und 8745; vgl. ‚Iwein‘ V. 3455 und 6484 ff.

nû was ez harte spâte (: *wart ze râte*): ‚Helmbrecht‘ V. 795 f.; ‚Meleranz‘ V. 9595 f. Vgl. ‚Iwein‘ V. 6154 ff.; ‚Gregorius‘ V. 2640.

[453] Zum Beispiel *für wâr ich iu daz sagen wil* ‚Meleranz‘ V. 7258 und 12530 (= Thomasin von Zirklaere, ‚Welscher Gast‘ V. 5666); *des wil ich mit der wârheit jehen* ‚Meleranz‘ V. 12496; *ist ez niht wâr, daz ich iu sage/ ûf mîn triwe, daz ist mir leit* ‚Meleranz‘ V. 9238 f.; *daz ich iu sage, daz ist wâr* ‚Garel‘ V. 6. Wahrheitsbeteuerungen und Publikumsanreden sind keine Erfindung der nachklassischen Autoren, sie gehen ihnen als praktisches Formelgut nur leichter von der Hand. Vgl. Paul Herbert Arndt: Der Erzähler bei Hartmann von Aue. Formen und Funktion seines Hervortretens und seine Äußerungen (GAG. 299), Göppingen 1980, S. 51 ff. Vgl. auch Uwe Pörksen: Der Erzähler im mittelhochdeutschen Epos. Formen seines Hervortretens bei Lamprecht, Konrad, Hartmann, in Wolframs ‚Willehalm‘ und in den ‚Spielmannsepen‘ (PhilStQu. 58), Berlin 1971, S. 75 — 83. Auffällig ist die dort bezeugte Häufung auch bei der frühen sogenannten ‚Spielmannsepik‘, die aber andere Gründe (Mündlichkeit) haben dürfte.

[454] Vgl. ‚Parzival‘ Str. 329, 9; 377, 4 und 343, 5. Vgl. auch die in der Wortreihenfolge versetzte Variante beim Pleier selbst (Anm. 453).

widmet der Pleier eines seiner Werke, den ‚Meleranz‘, einem *ritter* namens *Wimar*:

> diz buoch ich getihtet hân
> durch einen tugendhaften man,
> der mich dar zuo berâten hât.
> sîn wirdekeit des volge hât
> daz er bî sînen tagen nie
> keinen unprîs begie.
> got geb im saeld und êren vil,
> des selben ich im wünschen wil
> der frum edel Wîmar,
> ez ist an sînem lîbe gar
> swaz ein ritter haben sol.
> daz hât er erzeiget wol
> mit milte und mit manheit.
> mîn dienest sol im sîn bereit
> mit triuwen al die wîl ich lebe.
> got im saeld und êre gebe,
> des wünschet im daz herze mîn,
> swâ ich var, ich wil doch sîn
> sîn getriuwer dienaere. (Meleranz V. 12767 ff.)

Der Pleier behauptet keineswegs, daß der Ritter Wimar die Abfassung des ‚Meleranz‘ finanziert hat, er spricht davon, daß er ihm die Anregung verdankt und daß er der Initiator war – ohne ihn wäre dieser Stoff nicht bearbeitet worden, aber vielleicht ein anderer und möglicherweise für ein anderes Publikum. Auch ist wohl kaum anzunehmen, daß der Pleier ein Dienstmann des Wimar gewesen ist, der Autor versichert ihn zwar lebenslanger Dienstbarkeit, aber das sicher nur im allgemeinen Sinne der auch sonst gebräuchlichen Höflichkeitsformeln von Dankbarkeit, denn den Dichter hält es nicht an einem angestammten Ort: die Wendung *swâ ich var* (V. 12784) weist darauf hin.

Wer dieser *frum edel Wimar* und der Dichter des ‚Meleranz‘, ‚Garel‘ und ‚Tandarois‘ gewesen sind, beantworten die Literaturgeschichten und Nachschlagewerke nach E. H. MEYERs Veröffentlichung (fast) einmütig, aber falsch.

MEYER behauptete, „es leidet wohl jetzt keinen zweifel mehr dass der Pleier ein dienstmann [. . . des] Wimar Frumesel von Scherding war"[455]. Denn ihm fiel bei der Apostrophierung *frum edel* „das geschlecht der Frumesel ein"[456] – wogegen an sich nichts zu sagen ist, wenn die Analyse

---

455 Elard Hugo Meyer: Über Tandarois und Flordibel. Ein Artusgedicht des Pleiers, in: ZdfA. 12 (1865), S. 470 – 514, hier S. 503.
456 Meyer (1865), S. 501 f.

des historischen Materials einem solchen Einfall standhält. Leider hat es MEYER versäumt, aus dem etwas zufällig herbeigeholten Material[457] die angemessenen Schlüsse zu ziehen. Zunächst ist aus dem Wortlaut des ‚Meleranz‘ nicht ersichtlich, daß der Pleier sich als Dienstmann des Wimar zu erkennen gibt. Aber auch das, was MEYER über Wimar Frumesel, den vermuteten Adressaten des ‚Meleranz‘, äußert, findet keinerlei Stütze in dem Quellenmaterial. Zwar behauptet er nicht, daß die Frumesel die Grafschaft Schärding innehatten[458], wie es im Verfasser-Lexikon zu lesen ist[459], aber er meinte, daß Schärding der Wohnsitz des Wimar Frumesel gewesen sei. Keine Quelle bezeugt das; vielleicht wurde er dazu verleitet, weil der Sohn sich in Schärding niederließ.[460] Das einzige, womit MEYER Recht haben könnte, war der Gedanke an den historischen Wimar Frumesel, dessen Wohnsitz freilich in keiner ihn betreffenden Urkunde genannt wird.[461]

Kann Wimar Frumesel mit dem *frum edel Wimar* identifiziert werden? BUMKE, der die Nachlässigkeit der Beweisführung MEYERs harsch kritisiert, aber noch heftiger die unkritische Nachbeterei der späteren Veröffentlichungen und Handbuchartikel attackiert, meint:

> Daß jemand auf einen solchen Gedanken gekommen ist, wird man hinnehmen müssen. Daß aber derartige Luftgebilde unkritisch nachgesprochen und als Ergebnis historischer Forschung ausgegeben werden, ist schlimm.[462]

Aber er trägt auch einen nützlichen Gedanken für die Weiterarbeit am ‚Wimar-Problem‘ bei: „Für den Dichter war sein Herr und Gönner [beides ist höchst unsicher! U. S.] eine so bekannte [!] Persönlichkeit, daß er nur seinen Vornamen zu nennen brauchte.“[463] Immerhin akzeptiert BUMKE, daß es sich bei Pleiers Nennung um einen wirklichen Vornamen handelt,

---

[457] Meyer (1865), S. 502, gibt zehn urkundliche Nennungen des Wimar Frumesel an. Zur Urkunde von 1260 ist zu bemerken, daß hier *Weinmann* (!) als *filius Ortolfi* genannt ist (recte: *Seifridi*). Zweimal wird er *asinus* (1262, 1273), einmal *Probus asinus* (1286) genannt, in den übrigen Urkunden Frumesel.

[458] So unterstellt es Bumke (1979), S. 33. Meyer (1865), S. 503, sprach davon, daß Wimar Frumesel seine Heimat in der ehemaligen Grafschaft Schärding hatte – was ebenfalls nicht bewiesen ist.

[459] Hartl, in: VL¹, Bd. 3, Sp. 903: „diente der Pl. dem auf Seiten Richards von Cornwallis stehenden Wimar von Schärding [!]“.

[460] Meyer (1865), S. 502. Urkunde vom Jahre 1277: *filius [suus] Seibrecht* [lies: *Seifried] von Scharding*.

[461] Möglicherweise kann die Urkunde von 1263 Aufschluß geben (Meyer [1865], S. 502); hier erscheint Wimar Frumesel als *Wimar de Jorze dictus Frumesel* – welcher Ort mit Jorze gemeint ist, kann ich nicht beantworten. Abwegig ist die Überlegung Meyers, daß es sich um einen anderen Wimar Frumesel handele.

[462] Bumke (1979), S. 33.

[463] Ebenda.

was KERN kürzlich auch noch in Zweifel gezogen hat. Er vermutet, daß Wimar gar nicht der Name des Gönners (auch er setzt dies umstandslos voraus) war, sondern daß er ihn mit dem Namen des freigebigen Kaufmanns Wimar aus Wolframs ‚Willehalm' auszeichnen wollte. Vielleicht sei ein reicher Handelsherr der Gönner von Pleiers ‚Meleranz'.[464] Weiter beschäftigt ihn die Frage:

> Hätte es den Gönner, falls er wirklich ein Frumesel war, nicht peinlich berühren müssen, seinen Namen aus dem Munde seines Lobredners dergestalt verändert zu hören, daß der *esel* wie etwas Genierliches umgangen und durch *edel* ersetzt ist?[465]

Zunächst ist am Esel im Mittelalter nicht so viel genierlich, wie wir heute meinen mögen. Es gibt eine Reihe von Adelsgeschlechtern, die den Esel als Wappentier führen, u. a. die noch heute lebende Familie der Riedesel zu Lauterbach in Hessen. Zweitens ist mir *frum edel* nirgends in irgendwelchen Urkunden als Prädikat begegnet, etwa den Formeln *edel vest, erber* oder *gestreng* entsprechend. Dieses *frum edel* ist also eine eigens vom Dichter geprägte Wendung und warum soll damit nicht ein offenversteckter Hinweis auf den Familiennamen des Literaturfreundes Wimar zu sehen sein?[466]

Zudem ist der Vorname Wimar — was KERN zu seiner Vermutung gebracht haben dürfte — in der Tat äußerst selten im bayrisch-österreichischen Sprachraum. Und wenn es eine bekannte Persönlichkeit gegeben hat[467],

---

464 Peter Kern: Die Artusromane des Pleier. Untersuchungen über den Zusammenhang von Dichtung und literarischer Situation (PhilStQu. 100), Berlin 1981, S. 21.

465 Kern (1981), S. 21.

466 Als Beispiel einer offenen Verrätselung des Verfassernamens (durch den Schreiber des ‚Laubacher Barlaam'):

> er mac wol heizen Otto,
> swie er ez wolde verholen sîn,
> er ist ein bischof also frî;
> singen sulen wir nu sâ
> lop und alleluyâ (V. 16678 ff.).

= Bischof Otto II. von Freisingen, Graf zu Berg aus dem schwäbischen Geschlecht. Vgl. die Ausgabe von Adolf Perdisch: Der Laubacher Barlaam. Eine Dichtung des Bischofs Otto II von Freising (1184 – 1210) (StLV. 260), Tübingen 1913, Einleitung.

467 Hildebrand behauptet, „daß es zwischen 1260 und 1296 Träger dieses Namens [Wimar] die Fülle gibt" (Der Pleier, Meleranz, hrsg. von Karl Bartsch. Mit einem Nachwort von Alexander Hildebrand, Hildesheim / New York 1974, S. XV) und beruft sich in der Anmerkung auf Meyer (1865) und Wolff (Armin Wolff: Untersuchungen zu ‚Garel von dem blühenden Tal' von dem Pleier, Diss. München 1967). Der Hinweis auf Wolff ist überflüssig; dieser bezieht sich lediglich (S. 4 f.) auf Meyers Nennung der verschiedenen Urkunden, in denen Wimar Frumesel und sein Sohn erwähnt werden. Meyer (1865) meint S. 501 f., daß der Vorname häufig vorkomme und beruft sich auf Pfeiffer (Franz Pfeiffer: Rezension zu Goedecke, Grundrisz, in

die den Namen Wimar trug, so wird man lange suchen müssen (und meines Erachtens vergeblich), bis man einen anderen Adeligen, auf den die Stelle bezogen sein könnte, findet.

Eine bekanntere Persönlichkeit – es sei denn man sucht den Ritter Wimar unter den Dynasten und Fürsten – als Wimar Frumesel kann sich die Publikumsforschung kaum wünschen: in meinen Unterlagen habe ich nicht weniger als achtzehn Urkunden verzeichnet[468] (die sich nicht einmal systematischer Suche verdanken), aus denen sich das Bild eines einflußreichen niederbayrischen Beamten des Herzogtums ergibt.

Wimar Frumesel, der Sohn Seifrieds Frumesel und seiner Frau Agnes, begegnete 1261 urkundlich das erste Mal und ist zu diesem Zeitpunkt bereits verheiratet.[469] Er entstammt dem Hochstift Freising, dessen Dienst- und Lehensmann er ist[470], was ihn aber nicht daran hindert, dem Bayernherzog zu dienen. Seit 1262 begegnet er im Gefolge Herzog Heinrichs XIII. von Niederbayern[471], 1274 war er Quartiermeister, der Einlager für das Gefolge Heinrichs in Regensburg nahm[472], im selben Jahr assistiert er Herzog Heinrich bei Verhandlungen mit Ottokar von Böhmen.[473] 1281 wird er als Angehöriger des engeren herzoglichen Rates, bestehend aus dem Grafen von Hals, dem Herrn von Abensberg, Grimolt Preising und ihm selbst, genannt.[474] Er ist häufig testis inter primos, so auch in einer Schenkungsurkunde vom Jahre 1286, wo er gleich nach den Söhnen Heinrichs XIII., Otto, Ludwig und Stephan, als Zeuge auftritt, er wird *fidelis noster* genannt.[475] Frumesel, so kann geschlossen werden, war zumindest zeitweise die rechte Hand Herzog Heinrichs von Niederbayern. Und er hatte genügend Eigenland, um davon großzügige Schenkungen an die Hausklöster der Wittelsbacher zu dotieren.[476]

Germania 2 (1857), S. 491 – 505, hier S. 500 ff.) und auf Bartsch (Meleranz, S. 366). Bei beiden ist jedoch kein Wort über Träger des Vornamens Wimar – außer des einen Wimar Frumesel – gefallen.

[468] Zehn von ihnen decken sich mit den bei Meyer (1865), S. 502, gegebenen oder ergänzen diese.

[469] Prey, Bd. IX, Bl. 513^v; Meyer (1865), S. 502.

[470] Prey, Bd. IX, Bl. 512^r.

[471] Prey, Bd. IX, Bl. 513^v; Meyer (1865), S. 502.

[472] Meyer (1865), S. 502.

[473] Prey, Bd. IX, Bl. 513^v.

[474] Lieberich, S. 116 (A. 487). UBE. III, S. 532.

[475] Prey, Bd. IX, Bl. 514^r; Meyer (1865), S. 502.

[476] Renate Blickle: Landgericht Griesbach (Historischer Atlas von Bayern. Altbayern 19), München 1970, S. 161. Prey, Bd. IX, Bl. 514^r.

Das Fürstenzeller Totenbuch gedenkt seines Todestages am 22. August[477]; er ist wohl schon vor 1290 gestorben und wurde im Kloster Raitenhaslach nahe der Zweitresidenz Burghausen begraben.[478]

Wenn man die Frage nach dem intendierten Publikum des Pleiers stellt, so ist es wohl möglich, daß Wimar Frumesel die Rolle eines Literaturfreundes und Anregers gespielt hat, vielleicht hat er ihn am Hofe eingeführt und protegiert. Am Hofe Heinrichs XIII. wurde Literatur vorgetragen und für diesen Hof wurde auch Literatur geschrieben. Als Gönner kann man sich Wimar Frumesel jedoch kaum vorstellen. Sollte der Pleier nur diesem Ministerialen und seinen Knappen ein so umfangreiches Werk vorgetragen haben?

Es wird sich doch auch beim Pleier so verhalten haben wie bei Wernher: das Publikum bot allein ein fürstlicher Hof wie der zu Landshut oder Burghausen und Wimar Frumesel war einer der literarisch besser Informierten und ein Freund der Dichtung[479], der durch sein persönliches Wirken auf die Gestaltung des Hoflebens und des Literaturgeschmacks Einfluß nehmen konnte. Ebenso wie Konrad (der ältere oder jüngere) von Haldenberg im ,Helmbrecht' wird er als Freund des Dichters und der Dichtung vom Verfasser geehrt worden sein. Übrigens kannten sich die Literaturfreunde des Pleiers und Wernhers gut: beide entstammen der Ministerialität des Hochstiftes Freising, beide haben unter den Bayernherzögen gedient, und sie treten auch gemeinsam in einer Urkunde vom Jahre 1284 auf, als Heinrich dem XIII. die vormals moosburgischen Lehen übertragen werden[480]: *Wimarus Vrumesel [. . .] Chunradus de Halunberch [. . .] Ministeriales Ecclesie Frisingensis.*

---

477 Blickle (1970), S. 161.

478 Prey, Bd. IX, Bl. 514[r].

479 Die Stellung der Literaturfreunde in der mittelalterlichen Literaturpraxis scheint mir gerade im 13. Jahrhundert noch ungenügend erfaßt. Viele dieser für die Dichter entscheidenden Personen wurden oft als angebliche Gönner verkannt. Für sie gilt wie für einige ministerialische Dichter, daß sie ihre Wirkung nur an einem fürstlichen oder gräflichen (auch Kaiser- oder Bischofs-)Hof entfalten konnten. Vgl. Bumke (1979), S. 69:

> Es ist ganz unwahrscheinlich, daß der Reichsministeriale Friedrich von Hausen oder der Freiherr Ulrich von Guttenburg vor eigenem Publikum gesungen haben [. . .]. Man muß davon ausgehen, daß auch die adligen Herren meistens an den großen Höfen aufgetreten sind. Dabei wird sich kaum ein Gönner-Dichter-Verhältnis ausgebildet haben; aber Rücksichten auf den Geschmack des Hofherrn und des adeligen Publikums wird man dort in Rechnung stellen können.

480 Helmut Stahleder: Hochstift Freising. Nach Vorarbeiten von Kurt Steigelmann (Historischer Atlas von Bayern. Altbayern 33), München 1974, S. 337.

Resümee

Die Ortsnamen des ‚Helmbrecht', die in der Abschrift des Ambraser Heldenbuches überliefert sind, werden hier nicht unter dem Aspekt des Schauplatzes der Erzählung gesehen, sondern als Anspielungen des Autors, die dem Publikum der Uraufführung, der ersten öffentlichen Lesung der Erzählung galten. Alle diese Orte liegen in den Grenzen des Herzogtums Bayern: Wanghausen, eine kleine Siedlung gegenüber Burghausen, die der landesfürstlichen Niedergerichtsbarkeit unterstand, Hohenstein, eine Ministerialenburg, die von Heinrich XIII. käuflich erworben wurde und deren Inhaber dem Herzogtum als Beamter diente, und Haldenberg, eine Burg am Lech, deren Besitzer dem wittelsbachischen Bischof von Freising und dem oberbayrischen Herzog Ludwig, dem Bruder Heinrichs XIII., verpflichtet waren. Keiner dieser Orte hatte eine herausragende topographische oder militärisch-politische Funktion — gerade ihre geringe und in verschiedene Richtungen zielende Bedeutung aber ist ein Beweis dafür, daß wir es nicht, wie im Falle der Leombacher Handschrift, mit Ersatznamen zu tun haben, die zu Ehren eines Handschrifteneigners späterer Zeit eingesetzt wurden.

Der Quelle bei Wanghausen, deren Qualität im ‚Helmbrecht' so gepriesen wird, liegt die von Heinrich XIII. zur zweiten Residenz erwählte Burg Burghausen gegenüber. Hier beherbergte der Bayernherzog hohe Gäste, hier tagten Schiedsgerichte, die Streitigkeiten seiner Ministerialen und Ritter schlichten mußten, und man feierte von Zeit zu Zeit sicher ebenso wie in Landshut Feste, die auch von Literaturdarbietungen begleitet wurden. Die Freigebigkeit Heinrichs ist von Dichtern wie dem Tannhäuser, dem Sonnenberger und Boppe gepriesen worden, auch sein Vater, Herzog Otto, und sein Bruder Ludwig sind als Gönner und Förderer der Dichter nicht unbekannt. Am Hofe Heinrichs XIII. konnte Wernher der Gartenaere auf eine zahlreiche Hörerschaft rechnen und unter den anwesenden Mitgliedern der fürstlichen Familie und ihren Gästen, den Ministerialen, Beamten und Gefolgsleuten, wohl auch jene Literaturkundigen finden, für die er so ausgiebig Zitate und Anspielungen aus den Werken Hartmanns, Wolframs, Neidharts und anderer Dichter in seinen ‚Helmbrecht' eingebracht hat. Seine Orientierung an den Mustern der höfischen Literatur und der Lob der alten Zeit werfen ein günstiges Licht auf die großzügige Hofhaltung des niederbayrischen Herzogs, der für seine Freigebigkeit bekannt war.

Was Wernher bewogen hat, unter der Gefolgschaft Heinrichs und seines Bruders Ludwig zwei Ministerialen durch die Erwähnung ihrer Stammsitze besonders hervorzuheben, kann nur vermutet werden: Der Haldenberger und seine Söhne zählten zur Ministerialität des Hochstiftes Freising, sie hatten aber auch Lehen von Ludwig dem Strengen inne und dienten diesem in verschiedenen Funktionen. Die Hohensteiner hatten sich dem Salzburger Bischof verpflichtet, versuchten jedoch, aus dieser Bindung sich zu lösen und dienten seit ca. 1260 Heinrich XIII. Es gab einflußreichere Beamte und Ratgeber der Bayernherzöge und daher muß ein besonderer Grund vorliegen, daß Wernher je einen Gefolgsmann der Brüder Ludwig und Heinrich ehrt. Einerseits wird man annehmen können, daß der 'Helmbrecht' für einen Vortrag vor oberbayrischem und niederbayerischem Gefolge gedacht war, vielleicht aus Anlaß eines der seltenen Besuche Ludwigs bei seinem Bruder auf Burghausen. Da weder ein Haldenberger noch ein Hohensteiner zu dem engeren Rat des Herzogtums noch zu den hohen Funktionsträgern desselben gehörte, werden sie vielleicht nicht aufgrund ihrer politischen und gesellschaftlichen Bedeutung vom Dichter geehrt worden sein, sondern als 'Literaturfreunde', als Repräsentanten der mit der älteren und zeitgenössischen Dichtung vertrauten Zuhörerschaft, die Wernhers Anspielungen, Zitate und Kontrafakturen entschlüsseln und goutieren und seinen 'Helmbrecht' in der Nachfolge der besten Dichter der alten Zeit als ein spätes höfisches Meisterstück würdigen konnten.[481]

Zwei erhaltene und eine verschollene Handschrift werden im zweiten Kapitel vorgestellt. Jeder dieser Textzeugen zeigt ein anderes Rezeptionsprofil: während in der Leombacher Handschrift über ein Jahrhundert lang Spuren intensiver Nutzung von Besitzern, deren Freunden und von Lesern aus landadeligen Kreisen in Ober- und Niederösterreich hinterlassen worden sind, zeigt sich das Ambraser Heldenbuch zwar als Werk eines Auftraggebers, Schreibers und Illuminators, aber als ein Buch ohne Leser. Die dritte, leider verschollene Handschrift hat in späterer Zeit ein Publikum gefunden, das ihr sicher nicht bestimmt war: den Bauernkindern im Weilhart

---

481 Nicht jede Erwähnung eines Ortsnamens oder einer zeitgenössischen Persönlichkeit durch den Dichter ist ein Hinweis auf den Gönner oder seinen Hof — die Ehrung, die den Ministerialenfamilien von Haldenberg und von Hohenstein widerfuhr, findet eine Parallele beim Pleier, der seinen 'Meleranz' auf Anraten eines Ritters Wimar verfaßt hat. Gemeint ist der herzoglich bayerische Rat Heinrichs XIII. und freisingische Ministeriale Wimar Frumesel, der, so steht zu vermuten, nicht der Mäzen des Pleiers war, sondern der Mann, der ihm die Gunst am herzoglichen Hof verschaffte. Die Rolle eines Literaturfreundes, so kann man die Funktion Wimar Frumesels für den Dichter vielleicht am ehesten bezeichnen, war mitunter sicher ebenso wichtig wie die des Mäzens oder Hofherren, besonders dann, wenn sie den Zutritt zum Hofe noch nicht erlangt hatten, sondern ihn erst finden mußten (aus dem Anhang zur 'Helmbrecht'-Rezeption in der 'Bösen Frau' und beim Pleier).

wurde die mittelalterliche Erzählung von Ranshofener Chorherren zur Warnung vor Ungehorsam und Überheblichkeit im 18. und zu Anfang des 19. Jahrhunderts vorgelesen.

Leonhard Meurl, der Inhaber der Feste Leombach, gab um 1410 einem Schreiber den Auftrag zur Kopie des ,Jüngeren Titurel' Albrechts. Diesem Standardwerk adliger Kultur wurde vom Schreiber der ,Helmbrecht' — offenbar als Kinderzuchtlehre — angefügt. Ob der Kaplan der Familie mit der Abschrift betraut wurde — hierfür spricht eine Reihe von Indizien — oder ein auswärtiger Kopist, kann nicht mit Sicherheit ermittelt werden. Jedenfalls ersetzte dieser zu Ehren Leonhard Meurls die Ortsnamen seiner Vorlage durch solche in der näheren Heimat des Handschrifteneigners und nannte statt der Wanghauser Quelle die der Burg Leombach. Der Schreiber hat die Erzählung vom ,Helmbrecht' an einigen Stellen gekürzt und den Wortlaut öfter verändert, offenbar lag ihm daran, den Text für seine Zeit lesbar und verstehbar zu gestalten. Daher ist nicht daran zu zweifeln, daß die Erzählung Wernhers auch im 15. Jahrhundert noch seine Leser gefunden hat. Wer sich den ,Jüngeren Titurel' zumutete, wird sicherlich auch die kurze Erzählung in der Lektüre noch wahrgenommen haben.

Auf dem Vorsatzblatt trugen sich Zeitgenossen des Besitzers mit Wahlsprüchen und Namen ein. Nicht jeder dieser Einträger wird ein Entleiher und Leser oder ein späterer Besitzer der Handschrift gewesen sein, doch wird man die den Namen nach unbekannten Leser in denselben Gesellschaftskreisen vermuten dürfen wie die namentlich bekannten Entleiher, Leser und die Einträger, die zwar ihren Namen, doch keine Federproben oder Randbemerkungen im Text hinterlassen haben. Die soziale Stellung, die sich hier erkennen läßt, ist mit der des Auftraggebers der Handschrift weitgehend identisch. Alle Personen entstammen Familien des landsässigen Niederadels Ober- und Niederösterreichs, der von herzoglichen Ministerialen belehnt und mit regionalen Verwaltungsstellen versorgt wurde. Die Ferne vom herzoglichen Hof in Wien und die lokale Funktion als Grundherr und Burgenbesitzer verlangte — das Interesse an der Lektüre von Literatur vorausgesetzt — einen eigenen, wenn auch meist sicher bescheidenen Buchbesitz und die Möglichkeit, sich andere Werke, die man nicht selbst besaß, auszuleihen. Die Handschrift wechselte noch zu Lebzeiten des Auftraggebers den Besitzer. Leider ist nicht erkennbar, ob es ein Standesgenosse Leonhard Meurls war. Gegen Ende des 15. Jahrhunderts oder zu Anfang des 16. Jahrhunderts gelangte die Handschrift dann sicher in die Hände von Besitzern, die einer anderen Gesellschaftsschicht angehörten. Der Weg vom Land zur Stadt war auch ein Weg vom wohlsituierten Niederadel zum aufstrebenden, nichtpatrizischen Stadtbürgertum. Die Wappenskizzen in der Handschrift führen nach Passau, zu den Familien der Pfännzl und Halder, die im Rat der Stadt und im Bürgermeisteramt vertreten waren.

171

Ohne das ‚Ambraser Heldenbuch' würden wir einige wichtige Texte des 13. Jahrhunderts nicht oder nur unzureichend kennen – die vielen Unikate der Sammlung verdanken sich einem eigenartigen Auswahlprinzip, das sich wohl nicht dem Geist einer Wiederbelebung des Mittelalters, einer „Ritterrenaissance" verdankt. Erstaunlich moderne, ‚praephilologische' Züge schlagen sich nicht nur in der Auswahl der Texte, sondern auch in der Anlage der Sammlung nieder: alle Texte sind noch vor 1300 verfaßt und die Verantwortlichen achteten auf gute, alte Vorlagen, die unverändert im Versbestand und weitgehend auch im Wortlaut bewahrt wurden, ja Hans Ried übernahm aus seinen Vorlagen selbst die Muster für die Strophen- und Absatzgliederung und die Form der Initialen. Letzteres erlaubt einen Blick in den Inhalt und die Anzahl der verwendeten Vorlagen: drei Sammelhandschriften und einige ergänzende Einzelvorlagen liegen dem ‚Ambraser Heldenbuch' zugrunde. Für die Auswahl war neben Maximilian I. wahrscheinlich in erster Linie Paul von Liechtenstein, sein vertrauter Rat, verantwortlich. Der ‚Helmbrecht' wurde aus Zufall abgeschrieben, da er in einer der Sammelvorlagen schon enthalten war.

Diese Vorlage scheint einst im Auftrage eines steiermärkischen Ministerialen geschrieben worden zu sein, denn sie enthielt an erster Stelle Werke Herrands von Wildonie und Ulrichs von Liechtenstein. (Der steirische Reimchronist Ottokar rechnete mit der Bekanntheit der Erzählung vom ‚Helmbrecht' bei seinen Lesern und sein Dienstherr war Otto von Liechtenstein, der Sohn Ulrichs von Liechtenstein und Schwager Herrands von Wildonie.)

Die verschollene Ranshofener Handschrift des ‚Helmbrecht', noch zu Anfang des 19. Jahrhunderts im Besitz des Gilgenberger Pfarrers Fischereder, kann die eigentümliche lokale Tradition erklären, die die Helmbrecht-Forschung im Weilhart vorgefunden (und wiederbelebt) hat. Offenbar besaßen die Chorherren zu Ranshofen – der Chorherr Fischereder war vor der Aufhebung des Klosters als Pfarrer in Gilgenberg eingesetzt worden – eine illuminierte Einzelabschrift der Erzählung, aus der sie den Bauernkindern vorlasen oder in die sie dieselben auch mal selbst einen Blick werfen ließen – so berichtete es der Informant des Pfarrers Saxeneder und des Germanisten Friedrich Keinz, der Bauer Joseph Liedl aus Gilgenberg.

Die literarische Nachwirkung des ‚Helmbrecht' ist ebenso wie die handschriftliche Überlieferung regional auf den deutschsprachigen Südosten begrenzt, auf Niederösterreich, die Steiermark und Bayern (Regensburg und Augsburg). Die nur unscharf erkennbaren Adaptionen, die der Verfasser des ‚Seifried Helbling' um 1290 bis 1300 in seinen Gedichten aus dem ‚Helmbrecht' verwendet, und das Fehlen von eindeutigen Anspielungen auf die Erzählung Wernhers lassen nur den Schluß zu, daß sich der

Dichter nicht sicher sein konnte, bei seinem Publikum, einigen habsburger-
feindlich gesinnten Landherren in Niederösterreich und deren Gefolge, die
Kenntnis des Stoffes vorauszusetzen. Doch kannte ein niederösterreichischer Zeitgenosse, der Schreiber der Riedegger Handschrift, den ‚Helmbrecht' und verbesserte mit seiner Hilfe eine Rabenschlacht-Strophe.

Der steirische Reimchronist Ottokar aus der Geul hingegen mutet seinen
Lesern zu, sich an die Lehre des Vaters Helmbrecht zu erinnern, denn der
Bauernsohn, der gegen die Ungarn ins Feld geschickt wurde und dem
Ottokar die Berufung auf den Meier Helmbrecht in den Mund legt, er-
wähnt nur die Lehre, nicht aber ihren Inhalt. In der Steiermark, auf den
Burgen der Landherren, war der ‚Helmbrecht' um 1310 sicher so weit be-
kannt, daß Ottokar nicht um die Wirkung seiner Anspielung fürchten
mußte.

Um 1290 bis 1300 wird ein vermutlich regensburgisches Publikum in der
Erzählung Rüdigers von Hünkhoven (‚Der Schlegel') mit einem Knecht
namens *Helmbrecht* konfrontiert, den der Verfasser sicher nicht ohne
Absicht dem Knecht *Irnvriden* (= „Irr-den-Frieden") und der Magd *Prange*
(„Prahlerin") an die Seite stellt. Die Namen des Knechts und der Magd
sind sprechende Namen, sie tragen den Nebensinn im Wortmaterial — aber
der Knecht *Helmbrecht* läßt nur dann einen versteckten Nebensinn erkennen, wenn man die literarische Figur Wernhers (als Typus eines
neidhartschen Dörpers?) wiedererkennt. Sollte das städtische Publikum
Rüdigers mit solchen Namen auf Kosten der Dienstboten erheitert werden
wie anderenorts der Adel auf Kosten der Bauern?

Unter seinem Übernamen *Slintezgeu* erhielten Helmbrecht und seine
Schwester *Gotelint* Rollen in dem Spiel ‚Streit zwischen Herbst und
Mai', dessen Abfassungszeit und Entstehungsort jedoch nicht zu ermitteln
ist. Die späte, in der Schweiz entstandene Abschrift läßt keine Schlüsse zu,
mit Hilfe derer man das Publikum des Spieles suchen könnte. Zudem ist
es höchst unsicher, ob die Kontrafaktur der Gotelint-Episode vom Zu-
schauer oder Leser wiedererkannt werden sollte — vielleicht war der Verfasser auch nur ein dankbarer Verwerter einer szenisch gestaltbaren Vorlage. Die zeitlich gesehen letzte Erwähnung (um 1468/69) hat der ‚Helmbrecht' in der Spruchsammlung Konrad Bollstatters gefunden: hier begegnet der ‚gute Helmbrecht' als Autorität neben anderen literarischen
Figuren der älteren Dichtung.

Literaturverzeichnis

a) Texte und Textsammlungen

Albrecht (von Scharfenberg): Albrechts von Scharfenberg jüngerer Titurel. Nach den ältesten und besten Handschriften hrsg. von Werner Wolf, Bd. 1 und 2 (DTM. 45, 55 und 59), Berlin 1955 — 1968.

—: K. A. Hahn (Hrsg.): Der jüngere Titurel (Bibliothek der gesammten deutschen National-Literatur 24), Quedlinburg / Leipzig 1842.

Ambraser Heldenbuch: Vollständige Faksimile-Ausgabe im Originalformat des Codex Vindobonensis Series Nova 2663 der Österreichischen Nationalbibliothek (Codices Selecti XLIII). Kommentar Franz Unterkircher, Graz 1973.

Berthold von Regensburg: Franz Pfeiffer (Hrsg.): Berthold von Regensburg. Vollständige Ausgabe seiner Predigten mit Anmerkungen und Wörterbuch, 1. Bd., Wien 1862, 2. Bd. nebst Einleitung und Anmerkungen von Joseph Strobl, Wien 1880. — Reprint mit einem Nachwort von Kurt Ruh (Deutsche Neudrucke, Reihe Texte des Mittelalters), Berlin 1965.

Boppe, in: HMS, Bd. 2; separat veröffentlicht in: Georg Tolle: Der Spruchdichter Boppe. Programm der Fürstlichen Realschule zu Sondershausen 1894, S. 3 bis 31.

Brant, Sebastian: Das Narrenschiff. Fotomechanische Reproduktion der Erstausgabe von 1494. Mit einer Nachbemerkung von Wolfgang Virmond, Berlin 1979.

—: Das Narrenschiff, s. Sekundärliteratur: Mähl (1972).

Buch der Rügen, hrsg. von Theodor von Karajan, in: ZfdA. 2 (1842), S. 6 — 92 [Text S. 45 — 92].

Dietrichs Flucht / Rabenschlacht: Ernst Martin (Hrsg.): Alpharts Tod. Dietrichs Flucht. Rabenschlacht (Deutsches Heldenbuch II), Zürich 1866 — Reprint Dublin / Zürich 1967 (= Deutsche Neudrucke, Reihe Texte des Mittelalters).

Ehrenbrief, s. Püterich von Reichertshausen, Jacob.

Exodus: Die altdeutsche Exodus, hrsg. von Edgar Papp (Altdeutsche Texte in kritischen Ausgaben 2), München 1969.

Frau, die böse (BF): Ernst A. Ebbinghaus (Hrsg.): Das buoch von dem übeln wîbe. 2., neubearbeitete Aufl. (ATB. 46), Tübingen 1968.

—: s. Schröder (1913) und (1935).

—: s. Helm (1955).

Freidank: H[einrich] E[rnst] Bezzenberger (Hrsg.): Fridankes Bescheidenheit, Halle 1872.

Friedrich von Sonnenburg: Achim Masser (Hrsg.): Die Sprüche Friedrichs von Sonnenburg (ATB. 86), Tübingen 1979.

GA: Friedrich Heinrich von der Hagen (Hrsg.): Gesammtabenteuer. Hundert alt-
deutsche Erzählungen: Ritter- und Pfaffen-Mären, Stadt- und Dorfgeschichten,
Schwänke, Wundersagen und Legenden, 3 Bde., Stuttgart / Tübingen 1850 —
Reprint Darmstadt 1961.

Gottfried von Straßburg: Peter Ganz (Hrsg.): Gottfried von Straßburg. Tristan. Nach
der Ausgabe von Reinhold Bechstein, 2 Tle. (Deutsche Klassiker des Mittelalters NF. 4), Wiesbaden 1978.

Hartmann von Aue: Gregorius: Hermann Paul: Die Werke Hartmanns von Aue IV:
Gregorius (ATB. 2), Halle 1882 — 12. Aufl. besorgt von Ludwig Wolff, Tübingen 1973.

—: Iwein: G. F. Benecke und K. Lachmann (Hrsg.): Iwein. Eine Erzählung von
Hartmann von Aue. Neu bearbeitet von Ludwig Wolff, 7. Ausg., Bd. 1 Text,
Bd. 2 Handschriftenübersicht, Anmerkungen und Lesarten, Berlin 1968.

—: Klage(büchlein): Ludwig Wolff (Hrsg.): Das Klagebüchlein Hartmanns von
Aue und das Zweite Büchlein (Altdeutsche Texte in kritischen Ausgaben 4),
München 1972.

—: Klage(büchlein): s. Zutt (1968).

Heinrich der Teichner: Heinrich Niewöhner (Hrsg.): Die Gedichte Heinrichs des
Teichners, 3 Bde. (DTM. 44, 46 und 48), Berlin 1953 — 1956.

Heinz der Kelner: Konni, in: GA III, S. 180 — 185.

Herrand von Wildonie: Hanns Fischer (Hrsg.): Herrand von Wildonie. Vier Erzählungen (ATB. 51), Tübingen 1959.

Herzog Ernst, hrsg. von Karl Bartsch, Wien 1869.

Innsbrucker Osterspiel: Eduard Hartl: Das Drama des Mittelalters. Osterspiele. Mit
Einleitungen und Anmerkungen auf Grund der Handschriften hrsg. (Deutsche
Literatur in Entwicklungsreihen, Reihe Drama des Mittelalters, Bd. 2), Leipzig
1937 [S. 136 — 189].

Keller, Fastnachtspiele: Adelbert von Keller (Hrsg.): Fastnachtspiele aus dem fünfzehnten Jahrhundert. 3 Tle. und Nachlese (StlV. 28 — 30), Stuttgart 1853
und 1858.

Konrad von Haslau: [Moriz] Haupt (Hrsg.): Der Jüngling. Von Meister Konrad von
Haslau, in: ZfdA. 8 (1851), S. 550 — 587.

Konrad von Würzburg: Trojanischer Krieg: Adelbert von Keller (Hrsg.): Der Trojanische Krieg von Konrad von Würzburg. Nach den Vorarbeiten K. Frommanns
und F. Roths zum ersten Mal hrsg. (StlV. 44), Stuttgart 1858.

Kudrun, hrsg. von Karl Bartsch. Neue, ergänzte Ausgabe der fünften Auflage, über-
arbeitet und eingeleitet von Karl Stackmann (Deutsche Klassiker des Mittelalters), Wiesbaden 1980.

Laubacher Barlaam: Adolf Perdisch: Der Laubacher Barlaam. Eine Dichtung des
Bischofs Otto II. von Freising (1184 — 1210) (StlV. 260), Tübingen 1913.

Laurin: Oskar Jänicke (Hrsg.): Biterolf und Dietleib. [Karl Müllenhoff (Hrsg.):]
Laurin und Walberan. Mit Benutzung der von Franz Roth gesammelten Ab-
schriften und Vergleichungen (Deutsches Heldenbuch I), Berlin 1866 —
Reprint Berlin / Zürich 1963 [Laurin S. 199 — 237].

Lohengrin: Thomas Cramer: Lohengrin. Edition und Untersuchungen, München 1971.

Marner: Philipp Strauch (Hrsg.): Der Marner. Mit einem Nachwort, einem Register und einem Literaturverzeichnis von Helmut Brackert (Deutsche Neudrucke, Reihe Texte des Mittelalters), Berlin 1965 [Nachdruck der Ausgabe Straßburg 1876].

Murner, Thomas: Von dem großen Lutherischen Narren, hrsg. von Paul Merker (Thomas Murners deutsche Schriften IX), Straßburg 1918.

Neidhart: Die Lieder Neidharts, hrsg. von Edmund Wießner, 3. Aufl. revidiert von Hanns Fischer (ATB. 44), Tübingen 1968.

Nibelungenlied: Helmut de Boor (Hrsg.): Das Nibelungenlied. Nach der Ausgabe von Karl Bartsch, 20., revidierte Aufl. (Deutsche Klassiker des Mittelalters), Wiesbaden 1972.

—: s. Batts (1971).

NL: s. Nibelungenlied.

Otte: Eraclius: H. F. Massmann (Hrsg.): Eraclius. Deutsches und französisches Gedicht des 12. Jahrhunderts (jenes von Otte, dieses von Gautier von Arras) nach ihren je beiden einzigen Handschriften (Bibliothek der gesammten National-Literatur 6), Quedlinburg / Leipzig 1842.

Otto II. Bischof von Freising: s. Laubacher Barlaam.

Ottokar (aus der Geul): Reimchronik: Joseph Seemüller (Hrsg.): Ottokars österreichische Reimchronik. Nach den Abschriften Franz Lichtensteins (Monumenta Germaniae Historica, Abt. A., Scriptores, Reihe B: Deutsche Chroniken V), 2 Tle., Zürich 1890 — Reprint Dublin / Zürich 1974.

Pleier: Garel: M. Walz (Hrsg.): Garel von dem blüenden Tal. Ein höfischer Roman aus dem Artussagenkreise von dem Pleier. Mit den Fresken des Garelsaales auf Runkelstein, Freiburg i. Br. 1892.

—: ,Garel von dem bluenden Tal‘ von dem Pleier, hrsg. von Wolfgang Herles, Wien 1981.

—: Meleranz von dem Pleier, hrsg. von Karl Bartsch, Stuttgart 1861 — Neuausgabe mit einem Nachwort von Alexander Hildebrand, Hildesheim / New York 1974.

—: Tandareis und Flordibel. Ein höfischer Roman von dem Pleiaere, hrsg. von Ferdinand Khull, Graz 1885.

Püterich von Reichertshausen, Jacob: Ehrenbrief: Der Ehrenbrief des Püterich von Reichertshausen, hrsg. von Fritz Behrend und Rudolf Wolkan, Weimar 1920.

Rabenschlacht, s. unter Dietrichs Flucht / Rabenschlacht.

Rüdiger von Hünkhoven: Schlegel: Ludwig Pfannmüller (Hrsg.): Mittelhochdeutsche Novellen II. Rittertreue. Schlegel, unveränderter Neudruck [der Ausgabe Bonn 1912] (Kleine Texte für Vorlesungen und Übungen 95), Berlin 1933, S. 27 bis 63.

Seifried Helbling (SH), hrsg. von Joseph Seemüller, Halle 1886.

SH s. Seifried Helbling.

Streit zwischen Herbst und Mai: Friederike Christ-Kutter (Hrsg.): Frühe Schweizerspiele (Altdeutsche Übungstexte 19), Bern 1963, S. 9 — 19.

—: S[amuel] Singer: Mittelhochdeutsches Lesebuch. Texte des vierzehnten
Jahrhunderts unter Mitarbeit von Marga Bauer und Gertrud Sattler hrsg., Bern
1945, S. 62 — 67.

—: s. Singer (1920/21).

Stricker: Wolfgang Wilfried Moelleken (ab Bd. 2 zusammen mit Gayle Agler-Beck und
Robert E. Lewis) (Hrsg.): Die Kleindichtung des Strickers, 5 Bde. (GAG. 107,
I — V), Göppingen 1973 — 1978.

—: Klage = Nr. 158 der Ausgabe der Kleindichtung von Moelleken.

—: Pfaffe Amis: K[in'ichi] Kamihara (Hrsg.): Des Strickers Pfaffe Amis (GAG.
233), Göppingen 1978.

Tannhäuser: Johannes Siebert: Der Dichter Tannhäuser. Leben — Gedichte — Sage,
Halle 1934 [Texte S. 81 — 126].

Thomasin von Zirklaere: Heinr[ich] Rückert: Der Wälsche Gast des Thomasin von
Zirklaria. Zum ersten Male hrsg., mit sprachlichen und geschichtlichen An-
merkungen (Bibliothek der gesammten deutschen National-Litteratur 30),
Quedlinburg / Leipzig 1852.

Ulrich von Lichtenstein: mit Anmerkungen von Theodor von Karajan, hrsg. von Karl
Lachmann, Berlin 1841.

Weinschwelg: Hanns Fischer (Hrsg.): Der Stricker. Verserzählungen II. Mit einem Anhang: Der Weinschwelg (ATB. 68), Tübingen 1967, S. 42 — 58.

Wernher der Gartenaere: Friedrich Panzer (Hrsg.): Meier Helmbrecht von Wernher
dem Gartenaere (ATB. 11), Halle 1902 — 6. Aufl. besorgt von Kurt Ruh [u. d.
T.] Die Märe vom Helmbrecht von Wernher dem Gartenaere, Tübingen 1960 —
8., neubearbeitete Aufl. [u. d. T.] Werner der Gartenaere, Helmbrecht, 1968 —
9., neubearbeitete Aufl. 1974.

Wirnt von Gravenberg: J. M. N. Kapteyn (Hrsg.): Wigalois der Ritter mit dem Rade
von Wirnt von Gravenberc (Rheinische Beiträge und Hülfsbücher zur germanischen Philologie und Volkskunde 9), Bonn 1926.

Wolfram von Eschenbach: Parzival: Karl Lachmann (Hrsg.): Wolfram von Eschenbach, 5. Ausgabe, Berlin 1891.

—: Willehalm: Nach der gesamten Überlieferung kritisch hrsg. von Werner Schröder, Berlin / New York 1978.

b) Sekundärliteratur, Quellen- und Nachschlagewerke

Albrecht, Günter: Deutsche Schwänke in einem Band, Berlin / Weimar 1977.

Arndt, Paul Herbert: Der Erzähler bei Hartmann von Aue. Formen und Funktion
seines Hervortretens und seine Äußerungen (GAG. 299), Göppingen 1980.

Bäuml (1961), *Franz H.*: Some Aspects of Editing the Unique Manuscript. A
Criticism of Method, in: Orbis Litterarum 16 (1961), S. 27 — 33.

Bäuml (1969), *Franz H.* (Hrsg.): Kudrun. Die Handschrift, Berlin 1969.

Baptist-Hlawatsch, Gabriele: Das katechetische Werk Ulrichs von Pottenstein. Sprachliche und rezeptionsgeschichtliche Untersuchungen (Texte und Textgeschichte 4), Tübingen 1980.

Bartsch (1862), *Karl*: Kleinere Mittheilungen 5. Zum Lohengrin, in: Germania 7 (1862), S. 274/275.

Becker (1975), *Peter Jörg*: Albrecht, Jüngerer Titurel. Wernher der Gartenaere, Helmbrecht, in: Zimelien. Abendländische Handschriften aus den Sammlungen der Stiftung Preußischer Kulturbesitz, Ausstellung [Katalog, Berlin 1975], S. 141/142.

Becker (1977), *Peter Jörg*: Handschriften und Frühdrucke mittelhochdeutscher Epen. Eneide, Tristrant, Tristan, Erec, Iwein, Parzival, Willehalm, Jüngerer Titurel, Nibelungenlied und ihre Reproduktion und Rezeption im späteren Mittelalter und in der frühen Neuzeit, Wiesbaden 1977.

Benecke / Müller / Zarncke: Wilhelm Müller / Friedrich Zarncke: Mittelhochdeutsches Wörterbuch. Mit Benutzung des Nachlasses von Georg Friedrich Benecke ausgearbeitet, 3 Bde. in 4 Teilen, Leipzig 1854 — 1866.

Binder, Georg: Die niederösterreichischen Burgen und Schlösser, 2. Thl.: Nördlich der Donau, Wien / Leipzig [1925].

Blaise, Albert: Dictionnaire latin-français des auteurs du moyen-âge. Lexicon latinitatis medii aevi (Corpus Christianorum. Continuatio Mediaevalis), Turnholt 1975.

Blickle, Renate: Landgericht Griesbach (Historischer Atlas von Bayern. Altbayern 19), München 1970.

Böhaimb, Carl Aug[ust]: Die Besitzer von 51 ehemaligen pfalzneuburgischen Hofmarken im kgl. Regierungsbezirke Oberpfalz und Regensburg, in: Verhandlungen des historischen Vereins von Oberpfalz und Regensburg 18 (Regensburg 1858), S. 205 — 351.

Boesch (1936), *Bruno*: Die Kunstanschauung in der mittelhochdeutschen Dichtung von der Blütezeit bis zum Meistergesang, Diss. Bern 1936 — Reprint Bern 1976.

Boesch (1977), *Bruno*: Lehrhafte Literatur. Lehre in der Dichtung und Lehrdichtung im deutschen Mittelalter (Grundlagen der Germanistik 21), Berlin 1977.

Brackert u. a.: Helmut Brackert / Winfried Frey / Dieter Seitz: Wernher der Gartenaere, Helmbrecht. Mittelhochdeutscher Text und Übertragung, hrsg., übersetzt und mit einem Anhang versehen (Fischer Taschenbuch 6024), Frankfurt 1972.

Brunner, Landleben: Otto Brunner: Adeliges Landleben und europäischer Geist. Leben und Werk Wolf Helmhards von Hohberg. 1612 — 1688, Salzburg 1949.

Brunner (1953), *Otto*: Die Rechtsquellen der Städte Krems und Stein (Fontes Rerum Austriacarum. Österreichische Geschichtsquellen, 3. Abtlg. Fontes Iuris, I. Bd.), Graz / Köln 1953.

Brunner (1980), *Horst*: *Ahi, wie werdiclichen stat der hof in Peierlande!* Deutsche Literatur des 13. und 14. Jahrhunderts im Umkreis der Wittelsbacher, in: Die Zeit der frühen Herzöge. Von Otto I. zu Ludwig dem Bayern. Beiträge zur

Bayerischen Geschichte und Kunst 1180 — 1350 (Wittelsbach und Bayern I/1), München 1980, S. 496 — 511.

Bumke, Joachim: Mäzene im Mittelalter. Die Gönner und Auftraggeber der höfischen Literatur in Deutschland 1150 — 1300, München 1979.

Coreth, Anna Gräfin: Job Hartmann von Enenkel. Ein Gelehrter der Spätrenaissance in Österreich, in: MIÖG 55 (1944), S. 247 — 302.

Corpus: Corpus der altdeutschen Originalurkunden bis zum Jahr 1300, hrsg. von Friedrich Wilhelm (Bd. 2 fortgeführt von Richard Newald; Bd. 3, 4 und Regesten Bd. 1 hrsg. von Helmut de Boor und Diether Haacke), 4 Bde., Lahr 1932 — 1963, Regesten Bd. 1, Lahr 1963.

Cramer (1971) s. Textausgaben: Lohengrin.

Curschmann, Michael: Rez. Bumke (1979), in: JEGP. 80 (1981), S. 296 — 299.

Curtius (1944), E[rnst] R[obert]: Über die altfranzösische Epik (Mittelalterstudien XXII), in: Zs. f. rom. Philol. 64 (1944), S. 233 — 320.

Czerny, Albin: Die Bibliothek des Chorherrenstiftes St. Florian. Geschichte und Beschreibung. Ein Beitrag zur Culturgeschichte Oesterreichs, Linz 1874.

Dielitz, Julius: Die Wahl- und Denksprüche, Feldgeschreie, Losungen, Schlacht- und Volksrufe besonders des Mittelalters und der Neuzeit, Frankfurt a. M. 1884.

Doblinger, Max: Die Herren von Walsee. Ein Beitrag zur österreichischen Adelsgeschichte, in: Archiv für österreichische Geschichte 95 (Wien 1906), S. 235 bis 578.

Dörrer, Anton: Mittelalterliche Bücherlisten aus Tirol, in: Zentralblatt für Bibliothekswesen 51 (1934), S. 246 — 263.

Ebbinghaus (1968) s. Textausgabe: Die böse Frau.

Fechter, Publikum: Werner Fechter: Das Publikum der mittelhochdeutschen Dichtung (Deutsche Forschungen 28), Frankfurt 1935 — Reprint 1966, Darmstadt 1972.

Ferihumer (1962), *Heinrich*: Erläuterungen zum Historischen Atlas der österreichischen Alpenländer, hrsg. von der österreichischen Akademie der Wissenschaften II. Abt. Die Kirchen- und Grafschaftskarte, 7. Tl. Oberösterreich, 2. Aufl. Neudruck mit Ergänzungen und Berichtigungen im Nachtrag, Wien 1962.

Fischer (1968), *Hanns*: Studien zur deutschen Märendichtung. Tübingen 1968 — 2., durchges. und erw. Aufl. besorgt von Johannes Janota, Tübingen 1983.

Florschütz, Günther: Machtgrundlagen und Herrschaftspolitik der ersten Pfalzgrafen aus dem Haus Wittelsbach, in: Die Zeit der frühen Herzöge. Von Otto I. zu Ludwig dem Bayern. Beiträge zur Bayerischen Geschichte und Kunst 1180 bis 1350 (Wittelsbach und Bayern I/1), München 1980, S. 42 — 110.

Fried, Pankraz / Hiereth, Sebastian: Landgericht Landsberg und Pfleggericht Rauhenlechberg. Landgericht, Hochgericht und Landkreis Schongau (Historischer Atlas von Bayern, Teil Altbayern 22/23), München 1971.

Gärtner (1978), *Kurt*: Bollstatters Spruchsammlung, in: VL², Bd. 1, Sp. 933 — 935.

Gaukler, Franz: Die Edlen von Hohenstein, Egerndach und Marquartstein. Eine geschichtliche Studie, o. O. [Staudach], o. J. [1975].

Gemeiner, Carl Theodor: Regensburgische Chronik. Unveränderter Nachdruck der Originalausgabe. Mit einer Einleitung, einem Quellenverzeichnis und einem Register, neu hrsg. von Heinz Angermeier, 2 Bde., München 1971.

Glier, Ingeborg: Artes amandi. Untersuchungen zu Geschichte, Überlieferung und Typologie der deutschen Minnereden (MTU. 34), München 1971.

Gottlieb, Theodor: Die Ambraser Handschriften. Beitrag zur Geschichte der Wiener Hofbibliothek, Bd. I: Büchersammlung Kaiser Maximilians I. Mit einer Einleitung über älteren Bücherbesitz im Hause Habsburg, Leipzig 1900.

Grüll, Georg: Burgen und Schlösser im Innviertel und Alpenvorland (Oberösterreichs Burgen und Schlösser 2), Wien 1964.

Gugitz, Gustav: Österreichs Gnadenstätten in Kult und Brauch, Bd. 5: Oberösterreich und Salzburg, Wien 1958.

Hackl, Gustav: Steierische Essays XXV: Die Burg Strettwig, in: Obersteirische Volkszeitung Nr. 21 vom 20. Februar, Leoben 1945, S. 2 und 4.

Hagen (1836), F[riedrich] H[einrich] v[on] d[er]: Nibelungen. Goethe und die Nibelungen, die Nibelungen-Handschrift der Königlichen Bibliothek in Berlin und Kaiser Maximilians Urkunde über die Wiener Handschrift, in: (von der Hagens) Germania 1 (1836), S. 248 – 275.

Hagen (1837), [Friedrich Heinrich] v[on] d[er]: Berliner Papierhandschrift des Titurel, in: (von der Hagens) Germania 2 (1837), S. 333 – 346.

Hagen (1852) [Friedrich] H[einrich] v[on] d[er]: Nibelungen. Zwei und zwanzigste Handschrift, in: Bericht über die zur Bekanntmachung geeigneten Verhandlungen der Königl. Preuss. Akademie der Wissenschaften zu Berlin aus dem Jahre 1852, S. 445 – 458, mit einer Tafel.

Hagn (1852), *Theoderich*: Urkundenbuch fuer die Geschichte des Benedictiner Stiftes Kremsmuenster, seiner Pfarreien und Besitzungen vom Jahre 777 bis 1400 [Wien 1852].

Hartl, Eduard: Der Pleier, VL[1], Bd. 3, Sp. 903 – 909.

Haug (1974), *Walter*: Wolframs ‚Willehalm'-Prolog im Lichte seiner Bearbeitung durch Rudolf von Ems, in: Kritische Bewahrung. Beiträge zur deutschen Philologie. Festschrift für Werner Schröder, hrsg. von Ernst-Joachim Schmidt, Berlin 1974, S. 298 – 327.

Haug (1975), *Walter*: Rudolfs ‚Willehalm' und Gottfrieds ‚Tristan'. Kontrafaktur als Kritik, in: Deutsche Literatur des späten Mittelalters. Hamburger Colloquium 1973, hrsg. von Wolfgang Harms und L. Peter Johnson, Berlin 1975, S. 83 bis 98.

H[aupt] (1843), [Moriz]: Kleine Bemerkungen. 2: Meier Helmbrecht, in: ZfdA. 3 (1843), S. 279.

Haupt (1844), *Moriz*: Helmbrecht, in: ZfdA. 4 (1844), S. 318 – 385.

Haupt (1871), *Moriz* (Hrsg.): Erec. Eine Erzählung von Hartmann von Aue, 2. Ausgabe, Leipzig 1871.

Heinzle, Joachim: Mittelhochdeutsche Dietrichepik. Untersuchungen zur Tradierungsweise, Überlieferungskritik und Gattungsgeschichte später deutscher Heldendichtung (MTU. 62), Zürich / München 1978.

Hellwig, Barbara: Inkunabelkatalog des Germanischen Nationalmuseums Nürnberg, bearbeitet nach einem Verzeichnis von Walter Matthey, Wiesbaden 1970.

Helm, Karl (Hrsg.): Von dem übeln wîbe (ATB. 46), Tübingen 1955.

Herzog, Theo: Landshuter Urkundenbuch, Neustadt an der Aisch 1963.

Heydenreich, Leberecht Wilhelm Heinrich: Historia des ehemals Gräflichen nunmehro Fürstlichen Hauses Schwartzberg [. . .] Wie auch Anhang einer kurtzen genealogischen und historischen Beschreibung derer Grafen von Hohnstein, Erfurt 1743.

Historische Stätten Baden-Württemberg: Handbuch der historischen Stätten Deutschlands 6: Baden-Württemberg, hrsg. von Max Miller und Gerhard Taddey, 2., verbesserte und erweiterte Aufl. Stuttgart 1980.

Historische Stätten Bayern: Handbuch der Historischen Stätten Deutschlands 7: Bayern, hrsg. von Karl Bosl, 3. Aufl. Stuttgart [1981].

Historische Stätten Österreich 1: Handbuch der historischen Stätten. Österreich, Bd. 1: Donauländer und Burgenland, hrsg. von Karl Lechner, Stuttgart 1970.

Hödl, Günther: Bayern, Österreich und die Steiermark in der Zeit der frühen Wittelsbacher, in: Die Zeit der frühen Herzöge. Von Otto I. zu Ludwig dem Bayern. Beiträge zur Bayerischen Geschichte und Kunst 1180 – 1350, hrsg. von Hubert Glaser (Wittelsbach und Bayern I/1), München / Zürich 1980, S. 295 bis 306.

Hoffmann (1878), R.: Die Besetzung der Burg Haldenberg durch die Augsburger, in: Zeitschrift des Historischen Vereins für Schwaben und Neuburg 5 (1878), S. 189 – 193.

Hoffmann (1979), Werner: Die spätmittelalterliche Bearbeitung des Nibelungenliedes in Lienhart Scheubels Heldenbuch, in: GRM 60 (1979), S. 129 – 145.

Hoheneck, Johann Georg Adam von: Die löblichen Herren Herren Stände des Ertzherzogthumb Oesterreich ob der Ennß [. . .], 3 Bde., Passau 1727 – 1747.

Holtorf, Arne / Gärtner, Kurt: Autoritäten (gereimt), in: VL², Bd. 1, Sp. 557 – 560.

Homann, Thomas: Heinrichs von Langenstein 'Unterscheidung der Geister'. Lateinisch und deutsch. Texte und Untersuchungen aus der Wiener Schule (MTU. 63), München 1977.

Hornung, Hans Herwig: Die Inschriften Niederösterreichs. 1. Tl.: Die Inschriften der politischen Bezirke Amstetten und Scheibbs (Die deutschen Inschriften, Bd. 10: Wiener Reihe, Bd. 3, 1. Tl.), Graz / Wien / Köln 1966.

Huber, Johann Georg Bonifaz: Geschichte der Stadt Burghausen in Oberbayern. Aus urkundlichen und anderen Quellen bearbeitet, Burghausen 1862.

Hund, Wiguleus: Bayrisch Stammenbuch, 2 Theile, Ingolstadt 1598.

Hundsnurscher, Franz: Wernher der Gartenaere. Helmbrecht. Abbildungen zur gesamten handschriftlichen Überlieferung (Litterae 6), Göppingen 1972.

Jacobi, Theodor: De Ottocari Chronico Austriaco, Vratsilavae 1839.

Janota, Johannes: Ambraser Heldenbuch, in: VL², Bd. 1, Sp. 323 – 327.

Keinz, Heimat: Friedrich Keinz: Meier Helmbrecht und seine Heimat, München 1865 – 2., umgearbeitete Aufl. [u. d. T.:] Helmbrecht und seine Heimat, 1887.

Keinz (1865), *Friedrich*: Nachträge des Herrn Keinz zum Meier Helmbrecht, in: Sitzungsberichte der kgl. Bayerischen Akademie der Wissenschaften, Phil.-phil. Classe, München 1865, S. 316 − 331.

Keinz (1894), *F[riedrich]*: Rez. Schlickinger (1893) und Strnadt (1894), in: AfdA. 20 (1894), S. 258 − 266.

Kern, Peter: Die Artusromane des Pleier. Untersuchungen über den Zusammenhang von Dichtung und literarischer Situation (PhilStQu. 100), Berlin 1981.

Khull, Ferdinand: Nibelungenhandschrift U, in: ZfdA. 25 (1881), S. 77 − 79.

Kindig, Werner: Judenburg im Spiegel der steirischen Reimchronik Ottokars a. d. Geul, Judenburg 1970.

Kleinschmidt (1974a), *Erich*: Literarische Rezeption und Geschichte. Zur Wirkungsgeschichte von Wolframs Willehalm im Spätmittelalter, in: DVjs. 48 (1974), S. 585 − 649.

Kleinschmidt (1974b), *Erich*: Die lateinische Fassung von Wolframs ‚Willehalm‘-Prolog und ihr Überlieferungswert, in: ZdfA. 103 (1974), S. 95 − 114.

Kneschke, Ernst Erich: Neues allgemeines deutsches Adels-Lexicon im Vereine mit mehreren Historikern, 9 Bde., Leipzig 1859 − 1870.

Kolb, Herbert: Munsalvaesche. Studien zum Kyotproblem, München 1963.

Koppitz, Hans Joachim: Studien zur Tradierung der weltlichen mittelhochdeutschen Epik im 15. und beginnenden 16. Jahrhundert, München 1980.

Krick, Ludwig Heinrich: 212 Stammtafeln adeliger Familien denen geistliche Würdenträger − Bischöfe, Domherren, Äbte etc. − des Bistums Passau entsprossen sind, Passau / Vilshofen 1924.

Krüger, Anna: Stilgeschichtliche Untersuchungen zu Ottokars Österreichischer Reimchronik (Palaestra 215), Leipzig 1938.

Die Kuenringer: Das Werden des Landes Niederösterreich. Niederösterreichische Landesausstellung. Stift Zwettl. 16. Mai − 26. Oktober 1981, 2., verbesserte Aufl. (Katalog des Niederösterreichischen Landesmuseums NF. 110), Wien 1981.

Kuhn, Hugo: ‚Dietrichs Flucht‘ und ‚Rabenschlacht‘, in: VL², Bd. 2, Sp. 116/117.

Lachmann (1833), *Karl*: Über Singen und Sagen (1833), in: ders.: Kleine Schriften zur deutschen Philologie, Berlin 1876, S. 461 − 479.

Lampel, Josef: Urkundenbuch des aufgehobenen Chorherrenstiftes St. Pölten (Niederösterreichisches Urkundenbuch), Tl. 1: 976 − 1367, vorbereitet von Anton Victor Felgel, bearbeitet von Josef Lampel, Tl. 2: 1368 − 1400 bearbeitet von Josef Lampel, Wien 1891 und 1901.

Leitzmann, Albert: Die Ambraser Erec-Überlieferung, in: Beitr. 59 (1935), S. 143 bis 234.

Lexer, Matthias: Mittelhochdeutsches Handwörterbuch. Zugleich als Supplement und alphabetischer Index zum Mittelhochdeutschen Wörterbuche von Benecke − Müller − Zarncke, 3 Bde., Leipzig 1869 − 1878.

Lieberich, Heinz: Landherren und Landleute. Zur politischen Führungsschicht Baierns im Spätmittelalter (Schriftenreihe zur Bayerischen Landesgeschichte 63), München 1964.

Liebertz-Grün, Ursula: Seifried Helbling. Satiren kontra Habsburg, München 1981.

Liedke, Volker: Baualtersplan zur Stadtsanierung Burghausen (Burghauser Geschichtsblätter 34), Burghausen 1978.

Lieres und Wilkau, Marianne von: Sprachformeln in der mittelhochdeutschen Lyrik bis zu Walther von der Vogelweide (MTU. 9), München 1965.

Lindgren, Kaj B.: Die Ausbreitung der Nhd. Diphthongierung bis 1500 (Suomalaisen tiedeakatemian toimituksia, Reihe B, Bd. 123, 2), Helsinki 1961.

Lippstreu, Otto: Der Schlegel, ein mittelhochdeutsches Gedicht des Rüedger Hünchovaer, Diss. Halle — Wittenberg, Halle 1894.

Loehr, Maja: Der steirische Reimchronist: her Otacher ouz der Geul, in: Mitteilungen des österreichischen Instituts für Geschichtsforschung 51 (1937), S. 89 — 130.

Mader, Edith: Paul von Liechtenstein, Marschall des Innsbrucker Regiments, im Dienste Kaiser Maximilians I in den Jahren 1490 bis 1513, Diss. [masch.], Graz 1973.

Mähl, Hans-Joachim: Sebastian Brant. Das Narrenschiff. Übertragen von H. A. Junghans, durchgesehen und mit Anmerkungen sowie einem Nachwort neu hrsg. (Universalbibliothek 899/900/00 a — d), Stuttgart 1972.

Martin (1883), E[rnst]: Rez. Seemüller. Studien, in: GGA. 1883, S. 897 — 901.

Martin, Regesten: Franz Martin: Die Regesten der Erzbischöfe und des Domkapitels von Salzburg 1247 — 1343, 3 Bde., Salzburg 1928 — 1934.

Martin (1933), Franz: Salzburger Urkundenbuch, 4. Bd.: 1247 — 1343, Salzburg 1933.

Martin (1947), Franz: Die Kunstdenkmäler des politischen Bezirkes Braunau, mit einem Beitrag von Artur Waltl, Wien 1947.

MB s. Monumenta Boica.

MBK: Mittelalterliche Bibliothekskataloge Deutschlands und der Schweiz:
Bd. III,1: Bistum Augsburg, bearbeitet von Paul Ruf, München 1932.
Bd. IV,1: Bistümer Passau und Regensburg, bearbeitet von Christine Elisabeth Ineichen-Eder, München 1977.

Menhardt, Verzeichnis (1, 2, 3): Hermann Menhardt: Verzeichnis der altdeutschen literarischen Handschriften der österreichischen Nationalbibliothek, 3 Bde., Berlin 1960 — 1961.

Meyer, Elard Hugo: Über Tandarois und Flordibel. Ein Artusgedicht des Pleiers, in: ZfdA. 21 (1865), S. 470 — 514.

Moelleken s. Textausgaben: Stricker

Monumenta Boica: 60 Bde., München 1763 — 1916, 2 Registerbände zu Bd. 1 bis 27, München 1847 — 1887.

Mück, Hans-Dieter / Ganser, Hans: Den Techst vbr das geleyemors wolkenstain. Oswalds von Wolkenstein Liedtext Kl 131 im Cgm 4871 und Gilles Binchois' Chanson „Je loe amours", in: Lyrik des ausgehenden 14. und 15. Jahrhunderts, hrsg. von Franz V. Spechtler (= Chloe, Beihefte zum Daphnis 1), Amsterdam 1984, S. 115 — 148.

Müller (1982), *Jan-Dirk*: Gedechtnus. Literatur und Hofgesellschaft um Maximilian I. (Forschungen zur Geschichte der älteren deutschen Literatur 2), München 1982.

Muffat, K[arl] A[ugust von]: Die Heimath des Meier Helmbrecht, in: Die Bayerische Zeitung. Morgenblatt Nr. 277 vom 8. Oktober, München 1863.

Nagel, Bert: Hartmann ‚zitiert‘ Reinmar. Iwein 1 — 30 und MF 150 / 10 — 18, in: Euphorion 63 (1969), S. 6 — 39.

Neumann, Peter Horst: Das Eigene und das Fremde. Über die Wünschbarkeit einer Theorie des Zitierens, in: Akzente 27 (1980), S. 292 — 305.

Oefele, Andreas Felix: Rerum boicarum scriptores, 2 Bde., Augsburg 1763.

Oesterley, Hermann: Historisch-geographisches Wörterbuch des deutschen Mittelalters, Gotha 1883.

Palmer, Nigel F.: Rez. Becker (1977), in: MLR. 74 (1979), S. 237.

Panzer, Helmbrecht s. Textausgaben: Wernher der Gartenaere.

Panzer (1950), *Friedrich*: Vom mittelalterlichen Zitieren (Sitzungsberichte der Heidelberger Akademie der Wissenschaften, Phil.-hist. Klasse 1950.2), Heidelberg 1950.

Paunel, Eugen: Die Staatsbibliothek zu Berlin. Ihre Geschichte und Organisation während der ersten zwei Jahrhunderte seit ihrer Eröffnung. 1661 — 1871, Berlin 1965.

Pfeiffer, Franz: Rezension zu Goedecke, Grundrisz, in: Germania 2 (1857), S. 491 bis 505.

Pillwein, Benedikt: Geschichte, Geographie und Statistik des Erzherzogthums Oesterreich ob der Enns und des Herzogthums Salzburg. Mit einem Register. 1. Thl.: Der Mühlkreis, Linz 1827. 2. Thl.: Der Traunkreis, 1828, 3. Thl.: Der Hausruckkreis, 1830. 4. Thl.: Der Innkreis, 1832. 5. Thl.: Der Salzburgkreis, 1839.

Pörksen, Uwe: Der Erzähler im mittelhochdeutschen Epos. Formen seines Hervortretens bei Lamprecht, Konrad, Hartmann, in Wolframs Willehalm und in den ‚Spielmannsepen‘ (PhilStQu. 58), Berlin 1971.

Prey, Johann Michael Wilhelm von: Bayrischen Adls Beschreibung Auch Andrer Geschlechter Fragmenta [. . .], Freysing 1740. Handschrift der Bayerischen Staatsbibliothek, cgm. 2290, Bd. I — XXXIII.
Einen Schlüssel zu dem handschriftlichen Werk Preys lieferte Niklas Freiherr von Schrenck: Register zur Bayerischen Adelsgenealogie (Genealogia Boica 4), München 1974.

Priebsch (1901), *Robert*: Deutsche Handschriften in England, Bd. 2: Das British Museum, Erlangen 1901.

Priebsch (1936), *R[obert]*: Hellenbrecht der Gute, in: VL¹, Bd. 2, Sp. 388.

Pritz, Franz Xaver: Geschichte des aufgelassenen Stiftes der regulierten Chorherren des heiligen Augustin zu Ranshofen in Oberösterreich, in: Archiv für Kunde österreichischer Geschichtsquellen 17 (1857), S. 327 — 435.

184

Quellen und Erörterungen: Quellen und Erörterungen zur Bayerischen und Deutschen Geschichte, hrsg. auf Befehl und Kosten seiner Majestät des Königs Maximilian II., Bd. 5, München 1857.

Quellen der Stadt Wien: Quellen zur Geschichte der Stadt Wien, II. Abth. Regesten aus dem Archiv der Stadt Wien, 3. Bd.: Verzeichnis der Originalurkunden des Städtischen Archivs 1458 — 1493, bearbeitet von Karl Uhlirz, Wien 1904.

Regensburger Urkundenbuch, 1. Bd.: Urkunden der Stadt bis zum Jahre 1350 (Monumenta Boica LIII, NF. VII), München 1912.

Reindl, Kurt: Heinrich XIII, in: NDB 8 (1969), S. 344 — 345.

Riezler: Heinrich XIII, in: ADB. 11 (1880), S. 466 — 470.

Rischer, Christelrose: Literarische Rezeption und kulturelles Selbstverständnis in der deutschen Literatur der ‚Ritterrenaissance‘ des 15. Jahrhunderts. Untersuchungen zu Ulrich Füetrers ‚Buch der Abenteuer‘ und dem ‚Ehrenbrief‘ des Jacob Püterich von Reichertshausen (Studien zur Politik und Geschichte der Literatur 29), Stuttgart / Berlin / Köln / Mainz 1973.

Rolleder, Anton: Heimatkunde von Steyr. Historisch-topographische Schilderung der politischen Bezirke Steyr Stadt und Land. Unter Mitwirkung der Lehrerschaft beider Bezirke verfaßt und hrsg., Steyr [1894] — Reprint Steyr 1975.

Rosenfeld (1953), *H.-Fr.*: Von dem übeln Weibe I, in: VL[1], Bd. IV, Sp. 867 — 869.

Rosenfeld (1980), *Hellmut*: Orts- und Ländernamen in der mittelalterlichen Dichtung, in: Blätter für oberdeutsche Namenforschung 17 (1980), S. 9 — 23.

Rudloff, A.: Untersuchungen zu Meier Helmbrecht von Wernher dem Gartenäre, Diss. Rostock 1878.

Ruh, Helmbrecht s. Textausgaben: Wernher der Gartenaere, ‚Helmbrecht‘.

Ruh (1963), *Kurt*: Helmbrecht und Gregorius, in: Beitr. 85 (Tüb. 1963), S. 102 bis 106.

Schiffmann, Stiftsurbare: Konrad Schiffmann: Die mittelalterlichen Stiftsurbare des Landes ob der Enns in vier Teilen (Österreichische Urbare, 2. Abtheilung: Urbare geistlicher Grundherrschaften, Bd. 2), Wien 1912 — 1925.

Schiffmann, Studien: K[onrad] Schiffmann: Studien zum Helmbrecht, in: Beitr. 42 (1917), S. 1 — 17.

Schiffmann (1907), *K[onrad]*: Die Herkunft des Meier Helmbrecht, in: Wiener Zeitung Nr. 176 vom 2. August 1907, S. 9 — 11.

Schindele, Gerhard: ‚Helmbrecht‘. Bäuerlicher Aufstieg und landesherrliche Gewalt, in: Literatur im Feudalismus. Mit Beiträgen von Wolfgang Beutin [u. a.], hrsg. von Dieter Richter (Literaturwissenschaft und Sozialwissenschaften 5), Stuttgart 1975, S. 131 — 211.

Schlickinger, Max: Der Helmbrechtshof und seine Umgebung. Eine literarhistorische Untersuchung, in: Beiträge zur Landeskunde von Oesterreich ob der Enns 45 (Linz 1893), S. 1 — 31.

Schmeller, Johann Andreas: Tagebücher 1801 — 1852, hrsg. von Paul Ruf, Bd. 2: 1826 — 1852 (Schriftenreihe zur bayerischen Landesgeschichte 48), München 1956.

Schmidt (1913), *Hermann*: Die Nibelungenhandschrift O, mit einer Texteinlage, in: ZfdA. 54 (1913), S. 88 — 98.

Schmidt, Vierundzwanzig Alte: Wieland Schmidt: Die vierundzwanzig Alten Ottos von Passau (Palaestra 212), Leipzig 1938.

Schneider (1958), *Karin*: Thüring von Ringoltingen, Melusine. Nach den Handschriften hrsg. (TdspMa. 9), Berlin 1958.

Schneider (1968), *Karin*: Der ‚Trojanische Krieg' im späten Mittelalter. Deutsche Trojaromane des 15. Jahrhunderts (PhilStQu. 40), Berlin 1968.

Schneider (1973), *Karin*: Ein Losbuch Konrad Bollstatters. Aus CGM 312 der Bayerischen Staatsbibliothek München, kommentiert, Wiesbaden 1973.

Schneider (1978), *Karin*: Konrad Bollstatter, in: VL². Bd. 1, Sp. 931 — 933.

Schnyder, André: Biterolf und Dietleib, neu hrsg. und eingeleitet (Sprache und Dichtung 31), Bern / Stuttgart 1980.

Schröder (1884), *Edward*: Rez. Seemüller, Studien, in: AfdA. 10 (1884), S. 56 — 58.

Schröder (1894), *Edward*: Zwei altdeutsche Rittermaeren. Moriz von Craon. Peter von Staufenberg, neu hrsg., Berlin 1894 — 4. Aufl. Berlin 1929.

Schröder (1913a), *Edward*: Zur Kritik des mittelhochdeutschen Gedichtes ‚Von dem übeln Weibe', in: GGN. 1913, S. 88 — 101.

Schröder (1913b / 1919 / 1935), *Edward*: Zwei altdeutsche Schwänke. Die Böse Frau. Der Weinschwelg, Leipzig 1913 — 2. Aufl. 1919 — 3. Aufl. 1935.

Schröder (1923), *Edward*: Herrand von Wildon und Ulrich von Liechtenstein. Vorgelegt in der Sitzung vom 7. Dez. 1923, in: GGN. 1923, S. 33 — 62.

Schröder (1979), *Werner:* Rez. Becker (1977), in: AfdA. 90 (1979), S. 22 — 28.

Schuler, Peter-Johannes: Rez. Bumke (1979), in: Zeitschrift für Württembergische Landesgeschichte 39 (1980), S. 411 — 412.

Seelbach, Bibliographie: Ulrich Seelbach: Bibliographie zu Wernher der Gartenaere (Bibliographien zur deutschen Literatur des Mittelalters 8), Berlin 1981.

Seelbach (1975), *Ulrich*: Über eine mögliche Nachwirkung des ‚Helmbrecht' von Wernher dem Gartenaere: Die Schriften Tomaš von Štítny, in: Beitr. 97 (Tüb. 1975), S. 333 — 338.

Seemüller, Reimchronik s. Textausgaben: Ottokar aus der Geul, Reimchronik.

Seemüller, SH s. Textausgaben: Seifried Helbling.

Seemüller, Studien: Josef Seemüller: Studien zum kleinen Lucidarius (‚Seifried Helbling'), in: Sitzungsberichte der phil.-hist. Classe der kaiserlichen Academie der Wissenschaften, Bd. 102, Wien 1883, S. 567 — 674.

Siebmacher I — VI: Das grosse und vollständige anfangs Siebmacherische/ hernacher Fürstische und Helmerische nun aber Weigelische Wappen-Buch In sechs Theilen, in welchem Aller Hohen Potentaten als der Römische Kayser/ Europäischen Könige/ des Heil. Röm. Reichs Churfürsten, Herzoge, Fürsten, gefürsteten Grafen, Herren, und Ständ, Ingleichen Der freyen Staaten, und Reichs-Städte, wie auch anderer sowohl abgestorbener, als noch lebende Herzoge, Fürsten, Grafen, Herren, Baronen, Edlen Herren, Ritter, Adelicher und Unadelicher Geschlechter in allen Provinzien und ansehnlichen Städten des Teutschen Reichs Wappen, Schilde, Helme und Kleinodien, an der Zahl 14767. in Kupfer-Tafeln vorgebildet enthalten/ Nebst hierzu dienlichen Registern Und einer Vorrede Johann David Köhlers / P. P.]Titelkupfer]. Nürnberg, verlegts Christoph Weigels des ältern seel. Wittwe. Gedruckt bei Lorenz Bieling 1734.

Siebmacher Bay.: J. Siebmacher's grosses und allgemeines Wappenbuch in Verbindung mit Mehreren neu hrsg. und mit historischen, genealogischen und heraldischen Notizen begleitet von Otto Titan von Hefner. Zweiten Bandes erste Abtheilung: Der Adel des Königreichs Bayern, Nürnberg 1856.

Siebmacher BayA.: Siebmachers grosses und allgemeines Wappenbuch, Bd. 6. 1. Abteilung: Abgestorbener Bayrischer Adel, bearbeitet von Gust. A. Seyler, 3 Bde., Nürnberg 1884 – 1911.

Siebmacher, Niederösterreich 1: J. Siebmacher's grosses und allgemeines Wappenbuch in einer neuen, vollständig geordneten und reich vermehrten Auflage mit heraldischen und historisch-genealogischen Erläuterungen. Vierten Bandes vierte Abtheilung. Niederoesterreichischer Adel. 1. Abteilung A – R, bearbeitet von Johann Evang[elist] Kirnbauer von Erzstätt, Nürnberg 1909.

Siebmacher, Niederösterreich 2: J. Siebmacher's grosses und allgemeines Wappenbuch in einer neuen, vollständig geordneten und reich vermehrten Auflage mit heraldischen und historisch-genealogischen Erläuterungen. Vierten Bandes vierte Abtheilung. Der Niederösterreichische landständige Adel. Zweiter Teil S – Z, bearbeitet von Johann Baptist Witting, 1. und 2. Hälfte, Nürnberg 1918.

Siebmacher, Oberösterreich: J. Siebmachers grosses und allgemeines Wappenbuch in einer neuen, vollständig geordneten und reich vermehrten Auflage mit heraldischen und historisch-genealogischen Erläuterungen. Vierten Bandes fünfte Abtheilung: Oberoesterreichischer Adel, bearbeitet von Alois Freiherrn v[on] Starkenfels, abgeschlossen von Johann Evang[elist] Kirnbauer v[on] Erzstätt, Nürnberg 1885 – 1904.

Singer (1920/21), S[amuel]: Ein Streit zwischen Herbst und Mai, in: Schweizerisches Archiv für Volkskunde 23 (1920/21), S. 112 – 116.

Singer (1945) s. Textausgaben: Streit zwischen Herbst und Mai.

Stahleder, Helmuth: Hochstift Freising. Nach Vorarbeiten von Kurt Steigelmann (Historischer Atlas von Bayern. Altbayern 33), München 1974.

Stechele, Karl: Ein Beitrag zur Meier-Helmbrecht-Forschung, in: Altbayerische Monatsschrift 15 (1926), S. 25 – 31.

Steer, Georg: Hugo Ripelin von Straßburg. Zur Rezeptions- und Wirkungsgeschichte des ‚Compendium theologicae veritatis' im deutschen Spätmittelalter (Texte und Textgeschichte 2), Tübingen 1981.

Steiner, Franz: Hochburg-Ach einst und jetzt, im Selbstverlag der Gemeinde Hochburg-Ach, o. J. [1979].

Strauch, Philipp: Die Grisardis des Erhart Grosz, nach der Breslauer Handschrift hrsg. (ATB. 29), Halle 1931.

Strnadt, Hausruck: Julius Strnadt: Hausruck und Atergau, in: Abhandlungen zum Historischen Atlas der österreichischen Alpenländer (Archiv für österreichische Geschichte Bd. 99), Wien 1912, S. 1 − 396.

Strnadt (1894), *J[ulius]*: Meier Helmbrecht und seine Heimat, in: Linzer Volksblatt vom 10. Januar 1894.

Strnadt (1912), *Julius*: Innviertel und Mondseeland, in: Abhandlungen zum Historischen Atlas der österreichischen Alpenländer (Archiv für österreichische Geschichte Bd. 99), Wien 1912, S. 427 − 1070.

UBE: Urkundenbuch des Landes ob der Enns, 11 Bde., Wien 1852 − 1956.

Unterkircher, Datierte: Franz Unterkircher: Die datierten Handschriften der österreichischen Nationalbibliothek bis zum Jahre 1400, Bd. I und II (Katalog der datierten Handschriften in lateinischer Schrift in Österreich I und II), Wien 1969 und 1971.

Unterkircher (1973) s. Textausgaben: Ambraser Heldenbuch.

Urbarium antiquissimum: Urbarium antiquissimum ducatus Baiuwariae. Ex anno 1240, in: Monumenta Boica 36. Edidit Academia scientiarum Boica (Monumentorum Boicorum Collectio nova, Vol. IX, Pars I), München 1852.

VL^1 : Die deutsche Literatur des Mittelalters. Verfasserlexikon. Unter Mitarbeit zahlreicher Fachgenossen hrsg. von Wolfgang Stammler (ab Bd. 3: Karl Langosch), 5 Bde., Berlin / Leipzig 1933 − 1955.

VL^2 : Die deutsche Literatur des Mittelalters. Verfasser-Lexikon. Begründet von Wolfgang Stammler, fortgeführt von Karl Langosch, 2., völlig neu bearbeitete Aufl., unter Mitarbeit zahlreicher Fachgelehrter hrsg. von Kurt Ruh zusammen mit Gundolf Keil [u. a.], Bd. 1 ff., Berlin 1978 ff.

Völker, Paul-Gerhard: Vom Antichrist. Eine mittelhochdeutsche Bearbeitung des Passauer Anonymus (Kleine deutsche Prosadenkmäler des Mittelalters 6), München 1970.

Volkert, Wilhelm: Staat und Gesellschaft, 1. Tl.: Bis 1500, in: Max Spindler (Hrsg.): Handbuch der Bayerischen Geschichte, 2. Bd.: Das alte Bayern. Der Territorialstaat vom Ausgang des 12. Jahrhunderts bis zum Ausgang des 18. Jahrhunderts, München [1969], S. 475 − 558.

Wachinger, Burghart: Zur Rezeption Gottfrieds von Straßburg im 13. Jahrhundert, in: Deutsche Literatur des späten Mittelalters. Hamburger Colloquium 1973, hrsg. von Wolfgang Harms und L. Peter Johnson, Berlin 1975, S. 56 − 82.

Walter, H.: Contribution a l'étude de la diffusion de ‚Helmbrecht le fermier‘, in: Etgerm. 9 (1954), S. 155 − 159.

Wattenbach, W.: Das Schriftwesen im Mittelalter, Leipzig 1871.

Weigl, Heinrich: Historisches Ortsnamenbuch von Niederösterreich. Unter Mitarbeit von Roswitha Seidelmann und Karl Lechner verfaßt, 7 Bde., Wien 1964 bis 1975.

Weinacht, Helmut: Archivalien und Kommentare zu Hans Ried, dem Schreiber des Ambraser Heldenbuches, in: Deutsche Heldenepik in Tirol. König Laurin und Dietrich von Bern in der Dichtung des Mittelalters. Beiträge der Neustifter

188

Tagung 1977 des Südtiroler Kulturinstituts. In Zusammenarbeit mit Karl H. Vigl hrsg. von Egon Kühebacher, Bozen 1979, S. 466 — 489.

Wenzel, Horst: ‚Helmbrecht' wider Habsburg. Das Märe von Wernher dem Gärtner in der Auffassung der Zeitgenossen, in: Euph. 71 (1977), S. 230 — 249.

Wierschin, Martin: Das Ambraser Heldenbuch Maximilians I., in: Der Schlern 50 (Bozen 1976), S. 429 — 441, 493 — 507, 557 — 570.

Wiesflecker, Hermann: Kaiser Maximilian I. Das Reich, Österreich und Europa an der Wende zur Neuzeit, 4 Bde., München 1971 — 1981.

Wolf, JT s. Textausgaben: Albrecht, ‚(Jüngerer) Titurel'.

Wolf (1939), *Werner*: Grundsätzliches zu einer Ausgabe des jüngeren Titurel, in: ZfdA. 76 (1939), S. 64 — 113.

Wolff, Armin: Untersuchungen zur ‚Garel von dem blüenden Tal' von dem Pleier, Diss. München 1967.

Wolff (1972) s. Textausgaben: Hartmann von Aue, Klage(büchlein).

Wurzbach, Constant von: Biographisches Lexikon des Kaiserthums Oesterreich, enthaltend die Lebensskizzen der denkwürdigen Personen, welche 1750 bis 1850 im Kaiserstaate und in seinen Kronländern gelebt haben, 60 Tle., Wien 1856 bis 1891.

Zarncke, Graltempel: Friedrich Zarncke: Der Graltempel. Vorstudie zu einer Ausgabe des Jüngeren Titurel, in: Abhandlungen der kgl. sächsischen Gesellschaft der Wissenschaften, Phil.-hist. Classe 7 (1879), S. 374 — 553.

Zimmerl, Rudolf: Hans Rieds Nibelungen-Kopie, Diss. [masch.] Wien 1930.

Zingerle (1862), *Ignaz V[inzenz]*: Über die bildliche Verstärkung der Negation bei mittelhochdeutschen Dichtern. Ein Beitrag zur deutschen Grammatik, in: Sitzungsberichte der kaiserlichen Akademie der Wissenschaften, Phil.-hist. Classe 39 (Wien 1862), S. 414 — 477.

Zingerle (1883), *Oswald*: Das Heldenbuch an der Etsch, in: ZfdA. 27 (1883), S. 136 bis 142.

Zingerle (1888), *Oswald*: Zur Geschichte der Ambraser Handschrift, in: AfdA. 14 (1888), S. 291 — 293.

Zutt, Herta: Hartmann von Aue. Die Klage — Das (zweite) Büchlein. Aus dem Ambraser Heldenbuch, Berlin 1968.

Register

191

194

Neuerscheinungen

Niederdeutsch in Skandinavien

Akten des 1. nordischen Symposions in Oslo 1985
Beiheft 4 zur ‚Zeitschrift für deutsche Philologie'

Unter Mitwirkung von Karl Hyldgaard-Jensen herausgegeben von Kurt Erich Schöndorf und Kai-Erik Westergaard

160 Seiten, mehrere Graphiken, Großoktav, kartoniert, DM 58,—.
Abonnementspreis für Bezieher der ZfdPh DM 52,—.

In diesem Beiheft zur ‚Zeitschrift für deutsche Philologie' werden die Arbeitsergebnisse eines Symposions von Germanisten und Nordisten, das 1985 in Oslo stattfand, veröffentlicht. Ziel dieses Arbeitstreffens war es, die früher stets intensive Erforschung des Niederdeutschen und der Hanse in ihren Wirkungen auf die nordischen Sprachen wiederzubeleben und über die heutigen Forschungsprojekte zu informieren. Damit wird ein wichtiges Gebiet der Germanistik, das von großem Interesse für das ganze Fach ist und lange Zeit in den Hintergrund getreten war, wieder aufgegriffen. Das Beiheft umfaßt zwölf Beiträge skandinavischer und deutscher Germanisten.

Grammatik der deutschen Sprache zwischen 1781 und 1856

Die Kategorien der deutschen Grammatik in der Tradition von Johann Werner Meiner und Johann Christoph Adelung

von Bernd Naumann

383 Seiten, zahlreiche Tabellen und Graphiken, DIN A 5, kartoniert, DM 89,—
Philologische Studien und Quellen, Heft 114

Das Erscheinen von Meiners allgemeiner Sprachlehre und Adelungs deutscher Sprachlehre im Jahr 1780 hatte für Sprachwissenschaft und Sprachunterricht epochale Bedeutung. Sie lösten Gottscheds Regelwerk ab und wirkten bis in die Mitte des 19. Jahrhunderts fort. Die meisten Aspekte der heutigen Linguistik waren schon in dieser Zeit, im 18./19. Jahrhundert erarbeitet, die damaligen grammatischen Kategorien sind mit den entsprechenden Disziplinen der Gegenwart vergleichbar. Naumann gibt zunächst einen Abriß der Geschichte der Kategoriendiskussion und der seinerzeitigen Allgemeinen Grammatik in Deutschland. Sodann befaßt er sich detailliert mit den Kategorien der deutschen Grammatik zwischen 1781 und 1856, sowohl in vergleichender Darstellung zum heutigen Forschungsstand wie zur Situation vor Adelung.

Bibliographie zu Gottfried von Straßburg

II. Berichtszeitraum 1970—1983

von Hans-Hugo Steinhoff

109 Seiten, DIN A 5, kartoniert, DM 38,—
Bibliographien zur deutschen Literatur des Mittelalters, Band 9

Mit diesem Band führt Hans-Hugo Steinhoff seine bewährte und weit verbreitete erste Gottfried-Bibliographie (Band 5 dieser Reihe) in gleicher Aufgliederung bis auf den gegenwärtigen Forschungsstand fort. Damit wird nun wieder eine vollständige bibliographische Übersicht und Arbeitsunterlage für Gottfrieds ‚Tristan' geboten. Diese weiterführende Bibliographie ist nicht nur an den Bedürfnissen des Studiums, sondern vornehmlich an den Interessen der literarhistorischen Forschung orientiert, für die sie alles wichtige Material aufbereitet und erschließt. Der jetzige Band enthält zusätzlich ergänzende Nachträge zum ersten Teil dieser Bibliographie.

ERICH SCHMIDT VERLAG

Berlin · Bielefeld · München